Hernando Calvo Ospina
Katlijn Declerq

Originalton Miami

Die USA, Kuba
und die Menschenrechte

PapyRossa Verlag

In Zusammenarbeit mit der
Freundschaftsgesellschaft BRD-Kuba
Zülpicher Str. 7
50674 Köln

Aus dem spanischen Original übersetzt
von Renate und Ulrich Fausten

© für die deutschsprachige Ausgabe 2001
by PapyRossa Verlags GmbH & Co. KG, Köln
Alle Rechte vorbehalten
Titel des spanischen Originals:
¿Disidentes o mercenarios? Objetivo: liquidar la revolución cubana
Umschlag: Willi Hölzel
Satz: Alex Feuerherdt
Druck: Interpress

Die Deutsche Bibliothek – CIP-Einheitsaufnahme

Ein Titeldatensatz für diese Publikation
ist bei Der Deutschen Bibliothek erhältlich

ISBN 3-89438-222-8

Inhalt

Ein bißchen Geschichte

»Es ist gefährlich, unser Feind zu sein. Es ist fatal,
unser Verbündeter zu sein.«
Henry Kissinger, Ex-Außenminister der USA, Friedensnobelpreisträger

A

Vor dem Morgengrauen des ersten Januar 1959 verließ der Diktator F. Batista Cuba auf dem Fluchtweg. Da mochte ihn schon niemand mehr, weder die Großbourgeoisie, noch die Mafia, noch die US-Amerikaner. Er nützte ihnen nicht mehr. Die Nachricht traf einen großen Teil der Cubaner überraschend. In Havanna begann das Volk, die Parkuhren zu zerstören, ein Symbol der Steuereintreibung der Diktatur, es griff die Nachtclubs an und ging gegen die Luxusvillen vor. Aber die »Bärtigen« (die Guerilleros) begannen, Ordnung zu schaffen. Cuba verwandelte sich in ein Volksfest. Nur die reiche, privilegierte Minderheit betrachtete diese unglaubliche Begeisterung mit Mißtrauen. Und das war berechtigt. Der junge Fidel Castro, den das Volk als seinen máximo lider anerkannte, hatte versprochen vieles zu ändern. Und mit der Unterstützung und Mitwirkung der Mehrheit wurden die wesentlichen Änderungen rasch begonnen.

Es ist unbestritten, daß beim Triumph der Revolution die Statistiken ein sehr hohes Pro-Kopf-Einkommen auswiesen.

Aber das Einkommen war das eine, das andere war, ob jeder Cubaner davon auch seinen Teil abbekam. Wie man es dem Volk dargelegt hatte, waren die ersten revolutionären Gesetze darauf gerichtet, daß das Pro-Kopf-Einkommen, wie es auf dem Papier stand, zu einem wirklichen Pro-Kopf-Einkommen wurde. Und daß diese neue Regierung angefangen hatte, allen Cubanern Nahrung, Erziehung und Gesundheit zu geben, betrachteten manche als Manipulation, weil man »gewohnheitsmäßig mit den Gefühlen der Massen« spielte – so sagten viele Feinde der Revolution.[1]

Die Revolutionäre hatten früh gewarnt: »Die Verteilung des Reichtums und die Bedeutung der Souveränität werden sich verändern.« Die cubanische Aristokratie in der Stadt und auf dem Land glaubte es nicht. In Washington schöpfte man kaum Verdacht.

Dann passierte, was passieren mußte. Im Juni 1959 hatte das INRA (Nationales Institut für Agrarreform) 400 private Fincas enteignet und im Dezember desselben Jahres 400 »Volksläden« und 485 Kooperativen eingerichtet.[2] Ein Jahr später waren 380 Firmen verstaatlicht, die sich in US-Besitz bzw. im Besitz des cubanischen Großkapitals befunden hatten. Ein unterentwickeltes Land darf sich so etwas nicht herausnehmen. Insbesondere dann nicht, wenn es zum Hinterhof der USA gehört.

Noch schlimmer war, daß die Designierten des Imperiums schon immer der Meinung waren, daß Cuba eine natürliche Fortsetzung ihres Territoriums sei. Man hatte gegen geheiligte Interessen verstoßen, nämlich gegen die von William Pawley, Besitzer der Gaswerke von Havanna und gleichzeitig Berater Präsident Eisenhowers für cubanische Angelegenheiten, und gegen die von Oberst J.C. King, Chef der CIA-Abteilung für die westliche Hemisphäre und Sozius von Pawley mit beträchtlichen Investitionen auf der Insel.

Dabei darf man die immensen Geschäfte nicht vergessen, die die Italo-US-Mafia[3], bekannt als Cosa Nostra, mit Köpfen wie Meyer Lansky und Santos Trafficante hier besaß.

Jetzt mußte dringend gehandelt werden. Und das tat man auch. Am 10. März 1959 stand auf der Tagesordnung des Nationalen Sicherheitsrats der USA als einer ihrer wichtigsten Punkte, eine andere Regierung in Cuba an die Macht zu bringen. Bis hin zum *Time Magazine* vom 6. April 1959 fühlte man sich durch die unabhängige Haltung beleidigt, die die Regierenden aus diesem Teil der Karibik eingenommen hatten.

»Die Neutralität Castros ist eine Herausforderung an die USA«. Das ist verständlich. Ein »Nein« klingt nicht gut, wenn man bisher immer ein »yes, sir« gehört hatte.

Cuba sollte zu seinem normalen Weg zurückfinden, mit welchen Mitteln auch immer. Diese Sehnsucht wurde auch von jenen Cubanern geteilt, die schon immer davon geträumt hatten, das, was sie Vaterland nannten, als weiteren Stern auf der US-Flagge zu sehen.

B

Die Revolutionsregierung hatte sich noch nicht eingerichtet, als schon gegen sie intrigiert wurde.

Von der Nachbarinsel aus, der Dominikanischen Republik, wurde unter der Schirmherrschaft des Diktators Trujillo und mit den Segnungen Washingtons die »Antikommunistische Legion der Karibik« organisiert. Es waren ungefähr 800 Söldner: Cubaner, Franzosen, Spanier, Belgier und andere Nationalitäten, die sich darauf vorbereiteten, in Cuba einzumarschieren. Die »Trujillo-Verschwörung« hatte Pech. Die Vorhut, die logischerweise aus Cubanern bestand, wurde gefangengenommen. Das war Ende 1959, und das Komplott lag bereits am Boden. Aber zur gleichen Zeit bereitete sich schon die Operation 40 vor, der erste komplexe Plan, den die CIA in die Wege leitete, um die keimende Revolution auszulöschen. Es war deshalb ein komplexer Plan, weil sich darin militärische und terroristische Aktionen mit ideologischem Krieg und Psychologie ergänzten, und diplomatischer Druck mit ökonomischem. Aber obwohl er mit allen nur erdenklichen Mitteln rechnen konnte, schlug er fehl. Und das hauptsächlich, weil es den USA nie gelang, dauerhafte konterrevolutionäre Gruppen im Innern Cubas zu organisieren. Aus Überheblichkeit übersahen sie das Wesentliche: Die Mehrheit des Volkes wollte diese Revolution und unterstützte ihre Führung. Außerdem wußte die neue Regierung, mit wem sie es zu tun hatte, und sie organisierte ohne Verzug ihren Schutzschild. So wurden 1960 die Komitees zur Verteidigung der Revolution geboren, CDR, eine Nachbarschaftsvereinigung zur Wachsamkeit: Sie unterstützten die Staatssicherheit, versorgten sie konstant mit Informationen über alles, was sich an Verdächtigem im Viertel tat.[4]

Nach und nach, aber entschieden, wurden die konterrevolutionären Grüppchen isoliert und aufgelöst, indem man ihnen die Grundlagen nahm, von denen sie sich nährten. Ihre Anführer fielen einer nach dem andern aus. Für all diese Rückschläge fand man die verschiedensten Gründe. Der traurigste war: »Von Anfang an hatten die Verschwörer Pech.«[5] Angesichts der Unmöglichkeit, auch nur die minimalste Unterstützung aus der Bevölkerung zu bekommen, beschloß man, die terroristischen Angriffe zu ver-

stärken. Am 4. März 1960 explodierte das französische Schiff »La Coub-
re«, das Waffen aus Belgien geladen hatte, im Hafen von Havanna. 75 Personen starben und 200 wurden verletzt. Kleine Flugzeuge aus Florida
warfen Brandbomben, die Zuckerrohrfelder, Plantagen und Fabriken in
Brand setzten.

Von Schnellbooten aus wurden Dörfer an der Küste mit Maschinenge-
wehren beschossen, Boote versenkt und Fischer verschleppt.

Man nahm überhaupt keine Rücksicht auf Zivilpersonen. Einige, wie
Carlos Alberto Montaner und Armando Valladares, die sich heute mit
einem Heiligenschein umgeben, übernahmen damals Plastiksprengstoff
von der CIA, versteckten ihn in Zigarettenschachteln und ließen damit die
Warenhäuser der Hauptstadt brennen.

C

Alle Berichte bestätigen, daß Präsident Eisenhower jeden Tag mehr die
strategische Kontrolle über die Insel verlor. Der Amtsträger ordnete als
erste Maßnahme eine stärkere Unterstützung der konterrevolutionären
Gruppen an. Im März 1960 gab er der CIA grünes Licht, einen militärischen Angriff in großem Rahmen vorzubereiten. Eine Anordnung, die
von seinem Nachfolger John F. Kennedy in die Tat umgesetzt wurde. Aber
die Vereinigten Staaten wollten nicht schon wieder als Aggressor auftreten.
Zwar sah man sich, um seine Interessen durchzusetzen, »gezwungen«,
»Marines« nach Nicaragua, in die Dominikanische Republik, nach Guatemala etc. zu schicken, aber in diesem Fall erachtete man es nicht als
notwendig. Dafür zählte man auf einige tausend cubanische Söldner. Was
als einziges formal nötig war, war, daß diese eine Art politische Einheits-
struktur des Exils widerspiegeln mußten, weil sie im geeigneten Augenblick international als Übergangsregierung anerkannt werden sollten. Aber
auf Grund der verschiedenen Gruppen- und Einzelambitionen war das
keine leichte Aufgabe für die CIA. Obwohl der Cubanische Revolutionsrat nur aus fünf Gruppen bestand, informierte CIA-Direktor Allen W.
Dulles Präsident Kennedy, daß es eine schwierige Aufgabe wäre, »eine
cubanische Exilregierung zu bilden, die 184 Anti-Castro-Organisationen[6]

hinter sich vereinen soll«. Außerdem brachte es der Anreiz der finanziellen Unterstützung mit sich, daß drei oder vier Personen innerhalb oder außerhalb der Insel ihre eigenen Gruppen bildeten. Diese aber glichen eher Phantomen – sie erschienen und verschwanden wieder.

Schließlich wurde das Konstrukt der Einheit geboren. Von seiner öffentlichen Vorstellung an konnte der Rat mit einem unglaublich großen Raum in den Medien rechnen. Die Medien konnten sich gar nicht anders verhalten, stellte dieser Rat doch eine Alternative zur unverschämten Regierung in Havanna dar. Was machte es da schon aus, daß die eine oder andere Gruppe noch nicht einmal die geringste soziale Basis im Innern Cubas hatte – im Höchstfall ein paar Personen mit einem Gruppennamen und dem entsprechenden Kürzel. Letzten Endes war der Rat ja auch nur das Schaufenster, um etwas nach außen hin zu verkaufen. Was machte es da schon aus, daß keiner seiner Führer ein Mitspracherecht hatte bei dem, was das Imperium gegen sein Vaterland plante, daß wenn sie sich die Macht wiedergenommen hätten, sie von Washington nur ein kleines Stück des Regierungskuchens bekämen. Was machte es schon aus, daß sich die Köpfe des Rates untereinander nicht vertrugen.

»Wir mißtrauten uns gegenseitig, aber wir hatten großes Vertrauen in die Amerikaner.«[7] Gewiß. Das war ja kein einfacher Fall von militärischer oder politischer Abhängigkeit. Nein, das war moralische und psychologische Knechtschaft.

So bildete sich in Miami eine der größten Niederlassungen, die die CIA in ihrer ganzen Geschichte gehabt hat, mit der zentralen Aufgabe der Rekrutierung und natürlich der Bezahlung von Cubanern, die in ihr eigenes Land einfallen wollten.

Wie spätere Nachforschungen bewiesen, war der zukünftige Präsident der Nation George Bush, damals ein junger CIA-Offizier, einer der Anwerber.[8]

Jeder Söldner erhielt eine Matrikelnummer. Die Liste fing mit der Nummer 2500 an, um den Eindruck von einer großen numerischen Macht zu vermitteln. Zur militärischen Vorbereitung wurden Camps in Florida und Mittelamerika eingerichtet.

Während der Ausbildung hatte die Brigade ihr erstes Todesopfer, die

Nummer 2506. Zu seinem Gedenken trug sie dann diesen Namen. Ursprünglich sah man 13 Millionen Dollar zur Finanzierung der Invasionsoperation vor; ein Teil davon stammte aus dem Opiumhandel, den die CIA im Goldenen Dreieck aufgebaut hatte.[9]

Als Washington am 3. Januar 1961 einseitig die diplomatischen Beziehungen mit Cuba abbrach und am 17. Januar seinen Bürgern verbot, die Insel zu besuchen, gerieten die Feinde der Revolution, wie man sich leicht vorstellen kann, in Ekstase. Aber am 16. April muß ihnen in Washington, Miami, Europa und wer weiß wo sonst noch die Spucke weggeblieben sein. Da proklamierte nämlich Fidel Castro, als er die Abschiedsworte für einige durch die Bombardements der USA umgekommene Soldaten sprach, den sozialistischen Charakter der Revolution.

Damals fehlten nur noch wenige Stunden, bis sich Schiffe und Flugzeuge mit etwa 1500 Söldnern an Bord in Richtung Playa Girón aufmachten.

Die US-Amerikaner von Kennedy an abwärts waren sicher, daß die Invasoren mit der großen Unterstützung des cubanischen Volkes rechnen konnten. Sie hatten nämlich durch den Cubanischen Revolutionsrat soviel Dollar auf die Insel geschickt, um Seelen zu kaufen, daß eigentlich gar nichts schief gehen konnte.

Das Ziel war, daß die Söldnerbrigade sich auf die Landungszone konzentrieren und einen Abnutzungskrieg führen sollte. Bei Beginn der allgemeinen Erhebung würde man eine provisorische Regierung ausrufen, die ohne jegliche Probleme sofort international anerkannt würde. Aber sie trafen auf eine Armee, die, von Milizen unterstützt, die Invasionstruppen innerhalb weniger Stunden an die Pforten der Hölle brachte.

Sie waren sich alle ihrer Sache so sicher gewesen, daß sie noch nicht einmal an einen Evakuierungsplan gedacht hatten, falls es zu einer Niederlage käme.

Es war auch nicht günstig, daß der erste Mann, der nach der Landung den Strand betrat, nicht gerade ein cubanischer Söldner sondern ein Veteran der US-Armee war, William »Rip« Robertson.

»Das Schicksal war besiegelt. Am Morgen des 19. ergaben sich die letzten Einheiten der Brigade der Übermacht des Feindes. (...) Fast hundert Angehörige der Brigade waren bei der Invasion umgekommen, weitere

hundert wurden verwundet und mehr als tausend gefangengenommen.«[10]
Dem Mut eines Volkes, das – ohne Bezahlung – seine gerade erst eroberte
Souveränität verteidigte, konnten die Invasoren nichts entgegensetzen. Als
die cubanischen Söldner merkten, daß die USA es nicht riskieren würden,
weiter zu gehen, vergaßen sie, daß sie gekommen waren, das Vaterland zu
»befreien«. »Es verließ sie in diesem Augenblick die Lust zu kämpfen.«[11]
Aber sie waren Teil der größten militärischen Demütigung, die das Imperium bis zu diesem Moment auf dem Kontinent hinnehmen mußte.

Währenddessen erwarben sich Fidel Castro und seine »Bärtigen« den Ruf
des David, der den Goliath geschlagen hat.

»Ein Castro-Supermann, kühn und rebellisch, der dem Imperium innerhalb seiner eigenen Grenzen eine Niederlage bereiten konnte.«[12]

Ein paar Tage später, am 24. April, übernimmt Kennedy die Verantwortung für die Söldner-Aggression. Aber am folgenden Tag gibt er den Start-
schuß für die eigentliche Aggression, eine Aggression, die bis heute andau-
ert: das totale Handelsembargo (das z.T. allerdings schon seit Oktober 1960
in Kraft war).

Am 7. September verabschiedet der Kongreß der Vereinigten Staaten eine
Maßnahme, die jedem Land Unterstützung versagt, das Cuba hilft, sofern
nicht der Präsident der USA beschließt, daß besagte Hilfe deren Interessen diene. So begann die US-Regierung, die Nationen der Welt in »ihren
Krieg« gegen Cuba einzubinden. Ohne auf größeren Widerstand zu treffen.

Und die Söldner? Als sie sich schon an die Wand gestellt sahen als »Teil
einer militärischen Invasion, organisiert und unterstützt durch eine ausländische Macht«[13], wurden sie befreit. Besser gesagt: ausgetauscht gegen
Medizin, Nahrungsmittel und landwirtschaftliche Geräte.

Sie kehrten nach Hause zurück, nach Miami, Weihnachten 1962.

Am 29. Dezember fand ihnen zu Ehren eine Veranstaltung statt. Anwesend waren Präsident Kennedy und seine Frau Jacqueline. Diese sprach von
den Söldnern als »den tapfersten Männern, die es auf der Welt gibt«. Als
die Chefs dem Präsidenten die Fahne der Brigade überreichten, versprach
dieser, sie in ein »freies Havanna« zurückzubringen. Die Konterrevolutionäre klatschten ihm Beifall. 15 Jahre später forderte die Vereinigung

In Miami übergeben die geschlagenen Söldner der Brigade 2506 Präsident Kennedy ihre Fahne. 29. Dezember 1962

der Ex-Brigadisten vom Kennedy-Museum die Rückgabe der Fahne, da das Versprechen nicht erfüllt worden sei. Man schickte sie ihnen mit der Post zu.

D

Nachdem die Berichte über den Zusammenbruch der konterrevolutionären Söldnerinvasion analysiert sind, schafft der Präsident ein Sonderkomitee im Schoße des Nationalen Sicherheitsrates NSC. Der Stolz der Nation war verletzt, und die wichtigsten Instanzen mußten ihm wieder aufhelfen. Robert Kennedy, der Justizminister, gehörte diesem Sonderkomitee an. Freigegebenen Dokumenten zufolge notierte der Bruder des Präsidenten bei dem Treffen am 4. November: »Mein Vorschlag wäre nunmehr, die Dinge durch Spionage, Sabotage, allgemeine Unordnung zu lösen. Dies sollen die Cubaner selbst durchführen und leiten, alle cubanischen Gruppen außer den Batista-Leuten und den Kommunisten...«

Außer den Batista-Leuten wegen ihres schlechten internationalen Ansehens. Aber die Konterrevolutionäre mußten weiter ihren Kopf hinhalten, obwohl alle wußten, daß sie nur eine Schachfigur innerhalb der globalen US-Strategie waren.

Von diesem Komitee wurde die Operation »Mongoose« verabschiedet. Wie der Präsident am 30. November verlauten ließ, war sie dazu gedacht, »die zur Verfügung stehenden Mittel zu nutzen, um dem cubanischen Volk zu helfen, das kommunistische Regime von innen aus dem Land heraus zu stürzen und eine neue Regierung zu installieren, mit der die USA in Frieden leben könnten«.

Es war möglicherweise das erste Mal, daß die USA in dem sich entwikkelnden Krieg gegen die cubanische Regierung den Akzent auf »von innen, aus dem Land heraus« setzten, was später eine Konstante der US-Politik bis in unsere Zeit werden sollte.

Am wichtigsten war es nun, eine »allgemeine Unordnung« zu erreichen, die zu einer Volkserhebung führen sollte. Wenn dies geschehen wäre, würden die konterrevolutionären Gruppen unter dem Vorwand, die Bevölkerung vor einem Massaker durch die kommunistische Regierung schützen zu müssen, um internationale Hilfe bitten.

Bei all diesem Wehgeschrei würden die USA und andere Nationen des Kontinents, allerdings unter der Fahne der Organisation Amerikanischer Staaten (OAS), herbeigeeilt kommen. Es wäre das erfunden worden, was heute als »humanitäre Intervention« bekannt ist.

Die unerwartete Herausforderung, die Cuba in viel stärkerem Maße darstellte als die keimenden Unruhen in diversen anderen Ländern des Kontinents, bedeutete für die US-Militärstrategen eine sofortige Überprüfung ihrer ideologischen Kriegsführung. »Wir haben Millionen ausgegeben, um uns auf einen Krieg mit Waffen vorzubereiten, aber sehr wenig für den Krieg der Ideen«, beklagte der Außenminister des Präsidenten Kennedy.

Aber da hatte der Direktor der US-Informationsagentur USIA, einer der mächtigsten ideologischen Propaganda-Apparate der USA[14], schon einen Lösungsweg bereit: »Das einfache Säen von Zweifeln in den Gehirnen der Leute bedeutet schon einen großen Erfolg.«[15] In der Operation »Mongoose« war man sich dieses Aspektes als Teil des Konfliktes wohl bewußt.

Wir zitieren aus den Teilen, die an die Öffentlichkeit gelangt sind: »Erstens, ein emotionales Klima schaffen und die Kräfte zur Befreiung Cubas motivieren.

Zweitens, (nicht leserlich im entschlüsselten Text)

Drittens, Mitgefühl zeigen für die Lage der (cubanischen) Flüchtlinge, besonders für die Waisenkinder.

Viertens, das Scheitern des cubanischen Regimes bei der Erfüllung seiner Versprechen aufzeigen.

Fünftens, auf eine übertriebene Art die unerträglichen Zustände auf der Insel schildern und die Lage der Cubaner auf der Insel.

Sechstens, (nicht lesbar)

Siebtens, veröffentlichen, daß nicht nur die reichen, sondern auch die einfachen Bürger aus Cuba geflohen sind.«

Dazu »wird man alle Massenmedien nutzen müssen (...) Die Ideen von Martí wiederaufnehmen (...) Durch Werbung Lieder bekannt machen, die auf diese Ideen anspielen (...)«[16]

Wenn man einige Worte abändert, könnte das der augenblickliche Plan sein. Aber die Operation »Mongoose« enthält auch chemische Angriffe auf Zuckerrohrpflanzen und andere landwirtschaftliche Produkte, Attentate gegen Comandante Fidel Castro, die von seiner Ermordung bis zur Enthaarung seines Bartes, auf den sie seine Anziehungskraft auf das Volk zurückführten, reichten.

Für diese und andere terroristische Aktionen suchte die CIA Unterstützung in der Welt des Verbrechens, bei so herausragenden Leuten etwa wie den mächtigen Mafiosi John Rosselli, Santos Trafficante und Momo Salvatore Giancana.[17]

Gegen Ende Januar 1962 wurde Cuba aus der OAS ausgeschlossen. Sofort darauf bitten die USA die NATO, den Beschluß der OAS zu berücksichtigen und auf ihre Mitglieder einzuwirken, Druck auf die revolutionäre Regierung auszuüben.

Gleichzeitig bitten sie ihre Alliierten, den Handel mit strategischem Material mit Cuba zu verbieten und auch den restlichen Handel mit diesem Land zu reduzieren.

Fast alle erfüllten willig diese Bitten. Währenddessen infiltrierte die CIA

Cuba mit verschiedenen Agententrupps, die die konterrevolutionären Zellen zusammenbringen und sie in der Taktik der Sabotage sowie in den Kommunikationssystemen ausbilden sollten.

E

Die letzten Überbleibsel des Söldnerheeres waren gerade geschlagen, als Kennedy schon auf eine sowjetische Warnung antwortete, die sinngemäß besagte, daß eine weitere militärische Aggression gegen Cuba den Weltfrieden in Gefahr bringen könnte. Der Präsident bestritt erneut, daß die Vereinigten Staaten die Absicht hätten, in Cuba einzumarschieren. Aber er stellte klar, daß, »auch wenn sie sich einer direkten militärischen Intervention enthielten, so doch das Volk der USA seine Bewunderung für die cubanischen Patrioten nicht verbergen könne«.

Zu Beginn des Jahres 1962 fing man an mit einer massiven Rekrutierung im Rahmen der Operation »Mongoose«, um »cubanische Einheiten« innerhalb des US-Heeres zu bilden. Als Anerkennung für die erwiesene Gunst bot man den Besiegten der Brigade 2506 an, im Rang eines Offiziers einzutreten.

Der Revolutionsregierung war klar, daß ein neuer Invasionsversuch bevorstand. Wenn die Vereinigten Staaten wirklich mit ihrer ganzen militärischen Macht eingriffen, würde es schwierig werden, die Souveränität am Leben zu erhalten. Aber wenigstens sollten sie heftige Schläge einstecken müssen, bevor sie sich die Insel wieder aneignen würden. Dazu benötigte man schwere Waffen. Und die Sowjetunion stellte diese zur Verfügung. Am 16. Oktober 1962 erfuhr Präsident Kennedy, daß Raketen mit nuklearen Sprengköpfen in Cuba installiert worden waren. Daraufhin stimmte er einer Schiffsblockade der Insel zu, um sowjetische Schiffe anzuhalten, die Waffen transportierten. Zur gleichen Zeit verfügte er die höchste Alarmbereitschaft für Tausende von Menschen, Flugzeugen und Schiffen. Aber ein Teil dieses Militärs stand schon seit April als Bastion für die Operation »Mongoose« bereit.

Die sogenannte »Raketenkrise« oder »Oktoberkrise« begann und brachte die Welt an den Rand eines Krieges mit apokalyptischen Ausmaßen. Es bedarf wenig Phantasie sich vorzustellen, daß die Konterrevolutionäre, die sich bis dahin nicht entschließen konnten, ins US-Heer einzutreten, sich in diesem Augenblick einschrieben. Ein Ring aus Schiffen wurde um Cuba gelegt, und die Luftwaffe gewährleistete, daß kein Millimeter der Insel unbeobachtet blieb. »Das war jedoch kein Hindernis für die Fortführung der Kommando-Attacken gegen die cubanische Küste.«[18]

Es kam zu Verhandlungen. Die Sowjetunion zog die Raketen ab, und die Vereinigten Staaten verpflichteten sich, nicht in Cuba einzufallen und es den Exilcubanern nicht zu gestatten, gewaltsame Aktionen von ihrem Territorium aus durchzuführen. Das verletzte den Stolz der Konterrevolutionäre in hohem Maße. Sie fühlten sich verraten, kaltgestellt, verlassen.

Am 22. November 1963 wurde Präsident Kennedy ermordet. Die Untersuchungen schließen nicht aus, daß Exilcubaner – motiviert von Rachegefühlen – daran beteiligt waren. Die gleichen Verdachtsmomente gelten auch für den gewaltsamen Tod von Robert Kennedy und des Mafiosi Giancana. Sie hatten ihr Wort nicht gehalten, Cuba zu »befreien«.

Als Lyndon Johnson die Präsidentschaft antrat, war eine seiner ersten Erklärungen: »Unsere vorrangige Aufgabe muß es sein, Cuba vom interamerikanischen System zu isolieren.« Und so geschah es. Alle Länder des Kontinents mit Ausnahme von Mexiko zeigten der Revolutionsregierung die kalte Schulter. Aber die Isolation sollte nicht auf die staatliche Ebene begrenzt sein. Unter der Kontrolle der CIA wurden Exilcubaner in lateinamerikanische Länder geschickt. Sie sollten sich dort niederlassen, um Gruppen zu organisieren, die konterrevolutionäre Propaganda verbreiten sollten. Aber »wir pflügten nur das Meer um. Das falsche Bild Fidel Castros als eines romantischen Rebellen war sehr mächtig, (...) das Gefühl des Antiamerikanismus in Lateinamerika sehr stark, und wir, wir wurden von den Vereinigten Staaten bezahlt. (...)«[19]

Zum großen Unglück der Konterrevolutionäre, die ohne weitere Verzögerung Cuba in den Händen Washingtons sehen wollten, wandte sich die Aufmerksamkeit Washingtons allmählich dem Konflikt in Vietnam und Südostasien zu. Dort mußten viele US-Amerikaner cubanischer Herkunft kämpfen. Aber vorher hatte die CIA noch ein paar Dutzend Ex-Brigadeteilnehmer in den Kongo geschickt, um Jagd auf Che Guevara zu machen.

Diese »cubanische Freiwilligengruppe« der USA war dort bis 1966 aktiv und kämpfte gegen das Rebellenheer, das von Pierre Mulele und Laurent-Désiré Kabila geführt wurde. Die Exilcubaner waren Teil eines großen Söldnerheeres, das Engländer, Belgier, Südafrikaner, Franzosen und Deutsche in seinen Reihen hatte. Bis heute sind die Überlebenden dieser »Gruppe« stolz darauf, Luftdeckung für die Evakuierung Léopoldvilles gegeben und die Offensive Muleles mit einem brutalen Bombardement im Tal von Kwilo gestoppt zu haben. In Vietnam bestand ihre wichtigste militärische Aufgabe darin, mit den Meos in Laos zusammenzuarbeiten.

»Dieser Stamm war früher bekannt dafür, mit Opium zu handeln, eine Tätigkeit, die die CIA nicht einschränken wollte. Im Gegenteil, die Grenze zwischen Waffen und Drogen war fließend in dieser Geheimoperation. Auf diesem Gebiet waren die Cubaner mit ihren Erfahrungen aus dem mafiageprägten vorrevolutionären Havanna die geeigneten Mitarbeiter.«[20] Der herausragendste unter ihnen war der Offizier der CIA Félix Rodríguez, ein Spezialist in Kommando-Operationen, der sich schließlich würde damit »rühmen« können, das bolivianische Heer bei der Gefangennahme und Ermordung Che Guevaras im Oktober 1967 beraten zu haben.

Da sich die militärischen und ökonomischen Mittel nun auf Vietnam konzentrierten, wurden die konterrevolutionären Aktionen schwer beeinträchtigt. »Gegen Ende der Siebziger war das Exil erschöpft. Viele Bewegungen waren langsam verschwunden. Die Lage war trostlos und wurde von der kollektiven Müdigkeit der Kämpfer beherrscht. Es gab keine finanziellen Hilfen von US-amerikanischer Seite, um Kriegsausrüstung oder Schnellboote zu kaufen. Nur wenige, nur die Trotzigsten blieben aktiv, bildeten Gruppen, spalteten sich und bildeten wieder neue Gruppen (...)«[21]

F

Am 4. April 1972 detonierte eine gewaltige Bombe auf dem Dach des Büros für cubanische Handelsangelegenheiten in Montreal, Kanada. Die Explosion des Sprengkörpers aus Plastiksprengstoff, wie er häufig von der CIA benutzt wird, tötete einen Diplomaten und verletzte sieben weitere. Die Nationale Befreiungsfront Cubas FLNC bekannte sich dazu.

Es war nicht das erste Mal, daß man diese Art von Terroraktion gegen Funktionäre oder Interessenvertreter der cubanischen Regierung durchführte. Aber von diesem Augenblick an hörten die Aktionen auf, sporadisch zu sein. Sie verwandelten sich in den »Krieg auf den Straßen der Welt«. Eine Strategie der Konterrevolutionäre, die diese Art von Sprengstoffaktionen mit Kommando-Operationen nach Cuba verbanden. Die Bomben vervielfachten sich. Und nicht nur gegen cubanische Ziele sondern auch gegen jene staatlichen oder privaten Niederlassungen, die Beziehungen mit der Regierung der Insel hatten. In New York warf man eine Bombe auf das Auto des Diplomaten Ricardo Alarcón, ohne daß jedoch Menschen zu Schaden kamen. Sprengkörper explodierten in Mexiko, Argentinien, Jamaika, Venezuela, Kolumbien, Puerto Rico etc.

Die FLNC bekannte sich zu den meisten dieser Anschläge. Es handelte sich hierbei um eine terroristische Organisation, die sich zur Rekrutierung und für die Logistik auf die Gruppierung »Abdala« stützen konnte.[22]

Obwohl es auf Grund von persönlichen und Gruppeninteressen zu Spaltungen kam, fanden sich zwei weitere Exilgruppen, die sich mit der FLNC in dieser blutigen Strategie vereinten. Die eine war Alpha 66 und die andere die »Cubanische Vertretung im Exil« RECE, die zu dieser Zeit den Ex-Brigadeteilnehmer Mas Canosa zu ihren Führern zählte.

Dem cubanischen Geheimdienst zufolge kam Juan Felipe de la Cruz nach Spanien und fuhr von dort mit Hilfe von Carlos Alberto Montaner, dem CIA-Kontaktmann in Madrid, weiter nach Frankreich. Sein Auftrag war es, eine Bombe in der cubanischen Botschaft in Paris zu zünden. Am 3. August 1973 explodierte die Bombe aber, als er sie in einem Hotel in Avrainville in der Nähe von Paris zusammensetzte. Seine Beerdigung in Miami war ein Massenereignis. Die FLNC und die RECE reklamierten die Vorbereitung des fehlgeschlagenen Attentats für sich.

In der zweiten Hälfte der siebziger Jahre nahm der Terrorismus zu.

Zwei Sabotagespezialisten der CIA kamen frei, nachdem sie wegen terroristischer Handlungen eine kurze Zeit in den USA im Gefängnis verbracht hatten: Orlando Bosch und Guillermo Novo. Diese beiden wurden zu den wichtigsten Ideengebern der »Koordination der Vereinten Revolutionären Organisationen« CORU.

Später erkannte das FBI Novo und Bosch mehr als 70 terroristische Aktionen zu. Nicht erwähnt wurde ihre Beteiligung am Drogenhandel, den sie zusammen mit anderen Konterrevolutionären ausübten. Diese Aktivität diente einmal dazu, terroristische Anschläge zu finanzieren, aber auch dem persönlichen Wohlergehen.[23]

Die US-Behörden begannen sich jedoch Sorgen zu machen. Ihnen glitt das Ganze aus den Händen. Sie wußten, welche Sorte von Elementen sie sich da herangezogen hatten und bis wohin diese gehen würden, wenn man sie nur ließe. Besonders die Regierungen Spaniens und Frankreichs begannen Druck auszuüben. In Paris gelang den Terroristen ein Attentat auf die cubanische Botschaft, während das cubanische Konsulat in Miami von einer anderen Explosion heimgesucht wurde. In Madrid zerstörte eine Bombe das ganze Stockwerk der diplomatischen Vertretung Cubas.

Es blieb keine andere Alternative als einige dieser verstockten Akteure zu verfolgen und einzusperren. Das traf das Exil hart. »Die Amerikaner hatten uns gelehrt, Sprengstoff zu benutzen, sie hatten uns in Navigation unterrichtet, sie hatten uns militärisch vorbereitet, und eines Tages beschlossen sie, daß sie uns nicht mehr brauchten. (...) Was wir 1963 machten und was damals von der CIA ausging, war 10 Jahre später ein krimineller Akt (...)«[24]

Um das Faß zum Überlaufen zu bringen, unterschrieben die USA in der zweiten Hälfte der 70er Jahre die Friedensvereinbarung mit Vietnam, und die CIA entließ zu Tausenden ihre Agenten, in ihrer Mehrzahl cubanischen Ursprungs. In diesem Zusammenhang ist es nicht verwunderlich, daß im Verlauf des Jahres 1975 die Büros des FBI und der Flughafen von Miami mit 9 Bomben bedacht wurden. Nach eigenen Aussagen zwang das Ausbleiben der politischen und finanziellen Unterstützung seitens der USA die Angehörigen des Exils auf den Weg der blinden, fast wahnsinnigen Gewalt.

»Wenn eine Kommandomission fünfzigtausend Dollar kosten konnte und dafür zwei Dutzend Kämpfer nötig waren, konnte man eine Botschaft im Ausland mit ein paar Leuten und zu einem Preis von weniger als zehntausend Dollar in die Luft jagen.«[25]

Im August 1976 starben der chilenische Ex-Minister der Allende-Regierung Orlando Letelier und seine US-amerikanische Sekretärin Ronni Moffitt, als eine Bombe ihr Fahrzeug zerstörte.

Das brachte eine der größten staatlichen Untersuchungen ins Rollen. Im Zeitraum von vier Jahren wurden einige Hundert Konterrevolutionäre festgenommen. Bis Michael Townley, ein US-Amerikaner, der als Sprengstoffexperte für den Geheimdienst des chilenischen Diktators Augusto Pinochet arbeitete, direkt die Brüder Ignacio und Guillermo Novo beschuldigte. Sie hatten die Tat begangen, um wieder US-Hilfe zu bekommen, und weil, wie sie sagten, Letelier für den cubanischen Geheimdienst arbeitete. Fast zur gleichen Zeit entführte ein Kommando zwei cubanische Diplomaten in Buenos Aires und ließ sie verschwinden.

Die reaktionärsten Sektoren des Exils nannten diese Tat »eine mutige Operation«. Aber das, was die Konterrevolutionäre benutzten um das cubanische Volk, seine Regierung und deren politische und kommerzielle Bündnispartner in Unruhe zu versetzen, waren nicht nur Bomben.

Einer Depesche der Presseagentur UPI vom 9. Januar 1977 zufolge »weigerte sich die CIA, eine Information zu kommentieren, die besagt, sie könnte in eine vorsätzlich geplante Epidemie von Schweinepest in Cuba im Jahre 1971 verwickelt gewesen sein. (...) Die Einführung der Seuche sei von cubanischen Anti-Castro-Agenten ausgeführt worden«.

Im September 1984 veröffentlichten verschiedene Presseagenturen die Erklärungen von Eduardo Arocena, einem US-amerikanischen Cubaner, der vor einem US-Gericht zugab, in den siebziger Jahren im Auftrag der CIA biologische Substanzen nach Cuba eingeführt zu haben, um Krankheiten in der Bevölkerung zu verbreiten. Das sind nur zwei Beispiele. Es gibt viele davon, alles Fälle, die von internationalen Instanzen bewiesen wurden und die in dem Augenblick einsetzten, als die Revolution die Macht übernahm.

Aber kein terroristischer Akt innerhalb dieser Bombenstrategie war so folgenschwer wie die Sprengung eines Flugzeugs der Cubana de Aviación in der Nähe der Küste von Barbados am 6. Oktober 1976. Orlando Bosch und Luis Posada Carriles, beide für die CIA tätig und in Fort Benning ausgebildet, wurden in Venezuela verhaftet und der Planung des Verbrechens angeklagt.

73 Menschen starben, darunter die cubanische Jugendfechtmannschaft. »Die Wirkung dieser Aktion war brutal – sowohl für Cuba als auch für das Exil.«[26] Sie war der Anfang vom Ende des »Krieges auf den Straßen der Welt«.

Aber die Aggression ging trotzdem weiter. Die 80er Jahre kamen, und die US-Strategie, dem sozialistischen System Cubas ein Ende zu bereiten, mußte wieder neu angepaßt werden. Die Konterrevolutionäre mußten sich erneut darauf einrichten. So geht es denen, die nichts weiter als Kollaborateure sind.

Monsignore Agustín Román
Weihbischof von Miami

»In Polen legte man den Leuten den Marxismus
auf. Es scheint, daß die Revolution in Cuba intel-
ligenter war und ihn dem Volk in die Hand gab.«

Die Eremitage de la Caridad ist klein, nicht sehr hoch und von einfacher
Architektur. Ein Teil der wenigen Meter, die zwischen ihr und dem Meer
liegen, ist zur Meditation gedacht. Daran erinnern diverse Hinweisschil-
der. Die innere Einrichtung ist gleichfalls nüchtern, wenn man eintritt,
steht rechts ein Tisch mit zwei mittelgroßen Kisten, die kleine Plastikfla-
schen enthalten, die, wie wir vermuten, nicht mehr als 150 ml fassen können. Ein Schild bietet an, die gewünschte Menge zu nehmen und zur Pfar-
rei zu bringen, wo man sie mit geweihtem Wasser füllt. Auf den Flaschen
ist vermerkt, wie die Flüssigkeit zu benutzen ist. Der Preis des Ganzen ist
erschwinglich: drei Flaschen für einen Dollar.

Ein paar Minuten später als vereinbart erschien Monsignore Augustín
Román – mitten in der brennenden Sonne – ganz in Schwarz gekleidet, was
einen starken Kontrast zu seinem schneeweißen Haar bildete.

Nach vier oder fünf Fragen unsere Herkunft und den Zweck des Interviews betreffend lud er uns in sein Büro ein. Um 4 Uhr nachmittags trock-
nete der Durst uns aus, aber Monsignore Román konnte uns nur heißen
Kaffee anbieten. Es blieb uns nichts anderes übrig als wieder zu gehen.
Glücklicherweise standen zwei Meter von der Tür entfernt, vor der Sonne geschützt, drei Pepsi Cola Automaten.

Monsignore Augustín Román wurde 1959 zum Priester geweiht und im
September 1961 nach Spanien ausgewiesen, zusammen mit 130 Pfarrern
und einem Bischof.

Im Mai desselben Jahres hatte die Revolutionsregierung angekündigt,
daß sie das Verbleiben religiöser Konterrevolutionäre gleich welcher Na-
tionalität im Land nicht dulden würde. Obwohl wir auf verschiedene Art

und Weise darauf insistierten und auch einige Quellen erwähnten, bestritt der Bischof unentwegt, daß es eine Teilnahme von Kirchenmännern an umstürzlerischen Kreisen gegeben habe.

Er ist vielleicht einer der wenigen in Miami, denen folgendes nicht bekannt ist: »Zu Beginn des Kampfes im Untergrund spielten die Kirchen und religiösen Sekten eine herausragende Rolle (...) Viele Geistliche, unter ihnen Pater Ismael Testé, nahmen aktiv an der Arbeit im Untergrund teil.«[27] Er wußte zum Beispiel nicht, daß die katholisch beeinflußte Terroristengruppe »Bewegung 30. November« mehr als eine Tonne Explosivstoffe – von der CIA geliefert - »im Keller einer Kirche der Hauptstadt«[28] versteckte.

Monsignore Román stritt viele Dinge ab, die so real sind wie die Palmen seines Landes. Das hatte zur Folge, daß uns mit jeder Minute, die verstrich, seine gemessene und feierliche Art lästiger wurde.

Ist es nicht zufällig richtig, daß man kurz nach der Machtübernahme der »Bärtigen« begann, die »Trujillo Verschwörung« auszuhecken? Viele Texte sprachen davon, daß der Pfarrer Ricardo Velasco der Kontaktmann für das Einschleusen der Waffen war. Velasco wurde im August 1959 festgenommen, als er heimlich nach Cuba einreiste, um die letzten Feinheiten zu klären. Auch weiß man, daß zwei Pfarrer zusammen mit den Söldnern der Schweinebucht an Land gingen und gefangengenommen wurden. Daß im selben Jahr 1961 drei spanische Prälaten und ein Cubaner verhaftet wurden, weil sie als Kapläne für bewaffnete Gruppen dienten.[29]

Sogar der Chef der Konterrevolution Manuel Artime gab zu, daß die Jesuiten ihm den Eintritt in die US-Botschaft - als Jesuit verkleidet - ermöglichten. Und daß diese Kleriker zusammen mit Agenten der CIA ihn heimlich im Dezember 1959 in die USA verbrachten.[30]

Monsignore Román ist einer der wenigen, die nicht zur Kenntnis nehmen, wie groß der Schlag für die Konterrevolution war, als sie während der 60er auf diese Menge Geistlicher verzichten mußte: »Der Widerstand begann einen seiner bedeutendsten Stützfaktoren zu verlieren.«[31]

Im März 1966 bot der Franziskaner Miguel Angel Loredo eine der letzten Hilfen an. Er versteckte einen Konterrevolutionär im Kloster, der, als es ihm nicht gelang, ein Flugzeug zu entführen, dessen Piloten und ein anderes Besatzungsmitglied umbrachte. Und da Monsignore Román von alledem nichts wußte, beschlossen wir, ihn gar nicht erst nach der Operation »Peter Pan« zu fragen. Aber später erfuhren wir durch ein Flugblatt, das er uns schenkte, daß er sehr wohl etwas davon wußte.

Für Monsignore Román und andere Kirchenobere des Exils war Peter Pan »ein bemerkenswertes Beispiel dessen, was man dank des Willens und der Organisation der Zivilgesellschaft im Innern der Insel und der menschlichen und kirchlichen Solidarität von außen erreichen kann.«[32] Allerdings wird einige Zeilen darunter präzisiert, daß all dies »durch ein Netz von Personen auf der Insel, der katholischen Kirche und der nordamerikanischen Regierung realisiert werden konnte (...)«.

Die Operation »Peter Pan«, um die korrekte Version zu geben, war eine der schmutzigsten Aktionen im ideologischen und psychologischen Krieg, die die US-amerikanische Regierung je gegen die cubanische Revolution durchgeführt hat und bei der die Mitwirkung der verschiedenen Kirchen, besonders der katholischen, fundamental war. Die Geschichte ist einfach.

Im Januar 1961 begann man mit einer gigantischen Propaganda. Man behauptete, der »Kommunismus« werde die elterliche Gewalt übernehmen, den Eltern die Kinder wegnehmen und sie in die sozialistischen Länder schicken, um sie dort zu indoktrinieren.

Dann gewährte man Monsignore Bryan Walsh breite Möglichkeiten, Visa für jedes cubanische Kind zwischen 6 und 16 bewilligt zu bekommen. In Panik akzeptierten Eltern die harte Trennung.

Das ›Catholic Welfare Bureau‹ zeichnete sich in besagter schmutziger Arbeit besonders aus. Es empfing nicht nur die Kinder in Miami, sondern war auch das Rückgrat eines geheimen Netzes der internen Hilfe, um die Ausreise von Tausenden von Kindern aus dem Land zu ermöglichen. Der Hauptbestandteil dieses Netzes war die terroristische Bewegung »Rescate Revolucionario«, die von Miami aus durch Batistas Ex-Senator Antonio »Tony« Varona geleitet wurde, Mitglied der CIA und Partner des mächtigen Mafioso Santos Trafficante.[33]

Die aristokratische Familie des cubanischen Ex-Präsidenten Ramón Grau war für den größten Teil der Ausreisen verantwortlich, unterstützt hauptsächlich durch die Botschaften Großbritanniens und Spaniens. Um Grau versammelten sich »Dutzende von katholischen Priestern und protestantischen Pfarrern«.[34] Das Netz schloß die Fluggesellschaft PAN AM und die holländische KLM ein.

Man schickte Visa zu Hunderten nach Cuba. Aber als die nicht ausreichten, um die wachsende Nachfrage zu decken, »beschloß die Bewegung, ihre eigenen Visa innerhalb der Insel zu fälschen«.[35] Zwischen Januar 1961 und Oktober 1962 wurden 14.156 Visa bewilligt. Kinder und Jugendliche wurden nach ihrer Ankunft in Miami in speziellen Zentren interniert – im Rahmen des Programms der Diözese Miami, das »Kinder ohne Begleitung« genannt wurde. Diese Operation erhielt durchschlagende weltweite Publizität, als in einem berechnenden Akt die First Lady Jacqueline Kennedy die Lager besuchte.[36]

In der zweiten Hälfte 1961 mündete die Operation »Peter Pan« in die Operation »Mongoose«, geleitet von der US-Informationsagentur USIA. Das letzte dieser Lager wurde 1981 geschlossen.

In dem Buch »Contra viento y marea«, geschrieben von einigen Jugendlichen, die dies alles am eigenen Leibe erfuhren, heißt es: »Die Ausreise der Kinder hat man hauptsächlich als Propagandakampagne benutzt. Was diese Lager verläßt, wird eine verletzte Generation sein.«

Wir hätten den Monsignore Román noch gern viele Dinge gefragt. Aber was hätte das für einen Sinn gehabt bei jemandem, dessen Hauptmerkmal es ist, von nichts etwas zu wissen, und der, um dem Ganzen die Krone aufzusetzen, sogar leugnete, daß ein großer Teil des Exils sich durch Gewalttätigkeit und Unversöhnlichkeit ausgezeichnet hat.

Denn die Attentate und terroristischen Anschläge fanden nicht nur während der Etappe des »Krieges auf den Straßen der Welt« statt. Laut FBI verwandelte sich zwischen 1986 und 1990 Miami in die Stadt mit den meisten anonymen Attentaten, die hauptsächlich gegen jene Personen und Institutionen gerichtet waren, die eine Annäherung und einen Dialog zwischen den Regierungen Cubas und der Vereinigten Staaten vorschlugen.

Wir haben bereut, den Monsignore Román nicht gefragt zu haben, warum er einer derjenigen war, die zu Bittgebeten aufriefen, um jene zu unterstützen, die die Freiheit des Terroristen Orlando Bosch forderten, und warum er im Vorstand der »Of Human Rights« war – eine Organisation,

die von der inzwischen verschwundenen Terrorgruppe Abdala gegründet
wurde. Was Monsignore Román allerdings durchblicken ließ, war, daß er
mit vielen anderen den Pessimismus im Hinblick auf mögliche Nachwir-
kungen des Papstbesuches in Cuba teilt. Nur wenige glauben noch, daß
eines der Ziele des Pontifex Maximus Hilfe zur Destabilisierung des Regimes sei.

Es ist bekannt, daß die Freiheit der Religionsausübung in Cuba immer
gegeben war. Anders ist es nicht zu erklären, daß 54 Religionen offiziell
registriert sind, sogar einige, die in Europa und den USA als Sekten bezeichnet werden. Es ist kein Geheimnis, daß der schon verstorbene Priester
Guillermo Sardiñas, obwohl er den Rang eines Comandante der Revolution innehatte, nie aufhörte Messen zu lesen – in olivgrüner Soutane.
Offensichtlich ist der religiöse Glaube nicht unvereinbar mit der sozialistischen Revolution gewesen.

Obwohl wir verschiedene Male angerufen haben, ist es uns nicht gelungen, Monsignore Román noch einmal zu erreichen. Wir wollten ihn fragen, wie er sich erklärt, einer der vier Geistlichen auf der ganzen Welt zu
sein, denen die cubanische Regierung die Einreise während des Papstbesuches nicht gestattete.[37]

**Monsignore Román, wenn man verschiedene Bücher von Leuten
gelesen hat, die sich als Anti-Castristen bezeichnen, so ist leicht
daraus zu folgern, daß ein großer Teil der katholischen Geistlich-
keit konterrevolutionäre Aktionen in den Sechzigern unterstützte
oder daran teilnahm. Ferner, daß die Kirchen dazu dienten, Waffen und Sprengstoff zu verstecken, mit denen dann die terroristischen Attentate durchgeführt wurden.**

Kinder, ganz bestimmt nicht. Ich weiß nicht, wo diese Autoren ihre Informationen her haben, aber dem ist nicht so. Für einen Priester genügt es,
den Weg zum Königreich Gottes zu zeigen. Und was mich persönlich angeht, ich hatte nie zu jemandem politische Verbindungen.

Aber es heißt, daß die Konterrevolution einen ihrer wichtigsten

Stützpfeiler verlor, als Sie zusammen mit ungefähr 130 anderen Geistlichen ausgewiesen wurden.

Ich wiederhole, daß das nicht stimmt, obwohl wir schon vor dem Triumph der Revolution sahen, daß sie eine marxistische Ideologie vertrat, gegen die Grundsätze der Kirche. Außerdem hatten wir soviel pastorale Arbeit zu erledigen, daß wir gar keine Zeit hatten, die zu unterstützen, die nicht auf Seiten der Revolution waren.

Und was mich betrifft, so weiß ich bis heute nicht, warum sie mich ausgewiesen haben. Ich glaube, die Regierung wollte, daß nur noch einige wenige Geistliche blieben, vor allem jene, die von den Idealen der Revolution verdreht worden waren. Die Revolution wollte eine nationale Kirche, und dafür suchten sie einen Bischof, aber keiner stellte sich zur Verfügung. Daraufhin schufen sie mit ein paar Geistlichen und einer Gruppe von jungen Laien das, was ›Con la Cruz y con la Patria‹ (›Mit dem Kreuz und mit dem Vaterland‹) genannt wurde. Aber ich wüßte nicht, daß einer der Ausgewiesenen den Bombenlegern Hilfe angeboten hätte. Das ist eine Erfindung.

Monsignore Román, Sie wurden nach Spanien ausgewiesen. Warum haben Sie trotzdem beschlossen, nach Miami zu kommen?

Ich wollte in diese Stadt kommen, um den Exilierten zu helfen, die darauf warteten, daß das cubanische System fällt. Aber wir sind immer noch hier.

In den USA und in anderen Ländern wird viel von der Unversöhnlichkeit und Gewalt dieses Exils gesprochen, eines Exils, das außerdem noch sehr gespalten ist. Was ist Ihre Meinung als geistlicher Führer dazu?

Kinder, das ganze Exil vereint sich in der Suche nach der Freiheit. Und ich glaube, daß die Unversöhnlichkeit des Exils die Konsequenz des Marxismus ist. In Cuba müssen die Leute für alles um Erlaubnis bitten, selbst wenn sie tanzen wollen. Und wenn sie hier ankommen, in einem freien Land, stellen sie fest, daß sie reden können, wie sie wollen. Daraufhin reagieren sie sich ab und diskutieren nur noch schreiend. Aber das ist alles. Ich glaube, daß man so ein schlechtes Bild vom Exil hat, weil die Europäer und die Amerikaner nicht wissen, daß dieses Ungestüm von der karibischen Sonne kommt.

Ja, gut, Monsignore, aber die Unversöhnlichkeit – rührt sie vom Einfluß des Marxismus her oder von der Hitze der karibischen Sonne?

Von beidem. Kinder, es ist eine Mischung. Hier wird über alles diskutiert, als ob das Ende der Welt bevorstünde. Aber das ist Teil der karibischen Kultur, des Latino. Und daß derart viele Gruppen existieren, ich glaube, das ist Teil der Demokratie. Demokratie bedeutet Freiheit des Denkens. Jeder einzelne kann entscheiden, wie ein freies Cuba zu erreichen ist. Aber es gibt keine Spaltungen hier. Es gibt verschiedene Arten zu denken. Manchmal sind die Leute leicht erregbar, aber das, und darauf bestehe ich, ist karibisch.

Entschuldigen Sie, daß ich die Frage direkter wiederhole. Ist es wegen der karibischen Sonne, daß man Sie beleidigt und versucht hat, Sie auf der Straße körperlich anzugreifen, Sie in Anrufen mit dem Tode bedroht hat und daß die Polizei dieses Kloster schützen mußte, weil Bombendrohungen eingegangen waren – und all das nur, weil Sie eine Kampagne initiiert haben, um Lebensmittel und Medikamente nach Cuba zu schicken, als die Insel 1996 vom Hurrikan Lily heimgesucht wurde?

Mir ist das nicht weiter schlimm vorgekommen. Nein, nein. Es waren nur einfache Drohungen und die eine oder andere Beschimpfung. Sie wissen, daß es immer ein paar Verrückte auf dieser Welt gibt. Ich glaube, das ist die Art und Weise, wie sich manche Gruppen ausdrücken. Es ist einfach nur Geschrei, das den Europäern Angst macht. Kinder, wir sind Latinos, wir übertreiben immer. Wenn man mich bedroht hat, so war das, weil jemand erregt war. Sonst nichts.

Aber Monsignore, Sie können uns nicht erzählen, daß das einfach nur Übertreibungen sind, wenn man hier viele Leute ermordet hat, entweder durch Schüsse oder durch Bomben. Sogar die Büros des FBI wurden angegriffen, weil es Untersuchungen gegen einige Führer des Exils eingeleitet hatte.

Man hat einige Bomben gelegt, aber nicht so viele. Es gab nur wenige politische Morde oder Morde aus Unversöhnlichkeit heraus. Sie müssen aber eine andere Informationsquelle suchen, weil ich darüber sehr wenig weiß. Aber schauen Sie, als man diese Delikte begangen hat, haben die Leute protestiert. Aber ich kenne den Namen keiner Gruppe, die gegen jemanden ein Attentat begangen hat. Ich glaube nicht, daß es in diesem Exil eine Gruppe gibt, die einer anderen Gruppe Schaden zufügen könnte.

Monsignore Román, bei einigen Sektoren, sowohl in den USA als auch in Europa, glaubt man, daß der Besuch des Papstes in Cuba eine destabilisierende Wirkung mit sich bringen wird. Es wurde sogar gesagt, daß der Papst eine entscheidende Rolle bei der Umwandlung zum Kapitalismus in Polen gespielt habe. Kann so etwas auch in Cuba passieren? Was ist Ihre Meinung dazu?

Kinder, der Heilige Vater geht nach Cuba, weil das Volk dort schon seit einigen Jahren auf ihn wartet. Ich glaube nicht, daß der Papst das cubanische System in Frage stellt. Und wenn er dies tun sollte, dann um zu bestätigen, was die Menschenrechtsgruppen schon gesagt und getan haben. Aber Cuba ist nicht Polen. In Lateinamerika sind die Wurzeln der Evangelisierung erst 500 Jahre alt, in Polen waren sie schon tausend Jahre alt. Die Evangelisierung in Polen war schon im Erwachsenenalter. Deswegen war die Botschaft des Papstes dort wertvoll, so wie eine Geschichtsstunde, die an vieles wiedererinnert.

Aber es ist einfacher, ein Kind zu überzeugen als einen Erwachsenen.

Das glaube ich nicht. Außerdem hat das cubanische Volk viel mehr marxistische Ideologie bekommen als das polnische. Nach dem, was ich über den Kommunismus gehört habe – aber ich bin kein Spezialist darin –, erlegte man in Polen den Leuten den Marxismus auf. Es scheint, daß die Revolution in Cuba intelligenter war und ihn dem Volk in die Hand gab. Deswegen wird der Besuch des Heiligen Vaters bedauernswerterweise nicht den gleichen Effekt haben. Inwieweit er zur Erschütterung der Regierung beiträgt, werden wir in den kommenden Jahren sehen können. Die Ansprache des Heiligen Vaters wird nichts Neues für die Cubaner bringen, weil dieses Volk schon viele Botschaften der Kirche gehört hat, durch das Radio des Exils, und die haben es zweifellos zum Nachdenken gebracht. Die Botschaft des Papstes wird, wie immer, eine Botschaft der Liebe, Versöhnung, Hoffnung und Nächstenliebe sein. Aber schon eine andere Art von Botschaft hat das cubanische Volk erreicht, die ihm die Augen zu öffnen hilft. Das ist das Werk der europäischen Presse, wenn sie nach Cuba kommt. Die Journalisten sprechen mit den Leuten, damit sie sich nicht weiter von diesem marxistischen System täuschen lassen.

Kommen wir zu einem anderen Thema, Monsignore Román. Uns scheint, als ob die katholische Kirche die Dissidentenbewegung in Cuba unterstützte.

Die Kirche ist der Meinung, daß diese Gruppen Respekt verdienen, besonders die, die sich um die Menschenrechte kümmern. Dieses Thema ist sehr wichtig für die Kirche. Aber die Kirche als solche unterstützt überhaupt niemanden.

Aber, so weit uns bekannt ist, machen Sie und andere Kleriker Sendungen für Cuba, sei es durch Radio Martí oder die ›Voz del Cid‹, in denen Sie Gruppen unterstützen, die sich als christlich ausgeben.

Aber das sind nur Kleinigkeiten. Unsere Hauptaufgabe ist es, die Botschaft vom Königreich Gottes allen bekannt zu machen.

Monsignore Román, erzählen Sie uns, in welcher Lage sich die katholische Kirche in Cuba im Augenblick befindet.

Die Kirche hat gewisse Prozesse durchgemacht. Zuerst hat sie eine Verfolgung erlitten, bei der sie Schulen, Krankenhäuser, Asyle und alle anderen Einrichtungen bis auf die Kirchen und Kultstätten verlor, weil alles in die Hände des Staates überging. Das erschreckte uns sehr, denn die Illusion der Revolution war es, den Neuen Menschen zu schaffen, den marxistischen, den wissenschaftlichen Menschen, wie sie sagten, der alles Spirituelle vergessen sollte. Viele Jahre lang blieb die Kirche ohne Kraft. Aber seit dem Ende der achtziger Jahre hat es schon ein neues Erwachen gegeben, in kleinen Schritten, und ich glaube, jetzt hat sie viele Anhänger. Das liegt daran, daß sie seit Jahren nicht unter Repressionen leidet. Aber die Kirche hat weiter nichts als die Gotteshäuser, obwohl sie jetzt Broschüren veröffentlichen und verteilen darf.

Zum Schluß, Monsignore Román – wie sehen Sie die Zukunft Cubas?

Es kann sein ... Kinder, in Umfragen, die wir unter Gläubigen gemacht haben, und in theologisch-pastoralen Betrachtungen traten die Analogien des cubanischen Exils mit dem durch die Bibel überlieferten Exodus und der Diaspora offen zutage. Das hat uns gezeigt, welchen Glauben viele Cubaner haben, und daß das, was in Cuba geschehen ist, nicht aus Zufall geschehen ist, sondern daß hinter allem ein göttlicher Plan steht. Und in Übereinstimmung mit diesem Plan erwartet Gott etwas Besonderes vom cubanischen Volk. Aber Kinder, das ist nicht so einfach. Vielleicht habe ich vor einigen Jahren die Zukunft einfacher vor mir gesehen. Ich glaube nur, daß das System fallen muß, von einem Moment auf den andern oder langsam. Aber eine Gesellschaft wieder aufzubauen nach all dem, was im Marxismus passiert ist, wird nicht leicht sein.

Aber selbst im Exil in Miami gibt es nicht viele, die abzustreiten wagen, daß das gegenwärtige politische System in Cuba dem Volk viele positive Dinge gebracht hat.

Aber zum Beispiel der Wert der Familie ging verloren, und der Beweis dafür ist die große Menge der Ehen, die geschieden werden. Kinder, in Cuba heiratet man, läßt sich scheiden und heiratet wieder. Alles ganz einfach. Oder sie heiraten nicht einmal und leben einfach so zusammen. Das darf nicht sein. Aber sie sind nicht schuld daran. Das ist der Marxismus.

Monsignore Román, in Europa passiert das gleiche.

Ja, aber nicht mit solcher Leichtigkeit, und auch das akzeptiert die Kirche nicht. Etwas anderes, das dem cubanischen Volk wegen des Marxismus verloren gegangen ist, ist die Kreativität. Gott hat dem Menschen eine große Kreativität gegeben, aber die kann sich mit dem Marxismus nicht entwickeln. Und das sieht man an den Cubanern, die hier ankommen. Es kostet sie viel Mühe, sich an dieses Land zu gewöhnen. Sie glauben, daß der Staat ihnen weiter alles geben müsse. Es sind abhängige Leute. Sie haben den Staatskomplex. Und damit es eine Änderung in Cuba geben kann, muß man anfangen, diese Abhängigkeitsmentalität aufzugeben, weil der Staat ihnen nicht weiterhin alles geben soll von Arbeit über Essen bis hin zu Erziehung und Gesundheit. Kinder, als ich ein Kind war, wollte ich studieren. Natürlich mußte ich hart arbeiten, um das zu erreichen. Ich wohnte auf dem Land und mußte zunächst zu einem kleinen Dorf gehen. Von dort nahm ich den Bus, um nach Havanna zu kommen. Und was für Opfer ich bringen mußte, denn zu Hause angekommen, mußte ich wieder arbeiten! Man hat mir nichts umsonst gegeben. Aber in Cuba ist das nicht so. Die Revolution legt dir alles in die Hand. Das arme Kind merkt nicht, daß es sich alles verdienen muß. Und diese Techniker, Wissenschaftler und Sportler, die Cuba hat, sie haben alles ganz leicht verdient. Und so werden sie von diesem System abhängig.[38]

Andrés Nazario Sargén
Generalsekretär der paramilitärischen
Gruppe *Alpha 66*

*»Wir handeln im Rahmen der amerikanischen
Gesetze. Das höchste, was wir in unseren Ausbil-
dungslagern haben, sind halbautomatische Waffen.
Treffsicher natürlich.«*

Es war elf Uhr vormittags, als wir am Sitz von Alpha 66 ankamen, in dem
Teil Miamis gelegen, der als Klein Havanna bekannt ist. Der cubanische
Freund, der uns hingefahren hatte, entschuldigte sich, daß er uns drei Straßen vorher absetzte. Obwohl er gegen Fidel Castro ist, gab er offen zu, daß
ihm die ganzen konterrevolutionären Organisationen, die er alle für Ban-
den von Verrückten hält, Angst einjagen.

Drei Monate vorher wurde ein Molotowcocktail auf ein Haus in der
Nachbarschaft geworfen. Der einzige ersichtliche Grund dafür war, daß der
Hausbesitzer in einem Brief an eine Zeitung einige Führer des Exils kriti-
siert hatte.

So wollte uns unser Freund lieber nicht direkt vor Alpha 66 absetzen,
weil er verhindern wollte, daß sein Autokennzeichen notiert würde. Falls
ihnen nämlich unser Interview später nicht gefallen würde, könnten sie
nach ihm suchen, um ihn dafür bezahlen zu lassen. Uns erschien das
übertrieben, aber wir respektierten seine Entscheidung.

An der Tür standen zwei Männer, die sich unterhielten. Wir fragten nach
Señor Nazario Sargén. Sie sagten uns sehr höflich, daß er uns erwarte. Der
Ort war sehr bescheiden. Der größte Teil der Wände des Salons war mit
Fotos behängt. Darauf waren Versammlungen, militärische Übungen, aber
auch Kämpfer zu sehen, entweder gefallene oder in Cuba im Gefängnis
befindliche.

Jemand, der für die Rezeption zuständig war, notierte unsere Namen und
unsere Ankunftszeit in einem Heft.

Wenige Minuten später erschien ein kleiner Mann mit Brille, der einen harmlosen Eindruck machte und sich lächelnd als Andrés Nazario Sargén vorstellte. Ohne größere Umschweife führte er uns in einen engen Raum, vollgestopft mit Papieren, wo er uns eine Tasse aromatischen Kaffee servierte.

Aber er hörte nicht einen Augenblick auf zu sprechen, so daß wir ihn bitten mußten, doch einen Moment zu warten, bis das Aufnahmegerät bereit sei.

Er hatte uns kaum begrüßt, da versuchte er uns schon von den »Siegen« seiner Gruppe im »Krieg« gegen Fidel Castros Regierung zu überzeugen. Wie er so vor uns saß mit seinen 75 Jahren, sah er aus wie ein Großvater, der niemandem etwas zuleide tun kann. Daß dieser unentwegt lächelnde Mann Chef der berüchtigtsten paramilitärischen Gruppe Miamis ist, ist schwer vorstellbar. Beim Sieg der Revolution und nachdem er an der »zweiten Front des Escambray« teilgenommen hat, beschließt er, in die Vereinigten Staaten zu fliehen. Kurze Zeit später gehört er zum Gründungskern von Alpha 66. Nazario läßt keine Gelegenheit aus, daran zu erinnern, daß seine Gruppe nie etwas mit der CIA zu tun gehabt habe, und streitet sogar die Existenz von CIA-Dokumenten ab, die das Gegenteil belegen. Ex-Militante der Gruppe versichern, daß Nazario und andere Führer von Alpha Geld von der CIA erhielten, nur dafür, daß sie sich um die Vorbereitung terroristischer Anschläge gegen Cuba kümmerten.[39]

Die neofaschistischen Prinzipien von Alpha 66 führten dazu, daß seine Mitglieder sich mit jenen Gruppen anlegten, die gegen den Krieg in Vietnam waren. In Städten wie Los Angeles, New York und Washington gingen sie gewaltsam gegen Demonstranten vor, die sie als Teil der »internationalen kommunistischen Bewegung« einstuften. Man verfocht die Meinung, daß in Vietnam »Amerikaner und auch Cubaner für so etwas Heiliges wie die Freiheit«[40] kämpften.

»Nazis und Cubaner attackieren Pazifisten« lautete eine Schlagzeile hierzu in der *Los Angeles Times*.

Es war zu Beginn der 70er Jahre, als die faschistische Antikommunistische Weltliga (WACL in englischer Abkürzung) Alpha 66 in ihrem Schoß aufnahm. In einem Anfall von Größenwahn beschloß man während des VI. Kongresses, der 1972 in Mexiko abgehalten wurde, »einstimmig, von der OAS zu fordern, den frei gewordenen Platz des kommunistischen Cuba durch Alpha 66 zu besetzen«.[41] Weder an diesem noch an einem anderen regionalen Kongreß in Brasilien von 1974 konnte Nazario teilnehmen, weil man ihm die Ausreise verweigerte. Es existierte nämlich »ein Befehl aus Washington, aus dem hervorging, daß die Regierung der USA ihm aus GRÜNDEN NATIONALER SICHERHEIT (die Großbuchstaben entsprechen dem Original) besagte Erlaubnis nicht gewähre«.[42]

Später jedoch konnte er bei anderen Veranstaltungen dieser Organisation anwesend sein. Die Untersuchung, die 1975 von einer Sonderkommission des US-Senats durchgeführt wurde, kam zu dem Schluß, daß Alpha 66 eine derjenigen Gruppen des Exils war, die »die Motive, die Fähigkeit und die Mittel« hatte, um Präsident Kennedy zu ermorden. Trotzdem – um nur ein Beispiel zu zitieren – erhielt sie von der Miami City Commission im Jahre 1982 einen Zuschuß von 100.000 Dollar. Dieselbe Untersuchung brachte ans Tageslicht, daß Alpha 66 zusammen mit der CIA an mindestens zwei Attentaten gegen Fidel Castro beteiligt war. Journalisten wie Manuel Abadía vom *Excelsior* in Mexiko und der US-Amerikaner Jack Anderson bezeichneten die Gruppe als Werkzeug der CIA. Abadía wurde 1984 ermordet, nachdem er »die gewissenlosen Schurken« von Alpha und ihre Beziehungen zur mexikanischen extremen Rechten aufgedeckt hatte.

Gegen Ende der Achtziger ging in Miami das Gerücht um, daß Alpha ein Attentat gegen Jorge Mas Canosa vorhatte. Der Grund war der Führungs- und Kontrollanspruch, den der Chef der Cubanisch-Amerikanischen Nationalstiftung FNCA gegenüber den anderen konterrevolutionären Gruppen erhob.

Aber die Unstimmigkeit wurde schnell gelöst. Obwohl Nazario weiterhin seine Partner von der Stiftung kritisiert, arbeitet er mit ihnen zusammen.

Nazario bekommt glänzende Augen, wenn er stolz von den fortgesetzten Aktionen gegen das Regime Fidel Castros berichtet. Aktionen, die sich in sporadischem Maschinengewehrfeuer von schnellen Motorbooten aus gegen wehrlose Fischerboote ausdrücken. Anschließend wird diese krimi-

nelle Tat als ein großes militärisches Wagnis präsentiert. Damit soll die
kriegerische Stimmung gefördert werden, die die Führer des Exils bei der
Mehrheit ihrer Landsleute, hauptsächlich in Miami, aufgebaut haben. Sie
wissen, daß die gutgläubigen Arbeiter dann ihren finanziellen Beitrag leisten, der es den Führern gestattet, bequem und ohne Anstrengung zu leben. Alpha und andere paramilitärische Gruppen nutzten die Möglichkeiten, die ihnen die US-amerikanische Administration von den ersten
Tagen der Revolution an bot, und organisierten Trainingslager in verschiedenen Regionen des Landes, besonders in Florida. In diesen Trainingsla-
gern bekamen mexikanische, vietnamesische und südkoreanische faschistische Gruppen sowie die nicaraguanischen Contras ihre Militärausbil-
dung.

Außerhalb von Miami wurden die Lager eingerichtet, die im letzten Jahr-
zehnt am häufigsten von der Presse besucht wurden. Nazario bot an, uns
zu einem von ihnen hinzubringen.

Am darauffolgenden Sonntag fuhr er uns bis zu einem Ort, der ungefähr
45 Minuten von Miami entfernt ist. Als wir ausstiegen, mußten wir uns
zuerst einmal ausklopfen, da ein Teil der Fahrt über eine unbefestigte Pi-
ste verlief und bei Nazarios bescheidenem Auto der Staub überall durch-
kam. Am Eingang des Camps gingen drei bewaffnete Männer unter der
US-amerikanischen und der cubanischen Fahne hin und her. Im Camp
stellten sich zwanzig Leute auf, und Nazario schritt die Front ab. Daraufhin exerzierten sie knappe dreißig Minuten, befehligt von einem Ex-Instruk-
teur der US Special Forces. Auf den ersten Blick erschien es uns nicht wahrscheinlich, daß von dort ein Kommando ausgehen könnte, das in der Lage
wäre, die cubanischen Sicherheitskräfte in Schrecken zu versetzen. Die
meisten waren über vierzig Jahre alt, und nicht wenigen fiel es schwer, die
Kondition aufzubringen, die für einen Angriff nötig wäre – hundert Meter zu laufen, sich auf den Boden zu werfen, loszufeuern, aufzustehen und
weiterzulaufen.

Allerdings malträtierte das Rattern der halbautomatischen Waffen unsere Ohren auf das heftigste. Aber das ganze schien uns mehr ein guter
Vorwand, am Wochenende seine Freunde zu treffen und nebenbei uns
noch zu beeindrucken.

Am Ende der Demonstration bot man uns ein riesiges und ausgesprochen leckeres Sandwich an. Während wir es verzehrten, ließen wir die Augen nicht von einem Kind von knapp zehn Jahren, dem sein Vater gerade beibrachte, eine Pistole abzufeuern. Sein nur wenig älterer Bruder schoß sich derweil mit einem Gewehr ein. Beide trugen Tarnanzüge.

Während der Hin- und Rückfahrt führten wir das Interview mit Nazario Sargén zu Ende.

Beginnen wir mit einer elementaren Frage. Wie entstand Alpha 66?

Als ich und eine Gruppe von 12 Offizieren bemerkten, daß Castro der UdSSR ergeben war, beschlossen wir, heimlich in die Vereinigten Staaten auszureisen. Dort wurden wir in einer militärischen Einrichtung interniert, weil man uns nicht traute. Einige Monate später kam es zu dem Desaster in der Schweinebucht, und da haben sie uns freigelassen.

Entschuldigen Sie, daß wir Sie unterbrechen, aber in welcher Stimmung befanden sich die Exilierten angesichts der Niederlage in der Schweinebucht?

Die Leute glaubten an gar nichts mehr, alle waren in einer depressiven Verfassung. Die Cubaner, in ihrer Mehrheit Batista-Anhänger, sagten, daß sie alle erledigt wären, wenn es schon den Amerikanern mit all den Mitteln, die ihnen zur Verfügung stehen, nicht gelinge, Castro zu stürzen.

Daraufhin beschlossen wir, eine neue Bewegung zu organisieren. Deswegen der Name Alpha – was Anfang bedeutet. Die 66 kommt von der Anzahl der Personen, aus denen sich die Gruppe zu Beginn in Puerto Rico Ende 1961 zusammensetzte. Wir stellten uns die Aufgabe zu organisieren, keine Invasion, die hatte sich ja schon als unwirksam herausgestellt, sondern etwas mit einer neuen Strategie, neuen Ideen, einer neuen Kampfweise, damit wir nie besiegt würden.

Und wir können sagen, daß wir zwar in all diesen Jahren Schlachten verloren haben, aber nie besiegt worden sind.

Sie sind nicht besiegt worden, aber Fidel Castro, der Ihr Alptraum ist, ist noch da. Aber gut, was war das, was Sie in jenem Augenblick vorhatten?

Castro ist noch nicht weg, aber wir sind auch noch nicht verschwunden. Wir planten dann einen irregulären Krieg, einen cubanischen, ohne die Amerikaner um Erlaubnis zu bitten, mit eigenen Mitteln an Menschen und Material.

Außerdem waren wir sicher, daß man in Cuba eine Organisation schaffen mußte, um Castro von innen heraus zu stürzen. Und das sollten nicht wir machen, sondern das cubanische Volk. Wir waren nur zur Unterstützung da. Aber um das zu erreichen, mußten wir militärische Aktionen durchführen, die einen Mythos, eine Legende schaffen, denn ohne das erhebt sich kein Volk.

Señor Nazario, und jetzt ist die Revolution schon fast 40 Jahre alt, und das Volk erhebt sich nicht. Ist das nicht eine Niederlage?

Nein. Wir wissen, daß das cubanische Volk an Alpha glaubt. Es glaubt, daß Alpha weiter kleine Sabotagen durchführt, seinen Zielen folgt und das Terrain für eine Erhebung vorbereitet.

Wir nehmen an, daß ihnen die US-Regierung in all diesen Jahren jede Art von Unterstützung angedeihen ließ.

Ja, aber nicht so, wie Sie sich das vorstellen. Wir begannen mit typischen Kommandoaktionen. In den ersten zwei Jahren führten wir vierzehn Angriffe durch. Die amerikanische Regierung begann, in unsere Arbeit einzugreifen, sicher deshalb, weil sie uns als zu unabhängig ansah. Sie begannen, Leute von uns festzunehmen, aber ohne sie zu verurteilen oder ihnen die Waffen wegzunehmen. Aber als Kennedy verschwand, verschlimmerte sich die Lage. Wir machten jedoch weiter, und einige von uns kamen ins Gefängnis. Außerdem war es auch nicht einfach, die nötigen Mittel zu bekommen.

Wenn es so ist, daß Sie keine guten Beziehungen zur CIA hatten, wer führte all diese konterrevolutionären Aktionen aus?

Wir haben keine schlechten Beziehungen zur CIA gehabt. Aber manchmal kamen sie und überprüften uns und machten uns sogar Angst. In all diesen Jahren haben sie uns verschiedene Angebote gemacht. Sie haben uns vorgeschlagen, mit uns zusammenzuarbeiten. Aber wir sagten ihnen, daß wir keine Bindungen mit einer Regierung wollten. Wir haben sie dann gebeten, uns nicht zu verfolgen, uns nicht die Waffen wegzunehmen, nicht die Boote und die Rundfunkinstallationen. Wir haben ihnen immer vorgeschlagen, wenn sie wirklich helfen wollten, sollten sie uns doch ein paar Waffen hinwerfen, wir würden sie dann schon aufheben. Sie haben gesagt, das sei kein Problem, und gefragt, wieviel wir dafür haben wollten, daß wir sie auch benutzten. Sie wußten, daß sie uns mit diesem Gehalt zu etwas verpflichten würden. Und das kam nicht in Frage.

Es ist bekannt, daß die cubanische Regierung wegen der Aktionen protestierte, die die Exilcubaner vom Territorium der Vereinigten Staaten aus durchführten. Hatte das Auswirkungen?

Als Fidel Castro protestierte, kamen das FBI, die CIA und sogar der Zoll, um alles zu überprüfen. Sie sagten uns, es sei verboten, amerikanisches Territorium zu benutzen, um von dort in einen Staat einzudringen, mit dem man sich nicht im Krieg befindet. Hören Sie mal, die waren nicht im Krieg mit Castro, aber wir.

Aber nach dem, was uns bekannt ist, senden Sie Radioprogramme nach Cuba. Belästigt man Sie deswegen?

Nein, das ist geregelt. Sie kamen hierher und sagten uns, wenn wir weiter heimlich auf Sendung gingen, würden sie uns ins Gefängnis bringen. Jetzt müssen wir ihnen einige Tausend Dollar zahlen, damit sie uns einige Stunden nach Cuba senden lassen. Können Sie sich das vorstellen? Jetzt ist es ein kommerzieller Betrieb.

Außerdem trainieren Sie in der Nähe von Miami mit wirklichen Waffen, mit wirklichen Kugeln, mit wirklichen Kampfuniformen. Ist es vielleicht nicht doch so, daß Sie auf die Mithilfe Washingtons zählen?

Aber das ist doch legal. Wir handeln im Rahmen der amerikanischen Gesetze. Das höchste, was wir in unseren Ausbildungslagern haben, sind halbautomatische Waffen. Treffsichere natürlich.

Außer den Kommando-Operationen – haben Sie noch andere militärische Aktionen durchgeführt? Attentate gegen Fidel Castro zum Beispiel?

Wir haben einige Male versucht ihn umzubringen, sogar mitten in Cuba. Ich selbst war an einem Attentat gegen Castro in New York beteiligt, aber das FBI hat uns entdeckt.

Señor Nazario, der Chef des FBI, der bei dieser Gelegenheit für die Sicherheit Castros verantwortlich war, sagte vor einer Kommission des Kongresses, die CIA habe das Attentat organisiert.

Das ist nicht so.
  Wir waren das – alles Cubaner. Aber am nächsten dran waren wir in Chile 1972. Wir haben eine Pistole in eine Kamera montiert und einen unserer Leute als Journalisten registrieren lassen. Aber als der Augenblick gekommen war, schoß er nicht, sondern zog es vor zu gehen. Die Sache ist die: Castro zu töten, bedeutet selbst zu sterben, und dafür braucht man sehr viel Mut.

Freigegebenen Dokumenten der CIA zufolge hat auch dieses Attentat die CIA organisiert.

Ich sage Ihnen noch mal: Dem ist nicht so. Es waren Leute von Alpha. Aber es ist möglich, daß die CIA uns die Täterschaft rauben wollte.

Sie waren Teil der Antikommunistischen Liga, wo ...

Ja, das stimmt. Wir nahmen an der Antikommunistischen Liga teil, aber
sie erschien uns immer sehr reaktionär. Außerdem redeten sie viel und gaben wenig wirkliche Unterstützung. Deshalb haben wir mit ihnen gebro-
chen. Wir waren dabei, weil sie als Ankläger auftreten konnten. Aber wußten Sie, daß da sogar die höchsten Hierarchien der katholischen Kirche
und weltweit bekannte Politiker vertreten waren?

**Ja, das wissen wir, wenn auch nicht so genau wie Sie. Kommen wir
jedoch zu einem anderen Thema. Señor Nazario, was muß Fidel
Castro tun, um mit den Veränderungen zu beginnen, die Sie wünschen?**

Zunächst und vor allem muß er eine provisorische Regierung organisieren und Cuba verlassen. Es gibt keine andere Lösung.

Er und seine Clique – das sind so achtzig oder hundert – müssen von
der Insel verschwinden. ... Wir haben nur ein Ziel: ein Ende mit Castro
machen. Wenn man ihn umbringen muß, das macht nichts. Aber er muß
verschwinden.

Glauben Sie nicht, daß ich ein Verbrecher bin!

**Und bereiten Sie im Augenblick militärische Aktionen gegen die
cubanische Regierung vor?**

Wir sind häufig in Cuba eingedrungen, aber man hat uns immer entdeckt. Deswegen gibt es viele Gefangene und Märtyrer auf unserer Seite.
Doch es ist uns gelungen, eine spontane Bewegung im Innern zu schaffen, weil 95% der Bevölkerung gegen Castro sind. Wir wissen, daß sich
viele geheime Zellen von Alpha 66 gegründet haben, die nur aus einer einzigen Person bestehen, denn wenn es mehr als drei sind, werden sie schnell
zerstört. Castros Repressionsapparat ist nämlich sehr wirksam.

Wir wagen zu behaupten, daß es daran liegt, daß eine enge Zusam-

menarbeit zwischen Bevölkerung und Sicherheitskräften besteht, wenn man ihre Zellen so leicht entdeckt.

Ja, das kann auch sein. Aber wir haben versucht, die Wirtschaft durch unsere Sabotage zu zerstören. Wir wollen nicht, daß dadurch das Volk hungern muß, sondern wir taten es, um Fidel die ökonomische Grundlage zu entziehen, die ihn an der Macht hält. Und wir sind dabei, dies zu erreichen.

Heute kann Fidel noch nicht einmal mehr seinen militärischen Apparat aufrechterhalten; er kann sich niemandem entgegenstellen, denn seiner Kriegsausrüstung fehlen die Ersatzteile.

Wenn Sie wissen, daß das so ist, daß Cubas militärische Verteidigung so eingeschränkt ist, warum intensivieren Sie nicht Ihre Aktionen oder warum befiehlt das Weiße Haus keine Invasion?

Ich habe Ihnen schon gesagt, daß die Amerikaner wachsam sind. Die Amerikaner machen keine Invasion, weil sie nach Playa Girón (Schweinebucht) politische Lösungen suchen.

Wenn Fidel Castro geht, wenn er stirbt oder man ihn stürzt – was wird dann passieren?

Es hängt alles davon ab, wer die Macht ergreift. Denn wenn es eine Gruppe ist, die mit Blut befleckt ist, wird der Krieg weitergehen. Wenn der Kommunismus weitergeht, wird der Krieg weitergehen. Aber wenn nicht, erwarten wir, daß Schritte hin zu einer Übergangsregierung eingeleitet werden, die Wahlen ausruft.

Wir haben drei letzte, sehr präzise Fragen. Die Feinde Fidel Castros behaupten immer wieder, daß er es war, der aus Machtstreben den Comandante Camilo Cienfuegos verschwinden ließ. Sie, der Sie so nah bei Cienfuegos waren und Fidel Castro als Ihren größten Feind ansehen, was ist Ihre Meinung dazu?

Ich werde ehrlich sein. Castro ist mein Feind, aber ich bin sicher, daß er nichts mit dem Tod des Comandante Camilo Cienfuegos zu tun hat. Camilo, den ich sehr bewunderte, verschwand im Meer. Ich half einige Tage lang, das kleine Flugzeug zu suchen. Nichts.

Was ist passiert? An diesem Tag war das Wetter nicht gut. Und fast alle Piloten, auf die die Revolution zählte, waren Anfänger. Für mich waren das schlechte Wetter und die mangelnde Erfahrung des Piloten dafür verantwortlich.

Die vorletzte Frage. Wir gehen davon aus, daß Sie die Erklärungen kennen, die die Tochter des »Che«, Aleida, im August 1996 machte. Sie sagte, daß der französische Autor Régis Debray zuviel geredet habe, als er in Bolivien gefangen genommen wurde und daß deswegen der Aufenthaltsort ihres Vaters entdeckt worden sei.

Das ist das Einzige, bei dem ich mit der Tochter des Che übereinstimme. Ich war nie mit dem Che einverstanden, weil er genau so war wie Castro, aber deshalb muß man nicht so tun, als wüßte man nicht, daß Debray eine finstere und gefährliche Person war. Man weiß, daß Debray aus Angst Verrat beging, ohne daß sie ihn wirklich folterten. Und er beging Verrat, weil er nicht an diese Revolution glaubte. Denn obwohl man sagte, daß er Kommunist sei, war er ein einfacher Abenteurer, ein Opportunist. Ich kannte Debray nicht direkt, aber ich wußte, daß er ein unheimlich starkes Ego hatte und daß er glaubte, genügend Macht zu besitzen, unsere Probleme zu lösen.

Ich wiederhole es: Ich war nie mit dem Che einverstanden, aber Verräter wie Debray sind nichts wert, sie sind die schlimmsten menschlichen Wesen.

Und die letzte Frage. Señor Nazario, wir hätten gern, daß Sie uns von einem Zweifel befreien – nur, wenn Sie können, natürlich. Trifft es zu, daß die Regierung der USA Sie bezahlte und jede Organisation bezahlt, die sagt, sie kämpfe gegen die cubanische Regierung?

Sehen Sie, ich wiederhole es: Alpha 66 hat nie Geld von den Amerikanern erhalten. Aber hier wurden in den siebziger Jahren alle anderen Organisationen bezahlt. Die Amerikaner gaben jeder Organisation Geld, damit sie sich halten konnte. Heute ist es nicht ganz so, obwohl es scheint, daß sich von Europa aus einiges tut. Aber bis zu den achtziger Jahren aßen fast alle von der amerikanischen Futterkrippe.

Was tut sich in Europa?

Oh, wie schade! Sie sagten, daß Sie keine Zeit mehr haben.

José Basulto
Ex-Mitglied der Brigade 2506
Direktor der *Hermanos al Rescate (HAR)*

»Und deswegen müssen die Amerikaner und wir,
das Exil, die Unterstützung der Europäer suchen,
weil sie ein besseres Image in Cuba haben.«

Einen Tag, nachdem wir in Miami angekommen waren, trafen wir einen Zeitungsverkäufer auf der Straße. Ich mußte nicht nach seinem Ausweis fragen, um zu wissen, daß es ein junger Cubaner war. Es befremdete uns, daß er in einem Land, das damit geprahlt hat, denen, die von der Insel kommen, alles Nötige zu geben, diese Tätigkeit ausübte, die typisch ist für die ärmsten Sektoren der US-amerikanischen Gesellschaft. Von da an machten wir einen Wettbewerb daraus: Wer von uns beiden findet die meisten Cubaner, die Blumen, Erdnüsse, Zigaretten, Brot, Chicharrones (gebratener Speck) oder Süßigkeiten in einer x-beliebigen Straße verkaufen? Bevor zwölf Tage vorbei waren, gestanden wir uns beide ein, den Wettbewerb verloren zu haben. Es gab zu viele.

Die beliebte 8. Straße – South West, 8th Street – reicht aus, einem klarzumachen, daß Miami aufgehört hat, das versprochene Paradies zu sein für die, die Cuba verlassen haben. Wir wollen zwar nicht sagen, daß es Tausende sind, die als Straßenhändler arbeiten. Tausende und Abertausende sind vielmehr jene, die sich für 4,50 Dollar in der Stunde ihren Rücken in den Fabriken kaputtmachen. Ein Lohn, der gerade ausreicht um zu überleben. Wie der cubanisch-US-amerikanische Journalist Louis Ortega in *La Prensa* in New York anmerkte: »Dieses Exil, das damals die Vorstellung von reichen Batistaleuten, die Castro entkommen waren, vermittelte, entspricht nicht mehr der Wirklichkeit. Heute sind es in der Mehrzahl Leute der Arbeiterklasse, die in bescheidenen Häusern in Hialeah wohnen.« In Miami fühlt sich die große Mehrheit der Immigranten frustriert, weil Fidel Castro, den sie für alle Übel verantwortlich machen, weiterhin an der Macht

ist. Aber sie wollen nicht zurückkehren. Auch wenn sie sich nach der Insel sehnen, beschäftigt sie mehr ihre Zukunft in einem Land, das ihnen
immer mehr Türen verschließt und Chancen verweigert.

Das sogenannte »Klein Havanna« im Zentrum der Stadt gibt ein Bild
von der aktuellen Wirklichkeit. Bis vor zehn Jahren war es der ideale Ort
zum Wohnen und Entspannen. Heute haben die Häuser Gitter und Alarm-
anlagen. Die Verbrechensrate ist wegen der ökonomischen Schwierigkeiten enorm gestiegen. Es ist nicht ungewöhnlich, auf Zerlumpte und Ver-
störte zu treffen. Einem großen Teil der Mittelklasse blieb nichts anderes
übrig, als sich an weiter enfernten Orten eine angenehmere Wohngegend
zu suchen.

Wenn man 1961 den Flughafen von Havanna hinter sich gelassen hatte, hörte man nach wenigen Minuten die Stimme Präsident Kennedys. Er
hieß alle willkommen, die geflohen waren, und ermutigte sie gleichzeitig,
mit festem Glauben und Begeisterung diese Gelegenheit zu ergreifen und
ein neues Leben in diesem Land zu beginnen.[43] Man gab ihnen das Prä-
dikat »Kämpfer für die Freiheit«. Automatisch erwarben sie das Aufenthalts-
recht und ohne größere Schwierigkeiten die Staatsbürgerschaft. Viele Jahre lang hatten sie Vorrechte wie keine andere Nation auf dem Kontinent.
Das war normal: Das Imperium mußte jene unterstützen, die sich anbo-
ten, Feinde seines Feindes zu sein.

Seit die Revolutionsregierung sich ihrer Souveränität rühmte, begann die
US-Regierung eine psychologische Kampagne der Diffamierung, Desinfor-
mation und Provokation. Eines der Ziele dieser Kampagne war es, die
Ausreise aus Cuba zu fördern, um damit zu beweisen, daß das System sich
nicht mit seiner Bevölkerung verträgt. Dazu bediente sie sich der Kommunikationsmedien, insbesondere des Radios. In mehreren Sendungen, die
diesem Ziel gewidmet waren, interviewte man einen gewissen »Pepito Pérez«,
der angeblich zwei Tage vorher angekommen war und jetzt schon in einem
Unternehmen für ein Gehalt von mehreren tausend Dollar monatlich arbeitete.

In den USA, prahlten die Sprecher, könne man es mit der kleinsten Anstrengung leicht zum Geschäftsführer eines großen Betriebes bringen oder
selbst Eigentümer werden.

»Wie schade«, zwitscherte eine Frau ins Mikrofon, »daß die Cubanerinnen auf der Insel sich nicht an den schönen und wertvollen Kleidern erfreuen können, die uns gerade in dieser Saison so gut aussehen lassen.« Die Folge davon war, daß im Jahre 1980 mindestens 200.000 Cubaner über den Hafen Mariel das Land verließen. Als die sogenannten »Marielitos« in den Vereinigten Staaten, Panama oder Peru ankamen, wurden viele von ihnen in regelrechte Konzentrationslager gesteckt. Das führte zu Revolten, deren gewaltsame Niederschlagung Tote forderte.

Man führte Beweise an, daß die cubanische Regierung den Exodus genutzt habe, um eine große Anzahl von Delinquenten loszuwerden, aber »in Wirklichkeit – im Verhältnis zur Gesamtzahl gesehen – war die Anzahl der Kriminellen gering«.[44]

In Miami »starben Hunderte von Marielitos in den ersten Jahren ihres Exils, erstochen im Streit, getötet in Schlägereien, erschossen von anderen Kriminellen oder von der Polizei. Hunderte wurden eingesperrt wegen verschiedenster Delikte wie Diebstahl, Vergewaltigung, Drogenhandel und Einbruch«.[45] Die USA hatten den Marielitos so viel versprochen, daß die, als sie bei ihrer Ankunft statt des El Dorado nur ein paar Almosen vorfanden, die Sache selber in die Hand nahmen.

Aber die Erklärung, die man dafür hatte, war zu simpel: »Es bestanden ernste Anpassungsschwierigkeiten an eine neue Gesellschaft in einem fremden Land, es kam zu einem Kulturschock, nachdem man Jahrzehnte unter einer Diktatur gelebt hatte.«[46] Man müßte sich fragen, ob es an der »Diktatur« lag oder, wie Monsignore Román sagte, daran, daß die Cubaner gewohnt sind, daß der Staat ihnen alles in die Hand legt.

Aber trotz der ganzen sozialen Problematik, die diese Massenflucht mit sich brachte, wurde die ideologische und psychologische Hetze nicht eingestellt, im Gegenteil, sie wurde noch verstärkt. Als im Jahre 1990 die cubanische Regierung die Sonderperiode ausrief, tönte es von Miami her, daß es in den Vereinigten Staaten Wasser, Elektrizität, Fleisch, Huhn, Milch und Kleidung im Überfluß gebe. Was sie nicht sendeten, war, daß es mehr als einer kleinen Anstrengung bedurfte, sich dies alles zu verschaffen. So wurde die sogenannte »Balsero«-Krise ausgelöst. Diese armen Leute stiegen auf alles, was schwamm, um irgendwie anzukommen und die Privilegien zu genießen, die ihnen das Paradies USA bot, das aber zu dieser Zeit nur in den Lügen der Aufhetzer existierte.

Die ersten »Balseros« wurden wie Helden empfangen. Aber als ihre Zahl in wenigen Monaten auf mehrere Tausend anstieg, zeigten sich in Washington Anzeichen von Besorgnis.

Und die Cubaner in Miami begannen, sich von den »Balseros« belästigt zu fühlen bis zu einem Punkt, daß man, wenn man jemandem etwas Schlechtes wünschte, nicht mehr sagte »Hoffentlich wirst du vom Blitz getroffen« sondern »Hoffentlich fällt dir ein Balsero ins Haus«.

Und derjenige, der wußte, wie man sich ein gutes Stück von dem Kuchen nimmt, das heißt, wie man aus der Verzweiflung der Geflüchteten Profit machte, war José Basulto.

Basulto drang 1960 als Mitglied der Infiltrationseinheiten in Cuba ein mit dem Auftrag, die Invasion in der Schweinebucht vorzubereiten. Seine Identifikationsnummer in der Brigade war 2522. Das bedeutet, daß er der 22. Cubaner war, der von der CIA rekrutiert wurde. In den Wochen vor und nach der frustrierenden Operation wurden die Söldner der Einheiten entdeckt und gefangen genommen. Basulto gelang es, zu entkommen und zum Marinestützpunkt von Guantánamo zu fliehen. Aber er setzte seine konterrevolutionären Aktivitäten fort, indem er zivile Ziele an den cubanischen Küsten angriff. Obwohl er es rundheraus abstreitet, scheint es, daß er sich nie völlig von der CIA entfernt hat. Seine Teilnahme an der antisandinistischen Contra – ein Söldnerheer, das von den Spitzen des Pentagon befehligt wurde – beweist das.

Andrés Nazario von Alpha 66 sagte uns, Basulto sei ein »freiwilliger Söldner, der von den Amerikanern gesteuert« werde. Als die Krise der »Balseros« beginnt, vereint sich Basulto mit einem anderen CIA-Veteranen, Billy Schuss, Spezialist für Infiltration und Kommando-Attacken, und plant die Gründung der »Hermanos al Rescate« (»Brüder zur Rettung«), HAR.[47]

Der Organisation gehören Personen verschiedener Nationalitäten an, alle vereint »durch ihre Lust auf Abenteuer und ihre tiefe antikommunistische Überzeugung«[48] – scheinbar gegründet, um »Balseros« aus den gefährlichen Gewässern der Meerenge von Florida zu retten.

Und einige hat die Organisation tatsächlich gerettet, weswegen ihr von der großen Weltpresse und Menschenrechtsinstitutionen der Titel »humanitär« verliehen wurde. Aber hinter dieser Aktion standen Absichten, die nichts mit Altruismus zu tun haben.

Besorgt über die Dimension der Flüchtlingswelle, die sie selbst geholfen hatte zu produzieren, schlägt die US-Regierung Ende 1994 der cubanischen die Unterzeichnung eines Migrationsabkommens vor. Ihm zufolge ist es seit Mai 1995 Cubanern verboten, illegal in die USA zu kommen. Obgleich die Praxis beweist, daß jede Person, die politisch oder propagandistisch gegen die cubanische Regierung genutzt werden kann, immer noch willkommen ist. Auf jeden Fall aber würden diejenigen, die diesen Anforderungen nicht entsprechen, nicht mehr als »Helden der Freiheit, die vor dem Kommunismus fliehen« betrachtet, sondern auf dem Niveau der »einfachen Haitianer« angesiedelt und sofort den cubanischen Behörden überstellt oder aber provisorisch auf dem Marinestützpunkt Guantánamo unter menschenunwürdigen Bedingungen interniert. Das alles erschütterte die Leitung des Exils in Miami, die das Abkommen als eine Annäherung Clintons an Cuba deutete und als den Anfang vom Ende ihrer Privilegien. Hastig kamen an die zwanzig Organisationen, die sich durch ihre extrem rechten Positionen auszeichnen, zusammen. Unter ihnen waren die Cubanisch-Amerikanische Nationalstiftung FNCA, die Valladares-Stiftung, Alpha 66, Unabhängiges und Demokratisches Cuba CID und ›Hermanos al Rescate‹. Das Treffen fand im Sitz der paramilitärischen Gruppe Brigade 2506 statt, die José Basulto zu ihren Führern zählt. Als Ehrengäste erschienen der Kongreßabgeordnete Lincoln Díaz-Balart, seines Zeichens Mitarbeiter bei der Redaktion des Helms-Burton-Gesetzes, und der Terrorist Orlando Bosch.[49]

Anfänglich bestand das zentrale Ziel darin, sich auf eine gemeinsame Linie zu einigen, um die US-Regierung unter Druck zu setzen, damit sie den Migrationspakt zurücknähme. Zugleich war es aber auch einmal mehr »das Motiv des Treffens (...) zu planen, wie Castro zu stürzen sei«.[50] Als der Strom der »Balseros« versiegte, sah HAR seine Existenz in Gefahr. Als Rettung gab man der Mission einen neuen Inhalt: »Das Auge des Exils über der Meerenge von Florida zu sein, damit die USA und Cuba nicht die Menschenrechte der Cubaner verletzen.«[51] Aber tatsächlich taten Basulto und HAR weiterhin das, was sie versteckt hinter der vorgeblichen Rettung der »Balseros« wirklich machten: das cubanische Volk dazu aufzustacheln, sich gegen seine Regierung zu verschwören. Aber nicht nur das. Dem cubanischen Doppelagenten Juan Pablo Roque zu Folge, der in diese Organisation eingeschleust wurde, bereitete die HAR terroristische Anschläge auf zivile und militärische Ziele auf der Insel vor. All diese Informationen übergab er zusammen mit denen, die er von anderen Organisationen wie der FNCA gesammelt hatte, dem FBI, für das er auch arbeitete und von dem er 7000 Dollar Gehalt bekam, wie die Bundesbehörde selbst zugab.[52]

So verletzten die kleinen Flugzeuge der HAR wiederholt auf provokatorische Weise den Luftraum der Insel, bis zwei von ihnen am 24. Februar 1996 abgeschossen wurden. Pablo Roque war am Tag davor nach Cuba zurückgekehrt. In der zweiten Hälfte dieses Jahres, als die HAR eine andere Kampagne initiierten, um Geld zu sammeln und so die illegalen Aktivitäten fortsetzen zu können, erfuhr man in Miami, daß der Wohnsitz von Basulto mehr als eine halbe Million Dollar kostete. Und wie es bei Konterrevolutionären oft so ist, weiß man von keiner Beschäftigung, die ihm einen solchen Luxus erlauben könnte.

Der Sitz der HAR befindet sich in einem der exklusivsten Stadtteile von Miami. Im Büro von José Basulto springen einem die Bilder von Christus und Gandhi ins Auge, ebenso wie Ausschnitte der Weltpresse, in denen mit dicken Schlagzeilen der Abschuß der kleinen Flugzeuge kommentiert wird.

Ihn begleitete eine bescheidene alte Frau, die Mutter eines der umgekommenen Piloten. Basulto bestand darauf, daß wir sie interviewten. Wir taten es. Aber sie hatte sehr wenig zu sagen, außer daß sie ihren Schmerz ausdrückte. Mit ihm sprachen wir wenig. Seine Antworten gab er sehr sicher und mit energischer Stimme, als ob er eine Uniform trüge. Unglücklicherweise konnten wir Basultos Einladung nicht annehmen, da sie mit einer anderen, nicht aufschiebbaren Verpflichtung zusammenfiel. An diesem Sonntag würden sie nahe dem 24. Breitengrad fliegen, und sie waren bereit, uns mitzunehmen. Natürlich wären wir gerne mitgekommen, aber unter einer Bedingung: Basulto hätte mit uns in derselben Maschine sitzen müssen.

Señor Basulto, erzählen Sie uns, wann die »Hermanos al Rescate« mit ihren Aktivitäten begannen.

Weil viele sagen, wir seien politisch, möchte ich klarstellen, daß die HAR immer eine humanitäre Organisation gewesen sind.

Den ersten Flug zur Rettung von »Balseros« machten wir 1991 mit meinem eigenen Flugzeug. Wir baten die cubanische Gemeinde um Hilfe, aber niemand beachtete uns. Dann stieg die Zahl der »Balseros« an. Bis 1994 kamen wir auf 32 Flüge wöchentlich, was Kosten von fast einer Million dreihunderttausend Dollar im Jahr mit sich brachte. Zu diesem Zeitpunkt war es bereits eine Operation, die vollständig durch das Exil finanziert wurde und durch Beiträge von reichen Leuten wie der Sängerin Gloria Estefan, die ein Flugzeug stiftete, mit dem ich allerdings abstürzte. Auch die American Airlines unterstützten uns.

Was ist Ihre Version des Abschusses der kleinen Flugzeuge vom 24. Februar 1996?

Die Amerikaner und die cubanische Regierung wußten, daß wir an diesem Tag fliegen und dabei den 24. Breitengrad überqueren würden. Denn Juan Pablo Roque, ein cubanischer Pilot, den sie hier als Dissidenten und Helden empfangen hatten, kannte die Pläne.

Er hatte uns infiltriert und arbeitete für das FBI und den Geheimdienst Castros.

Aber Señor Basulto, wie einige Medien meldeten, hatte das FBI Sie gewarnt, daß dieses Mal die Flugzeuge abgeschossen würden, weil die cubanische Regierung keine weitere Verletzung ihres Luftraumes mehr dulden würde. Außerdem wiesen verschiedene Medien darauf hin, daß Sie deshalb fünf Meilen hinter den beiden anderen Flugzeugen zurückgeblieben seien, außerhalb der rechtmäßigen cubanischen Grenze, und sich so vor einem Abschuß retteten. Der Pilot und Spion Roque behauptete, daß Sie so vier Märtyrer gewonnen hätten ...

Falsch! Völlig falsch! Ich sehe, daß viele Leute für die Kommunisten arbeiten.

Entschuldigen Sie, aber das ist das, was wir gelesen haben. Andere Informationen besagen auch, daß die Flugzeuge von »Hermanos al Rescate« wenigstens zwanzig Mal den cubanischen Luftraum verletzten und bei fast all diesen Gelegenheiten Anti-Regierungspropaganda abwarfen. Stimmt das?

Das ist richtig. Einen dieser Flüge führten wir am 13. August 1995 durch, als wir Havanna überflogen. Aber das taten wir, um das cubanische Militär von einem Einsatz abzulenken, der sich auf verschiedene Boote von Exilcubanern konzentrierte. Auch am 9. und 13. Januar 1996 nutzten wir die guten meteorologischen Verhältnisse und warfen aus großer Höhe eine halbe Million Handzettel mit einfachen Botschaften ab.

Warten Sie einen Augenblick, Señor Basulto. Diese Schiffe verletzten die cubanischen Hoheitsgewässer. Ihre Besatzung bestand aus Exil-Cubanern. Sie waren in den Vereinigten Staaten registriert und fuhren unter US-amerikanischer Flagge. Sie wissen sehr wohl, daß sie vorhatten, die Regierung Cubas zu provozieren. Sie hatten die Absicht, in ihre Gewässer ...

Ja, das ist richtig. Aber man wollte eine feierliche Handlung begehen und dem cubanischen Volk seine Unterstützung beweisen.

Zurück zum Thema. Warum haben die Cubaner Ihre Flugzeuge nicht schon früher abgeschossen oder zur Landung gezwungen? In jedem anderen Land hätte man dies gemacht.

Ich weiß es nicht. Ich weiß nicht, warum sie uns nicht abgeschossen haben. Denn bei all diesen Gelegenheiten ließen wir einige Pamphlete über Havanna fallen, die gleichen, die wir auf die cubanischen Kriegsschiffe warfen. Die Botschaft war einfach und harmlos, wie zum Beispiel »Compañeros, nein, Brüder«, was heißen will, daß wir keine Genossen sind. Wir haben auch andere abgeworfen, in denen wir zum zivilen Ungehorsam aufriefen.

Dann riefen Oppositionelle, Dissidenten vom Cubanischen Rat, unabhängige Journalisten, all die Leute, die wir unterstützen, bei den Rundfunksendern in Miami an, um uns mitzuteilen, daß sie einige aufgesammelt und an andere Personen verteilt hätten.

Señor Basulto, ganz abgesehen davon, daß es schlimm genug ist, wenn man wiederholt den Luftraum eines Landes verletzt, um dessen Bevölkerung gegen seine Regierung aufzuhetzen, glauben Sie nicht, daß es noch ein anderes Motiv für den Abschuß geben mußte?

Ja, bestimmt. Ich bin sicher, daß auch unsere Unterstützung und Finanzierung des Cubanischen Rates und anderer Widerstandsorganisationen im Innern Cubas ein Motiv war, denn wir wollten und wollen dabei helfen, eine politische Alternative zur Regierung Castros zu schaffen.

Deswegen beschlossen wir bei einer Veranstaltung hier in Miami, einige tausend Dollar an Sebastián Arcos zu übergeben, als Unterstützung für den Cubanischen Rat. Ja, das wichtigste Motiv für die Castro-Regierung ist, daß die HAR sich in einen destabilisierenden Faktor verwandelt hat. Das dürfte der Hauptgrund für den Abschuß der beiden Flugzeuge gewesen sein.

Señor Basulto, gehen wir zu einem anderen Thema über. Entschuldigen Sie die Frage, aber es wird behauptet, daß die HAR von der CIA finanziert wird.

Wir wollen, daß man uns dafür die Beweise bringt. Wir können nämlich belegen, wie wir finanziert werden.

Und nicht nur das, sondern auch, daß Sie selbst der CIA angehören.

Das ist eine andere Anschuldigung, die von der cubanischen Regierung ausgeht. Aber nicht nur gegen mich, sondern auch gegen die anderen Führer des Exils, um uns zu diskreditieren. Und darauf haben sie ihre ganze internationale PR-Maschinerie abgestimmt.

Oder ist es so, daß Sie die Beziehungen zur CIA nach der Schweinebucht abgebrochen haben?

Im Jahre 1961 arbeitete ich, wie alle Teilnehmer der Brigade 2506, mit der CIA, aber nicht für sie. Keiner von uns Cubanern, die wir die Interessen Cubas vertreten, arbeitete je für die CIA oder für die nordamerikanische Regierung. So etwas wäre eine Niedertracht unsererseits gewesen. Ja, bis November 1961 war ich mit ihnen zusammen.

Dann sagte ich ihnen, daß sie das cubanische Volk betrogen hätten, da es keine wirkliche Zusammenarbeit gebe, um den Umsturz des Regimes zu erreichen. Und daß sie den Tod und die Gefangenschaft meiner Landsleute provoziert hätten.

Entschuldigen Sie, daß wir insistieren, aber es gibt Dokumente, die besagen, daß Sie auf Kosten der CIA in Brasilien und Mittelamerika waren.

Das stimmt nicht. Das ist falsch. Außerhalb der 13 Monate in ihrer Armee habe ich nie wieder etwas mit den Amerikanern zusammen gemacht.

Señor Basulto, Sie können nicht bestreiten, daß Sie in Honduras bei der nicaraguanischen Contra waren. Und es ist bewiesen, daß die Contra unter der totalen Kontrolle der CIA stand ...

Ich, José Basulto als Individuum, half den Contras ohne irgendeine nordamerikanische Finanzierung für eine gewisse Zeit. Ich war Teil einer Operation des cubanischen Exils. Daran waren verschiedene Organisationen beteiligt. Ich gehörte zur Brigade 2506, deren militärischer Direktor ich war.

Entschuldigen Sie, sagten Sie »militärischer Direktor«?

Ja, ganz richtig. Ich hielt mich einzig und allein aus humanitären Gründen in Honduras auf. Ich half, die Feldlazarette an der Grenze zu Nicaragua zu mit Waffen auszustatten. Ich unterstand dort dem Befehl des nicaraguanischen Obersten (der Contra; d. ÜS.) Enrique Bermúdez.

Kommen wir zu einem anderen Thema. Wie erklären Sie sich, daß die Vereinigten Staaten – als größte Weltmacht – nicht in der Lage gewesen sind, die Regierung Fidel Castros zu stürzen?

Die Vereinigten Staaten sind in hohem Maße dafür verantwortlich, daß das cubanische System noch existiert.

Im Jahre 1961, als das Castro-Regime sich durch die Invasion in der Schweinebucht das erste und einzige Mal militärisch angegriffen sah, ließen die Vereinigten Staaten das cubanische Volk in seiner Suche nach Freiheit im Stich. Damit begannen sie die Bedingungen zu schaffen, daß dieses Regime seine Macht konsolidieren konnte. Im Jahr darauf kam es zur Krise wegen der Raketen, die die Sowjets in Cuba installieren wollten.

Daraus ergab sich eine neue Möglichkeit der direkten Konfrontation. Aber die Amerikaner, aus Angst davor, was die Sowjets machen könnten, verhandelten über etwas, das ihnen gar nicht gehörte: unsere Freiheit. Und von diesem Zeitpunkt an verpflichteten sie sich, nicht militärisch in Cuba einzugreifen. Aber sie ließen auch nicht zu, daß wir, die Cubaner, es unabhängig von ihnen machten.

Das endete schließlich mit der Konsolidierung des Castro-Regimes. Die Vereinigten Staaten wissen, daß eine Aktion großen Ausmaßes gegen Castro sie teuer zu stehen kommen kann: eine Immigrationswelle oder eine verrückte Aktion von Castro. Denn Castro hat genügend militärische Möglichkeiten, um das Atomkraftwerk in Florida zu bombardieren und andere strategische Ziele der Amerikaner. Heute würde eine Invasion Cubas Tausende von Toten kosten.

Señor Basulto, was ist nun die Alternative, die Sie für Cuba sehen?

Wir versuchen, dieses Regime zu stürzen. Das cubanische Volk muß die gewaltlose Form der Auseinandersetzung anwenden, ohne den Einsatz von Gewalt auszuschließen. Wir wissen natürlich, daß es Selbstmord ist, Castro militärisch anzugreifen. Aber man muß das Regime auswechseln, indem man Castro und seine Kamarilla auf irgendeine Weise eliminiert.

Ein Wechsel ist möglich, wenn es dem inneren Widerstand gelingt, genügend Spielraum innerhalb des Systems zu schaffen, um sich als Alternative zu Castro darzustellen. Deshalb muß man weitere Menschenrechtsgruppen unterstützen und bilden: Das ist die beste Waffe gegen dieses Regime.

Und deswegen müssen die Amerikaner und wir, das Exil, die Unterstützung der Europäer suchen, weil sie ein besseres Image in Cuba haben. Und das ist es, was jetzt geschieht, wenn auch sehr langsam.

Señor Basulto ...

Ich schlage Ihnen vor, daß wir ein anderes Mal weitermachen, weil ich jetzt zu dem Anwalt gehen muß, der den Fall der abgeschossenen Flugzeuge übernommen hat.

Ninoska Pérez Castellón

Journalistin. Sprecherin bei *Radio La Cubanísima*.
Direktorin der *Voz de la Fundación*, Sender der
Cubanisch-Amerikanischen Nationalstiftung
(FNCA)

> »Ich wundere mich über die europäische Heuche-
> lei. Dort treffen die Politiker Entscheidungen über
> andere Länder, wie es ihnen gefällt.«

Roberto Martin Pérez

Mitglied des Vorstandes der *Cubanisch-Amerika-*
nischen Nationalstiftung (FNCA)

> »Wir gehen von der Möglichkeit aus, daß Castro
> schon tot ist.«

Endlich, beim sechsten Anruf, war die Señora Ninoska Pérez Castellón
damit einverstanden, uns zu empfangen. Sie bestand darauf, daß wir nicht
zu spät kommen dürften, weil sie danach noch eine Radiosendung auf-
zeichnen mußte. Wir kamen fünfzehn Minuten vorher an der angege-
benen Adresse an. Wir fragten den Taxifahrer, ob dies der Sitz von La Cubanísima oder der Voz de la Fundación sei. Er betrachtete uns durch den
Rückspiegel und erklärte uns trocken, dies sei das Gebäude der Cubanisch-Amerikanischen Nationalstiftung. War das möglich?

Wir hatten mehr als eine Woche damit verbracht, zwei Sekretärinnen
zu bedrängen, daß sie uns ein Interview mit einem der höheren Führer der
Cubanisch-Amerikanischen Nationalstiftung FNCA ermöglichten. Aber

Fehlanzeige. Sie wollten noch nicht einmal, daß wir dorthin kämen, um einige ihrer Publikationen mitzunehmen. Sie fragten uns immer nur, wo in Miami sie diese hinschicken sollten. Aber es war uns nicht möglich, eine Adresse anzugeben. Keiner unserer Bekannten, allesamt Leute, die nichts mit den hysterischen und fruchtlosen Auseinandersetzungen zu tun hatten, wollte, daß seine Anschrift in deren Hände gelange.

Während eine Kamera den großen Parkplatz überwachte, verfolgte die andere die Schritte derjenigen, die sich von vorne näherten. Wir erreichten die große Glastür. Der kräftige Wachmann öffnete sie von innen. Gleichmütig informierte er uns, daß die Señora Ninoska noch nicht angekommen sei, aber wir könnten die Zeit nutzen, um unsere Namen in das Registrierbuch einzutragen. Danach sollten wir uns hinsetzen und warten. Das taten wir, während wir verstohlen sahen, wie uns eine dritte Kamera beobachtete. Die Señora Ninoska kam mit gut zehn Minuten Verspätung. Sie begrüßte die Wache. Der Mann kündigte uns an. Sie drehte sich um und betrachtete uns. Sie versuchte ein Lächeln, grüßte uns und lud uns ein, sie zu begleiten. Als die Tür und das Gitter sich hinter uns schlossen, glaubten wir, uns auf einem großen, ja riesigen Flur zu befinden, der uns am Ende verschlucken würde. Aber wir gingen kaum dreißig Meter bis zur letzten Tür links. Dort war das Büro der Direktorin der ›Voz de la Fundación‹. Große, etwas robuste, aber gut gepflegte Hände servierten uns einen duftenden Instant-Kaffee.

Wir müssen zugeben, daß wir zunächst nicht geplant hatten, sie zu interviewen. Aber als wir eines Nachmittags ›La Cubanísima‹ zuhörten, beschlossen wir, es zu tun. Denn diese Sendung überraschte uns. Jedes Wort, das sich auf die cubanische Regierung und im besonderen auf Fidel Castro bezog, war haßerfüllt. Dabei bediente sie sich einer Ausdrucksweise, daß wir uns fragten, warum so etwas nicht zensiert wird. Aber im Gegenteil, sie erhielt 1996 den Preis »Journalistin des Jahres«, der vom »Nationalen Kolleg der Journalisten Cubas« mit Sitz in Miami verliehen wird.

Wenn man jedoch weiß, wie die Dinge in Miami laufen, wird man sich das nie wieder fragen. Welche Autorität würde es wagen, sich gegen sie zu stellen? Selbst wenn wir Bürgermeister dieser Stadt wären, hätten wir diesen Posten nur durch sie und ihresgleichen bekommen. Unser Wunsch,

sie zu treffen, wurde verstärkt, als wir den zweiten Teil ihres Programms
»Aquí con Ninoska« hörten. Denn darin werden Anrufe von Leuten übertragen, die sich als innercubanische Dissidenten bezeichnen. Diese Leute, die sich als Verteidiger der Menschenrechte oder als unabhängige Journalisten vorstellen, behandelten in den annähernd dreizehn Sendungen, die
wir uns anhörten, immer den gleichen Themenkreis und immer gleich
negativ. Daß es auf der Insel keine Seife gebe, kein Fleisch und keine Milch,
daß Elektrizität und Gas rationiert seien, daß die Regierung dieses und die
Sicherheitskräfte jenes getan hätten. Und zum Abschluß ließen alle einmü-
tig Dankes- und Lobeshymnen auf die Señora Ninoska, auf Mas Canosa
und andere konterrevolutionäre Führer von Miami vom Stapel »für all das,
was sie für die Freiheit in Cuba tun«. Sie vergaßen auch nicht zu versichern,
daß das Exil auf ihre Organisationen zählen könne, wenn es dies für notwendig erachte. Bis zu diesem Augenblick hatten sie ihren Namen und den
ihrer Gruppe schon mehrmals wiederholt, damit man ihn sich besser
merken konnte. Später werden diese Sendungen wieder von La Voz de la
Fundación nach Cuba übertragen. Daß der Cubaner voller Emotionen
redet, kann man sich vorstellen, und die Señora Ninoska gibt dem ganzen noch eine melodramatische, aufwieglerische Note.

Nun wird niemand behaupten, daß rationiertes Fleisch und rationierte
Seife angenehm seien. Sich von der Polizei und den Nachbarn verfolgt zu
glauben noch weniger. Aber die Sprecherin verwandelt diese Proteste in
eine manipulierte Show, die Tag für Tag den Haß gegen die cubanische
Regierung wachsen lassen soll, innerhalb und außerhalb der Insel.

Bevor sie auflegt, rät die Señora Ninoska noch, mehr Nachbarn zum
Mitmachen zu bewegen. Alle sollten sie zivilen Ungehorsam praktizieren
und, wann immer es möglich sei, eine Sabotage begehen oder Parolen gegen
die Regierung an die Wand malen.

All das über Radio. Direkt. Aber das ist noch nicht alles. Die Journalistin
hat nach Havanna angerufen, direkt ins Innenministerium, ins Außenministerium oder ins Zentralkomitee der Kommunistischen Partei, um einige Minuten lang Funktionäre auf provokante Weise zu interviewen und
zu kritisieren. Und diese hören zu und antworten. Als einziges bitten sie
darum, daß sich die Anruferin in ihrer Ausdrucksweise mäßige, sonst sä-

hen sie sich gezwungen aufzulegen. Wir waren schon einige Minuten dabei, uns mit unserer Interviewpartnerin zu unterhalten, die es so weit wie möglich vermied, sich der Ausdrucksweise zu bedienen, die in ihren Radiosendungen so charakteristisch für sie ist, als ihr Ehemann erschien, Roberto Martin Pérez. Nachdem er uns begrüßt hatte, griff er ohne Vorrede in die Unterhaltung ein, ohne darum gebeten worden zu sein. Wie seine Ehefrau ist er Kind eines Batista-Offiziers. Er wurde 1959 gefangen genommen, als er heimlich als Vorhut der »Trujillo-Verschwörung« in Cuba einzudringen versuchte. Im selben Jahr hatte Martin Pérez zuvor schon an einem Attentat auf den cubanischen Botschafter in Santo Domingo teilgenommen. Nachdem er dafür mit 18 Jahren Gefängnis bezahlt hat, wird er aufgrund der Annäherung zwischen einem Teil des Exils und der cubanischen Regierung 1978 freigelassen. In Miami ist er selbst in konterrevolutionären Kreisen gefürchtet. Man sagt, daß er keine Skrupel habe gegenüber denen, die sich den Plänen der Fundación entgegenstellen.

Die Behörden der Vereinigten Staaten vermuten, daß er den paramilitärischen Apparat der FNCA geleitet hat, der möglicherweise ein Attentat auf den puertorikanischen Führer Tom Cuevas ausführte, der eine Entspannung in den Beziehungen zwischen den USA und Cuba gefordert hatte. Einigen journalistischen Recherchen zufolge, die nicht dementiert wurden, war Pérez ein wichtiger Verbindungsmann der Führung der FNCA, insbesondere von Mas Canosa, zu dem Söldnerheer der nicaraguanischen Contras.

Als wir uns schon von der Señora Ninoska verabschiedeten, informierte sie ihr Assistent, daß ein cubanischer Dissident am Telefon sei. Sie beantwortete den Anruf und begann ihn aufzunehmen. Einen Augenblick später sagte sie uns, es wäre wichtig, daß wir mit ihm sprechen würden. Wir hatten keine andere Wahl.

Der Herr erzählte uns, daß am Tage vorher die Staatssicherheit einen seiner Nachbarn drei Stunden lang festgehalten habe und daß zwei Männer gekommen seien, um ihn selbst über diesen Nachbarn zu befragen, und daß außerdem an der Ecke zu seinem Haus zwei Polizisten stünden. Wir fragten ihn, ob sie ihn angegriffen, sein Haus durchsucht, seinen Nachbarn geschlagen hätten. Nein, nichts dergleichen. Ob er die Gründe für die Fest-

nahme des Nachbarn kenne. Er konnte sich vorstellen, daß es wegen der
häufigen Anrufe sei, die er gemeinsam mit anderen Freunden bei der Señora Ninoska und bei Radio Martí gemacht habe.

»Señor, können Sie uns sagen, von wo aus Sie mit solcher Ruhe anrufen?«

»Von hier, vom Haus meines Nachbarn aus.«

**Señora Ninoska, wir haben Ihr Radioprogramm gehört, und uns
hat die, sagen wir aggressive, fast bösartige Form überrascht, in der
Sie die cubanische Regierung angreifen.**

Es ist so, daß kein Diktator das Recht hat, mir zu verbieten, in meinem
Land zu leben, und ich bin nicht bereit, dies zu akzeptieren. Aber es ist
mehr als das. Wenn ich das Telefon abhebe und jemand mir eine Tragö-
die erzählt, die von diesem Diktator verschuldet wurde, sehen Sie, dann
ist es unmöglich die Arme zu verschränken oder einen freundlichen Ton
anzuschlagen. Denn obwohl wir hier in diesem Land angenehm und in
Freiheit leben, vergessen wir niemals, was in Cuba passiert. Genauso wenig
wie es die cubanisch-amerikanischen Kongreßabgeordneten vergessen
haben, obwohl sie den amerikanischen Traum für sich verwirklicht haben.
Auch andere nicht, die ein großes Vermögen erworben haben und ruhig
leben könnten, aber weiter für Cuba arbeiten.

**Aus Dokumenten, die wir gelesen haben, und aus dem, was uns
andere Cubaner in Miami erzählt haben, kann man schließen, daß
die Cubanisch-Amerikanische Nationalstiftung die Politik der Vereinigten Staaten gegenüber Cuba teilt und ermuntert.**

Nun, es ist so, daß wir keine Antiamerikaner sind, und wir nutzen die
Möglichkeiten, die uns dieses System bietet. Ein Beispiel dafür ist das
Helms-Burton-Gesetz, das das Embargo gegen die Castro-Regierung verschärft und allen europäischen und kanadischen Investoren verbietet, mit
solchen Unternehmen Geschäfte zu machen, die diese Diktatur ihren
ursprünglichen Besitzern geraubt hat, cubanischen und amerikanischen.

Und um dieses Gesetz durchzubekommen, benötigte man die Unterstützung der amerikanischen Politiker im Kongreß. Ihrerseits benötigen diese die Wählerstimmen der Cubaner, und wir können sie ihnen anbieten. So ist es, wenn man die politische Macht in diesem Land benutzt. So funktioniert dieses System.

Und dann, was passiert? Als Präsident Clinton unentschlossen war, das Gesetz zu unterzeichnen, schoß das Castro-Regime zwei Flugzeuge der HAR ab, im Februar 1996. Immerhin, es waren Flugzeuge, die in den USA registriert waren, mit vier Personen an Bord. Daraufhin hat die Stiftung Druck ausgeübt, und dann sah der Präsident sich genötigt, das Gesetz zu unterschreiben.

So einfach?

Vergessen Sie nicht, daß die Wahlen näher kamen und Clinton nicht auf die cubanischen Wählerstimmen verzichten konnte. Ich wiederhole es Ihnen, das ist die Art und Weise, in der die Stiftung arbeitet: mit den Möglichkeiten, die das System bietet. Außerdem streiten wir nicht ab, daß eine tiefe Freundschaft die Stiftung mit Präsidenten wie Reagan und Bush verbunden hat. Selbst Clinton hat Mas Canosa oder einen anderen Direktor der Fundación angerufen, bevor er eine Entscheidung über Cuba getroffen hat. Warum? Weil sie unsere Arbeit kennen. Und weil die Direktoren der Cubanisch-Amerikanischen Nationalstiftung dazu beigetragen haben, ihre Wahlkampagnen zu finanzieren.

Sie haben die Embargogesetze gegen Cuba vorangetrieben, wie das Torricelli-Gesetz und das Helms-Burton-Gesetz, in der Gewißheit, daß damit die Regierung von Fidel Castro fallen werde. Aber die Europäer sagen, daß man das politische System in Cuba leichter ändert, wenn man dort investiert.

Wie können die Europäer und Kanadier glauben, daß man diese Diktatur ändern könne, wenn man Kapital nach Cuba schafft? Ich verstehe sie nicht. Wie dieser Mörder immer gesagt hat, wird es keine politische Veränderung geben. Ich wundere mich über die europäische Heuchelei. Dort treffen die Politiker Entscheidungen über andere Länder, wie es ihnen paßt. Das gleiche passiert in Kanada. Was geschieht, ist, daß alle diese Länder ein lächerlicher Antiamerikanismus eint. Aber nun gut, wie sieht es in Wirklichkeit aus? Durch das Helms-Burton-Gesetz beginnen schon verschiedene Unternehmen aus Cuba abzuziehen, weil sie wissen, daß das Gesetz dazu da ist, jene zu treffen, die diese Militärdiktatur unterstützen.

Täglich erhalten Sie in Ihrem Programm Anrufe von Leuten, die angeblich Widerstand gegen die Regierung in Cuba leisten. Wie sieht diese Opposition wirklich aus?

Der Widerstand ist sehr schwierig, aber er existiert. Wir sprechen täglich mit Oppositionellen innerhalb Cubas, die verschiedene Gruppen organisiert haben, etwas, das vorher unmöglich war, denn viele Jahre lang war die Opposition im Gefängnis, damit sie Castro nicht belästigte.

An dieser Stelle kommt Roberto Martin Pérez herein. Er greift in das Gespräch ein und schneidet seiner Ehefrau das Wort ab. Wir hatten das Gefühl, daß er hinter der Tür gelauscht hatte.

Roberto: Es ist möglich, daß Sie, wie andere europäische Journalisten, nicht verstehen, was ich Ihnen sagen werde, weil Sie nicht in einem Polizeiregime wie dem cubanischen leben. Deswegen begehen Sie beim Schreiben zwanzigtausend Irrtümer. In Cuba hat es viele Formen von friedlichem Widerstand gegeben. Zum Beispiel haben der cubanische Mann und die cubanische Frau die Arbeit verweigert, weil sie dieser kommunistische Prozeß nicht interessiert hat.

Aber Señor Pérez, nach dem, was man uns hier in Miami erzählt hat, ist der Widerstand in Cuba minimal und ohne wirkliche Unterstützung in der Bevölkerung.

Das liegt daran, daß Sie sich nicht vorstellen können, was in Cuba passiert.

Wenn du zum Beispiel eine Tochter hast, die studiert, und sie schicken sie dir aufs Land, angeblich, um in der Produktion zu helfen, da stellen sie alles mögliche an, um dir und deiner Tochter Angst einzujagen. Wenn dein Sohn ins Gefängnis kommt, tun sie ihm Gewalt an, wo sie nur können. Ich sage Ihnen nicht mehr ...

Stellen Sie sich vor, es gibt einige Gefangene, die »Löwen« genannt werden; die werden speziell darauf abgerichtet, diese Gewalt anzuwenden. Dafür werden sie mit besserem Essen belohnt. Sie werden immer unter Drogen gehalten, wie Tote.

Und eine Person in diesem Zustand kann Gewalt ausüben?

Warten Sie, ich werde Ihnen eine andere Anekdote erzählen, wie dieses kriminelle Regime Terror verbreitet, damit kein Widerstand entsteht. Wenn du in einer militärischen Einheit bist, mußt du Arbeit auf dem Land verrichten und immer nahe an einer Mädchenschule. Den Tag über arbeiten sie mit den Mädchen am gleichen Ort. Der Kontakt zwischen Mann und Frau führt natürlich zu Geschlechtsverkehr. Nachts hauen die jungen Männer und die Mädchen ab, um sich zu treffen.

Warum das alles? Das machen die Leute dieses Regimes, um den Mädchen und Jungen einen Anreiz zu schaffen, mehr zu produzieren. Denn sie müssen der Partei fünf Millionen Stunden Zwangsarbeit pro Jahr liefern.

Und Sie, Señor Pérez, was ist Ihnen im Gefängnis geschehen?

Ich habe achtzehn Jahre allein in einer winzigen Zelle verbracht, in Unterhosen. Ich überlebte, weil ich an eine Sache glaubte und an Gott. Wir waren alle schlecht ernährt, ohne Milch und Obst. Sie schlugen uns nicht, aber sie ließen uns dort vegetieren. Das Ergebnis war, daß wir alle mit großen physischen und psychischen Traumata das Gefängnis verließen. Natürlich war ich eine Ausnahme, da ich nicht einen Zahn verlor und auch keine Hämorrhoiden bekam, was bei schlechter Ernährung häufig vorkommt: ich hatte auch keine Geschwüre und keine Schlafprobleme.

Und was haben Sie gegen die cubanische Regierung unternommen, um in ein solches Zuchthaus zu kommen?

An Gott geglaubt und für die Freiheit gekämpft.

Ninoska: Und dieser Gefängnisterror ist der Grund, warum es keine große Opposition gibt. Alles wird manipuliert. Diese Diktatur ist ein System der fürchterlichsten Repression.

Roberto: Aber Sie müssen wissen, daß die Maschinerie ...

Ninoska: Roberto, warte einen kleinen Moment. Was sie wissen wollen über die aktuelle Opposition ...

Roberto: Warte, ich erzähle es ihnen. Ich kenne Castro von Kind an und ich weiß, daß er ein gewalttätiger Mann ist. Ich glaube nicht, daß Sie wissen, daß Castro ein Gangster war. Er war ein Krimineller, der sich mit anderen Cubanern und Ausländern zusammentat. Diese Ausländer hatten mit den Alliierten am Zweiten Weltkrieg teilgenommen oder im Spanischen Bürgerkrieg gegen Franco gekämpft. Sie alle wollten in Cuba von ihren Pistolen leben. Und der Kapitalist, der seine Millionen durch ehrliche Arbeit verdient hat, der seine Werte nicht zu verteidigen weiß, gab dann lieber ein paar Pesos, als sich in den Händen dieser Banditen zu sehen.

Aber wenn Fidel Castro, wie Sie sagen, praktisch ein Verbrecher war, wie kommt es dann, daß die Mehrheit der Bevölkerung ihn unterstützte?

Castro kam an die Macht, weil die Kommunisten wie immer begannen, den Leuten den Kopf zu verdrehen. Sie sagten, daß die cubanische Gesellschaft voller Mängel sei. In Cuba, wie überall auf der Welt, gab es frustrierte und an den Rand gedrängte Klassen, aber Castro und der Kommunismus manipulierten sie, um sie auf ihre Seite zu bekommen.

Señor Pérez, und wie sehen Sie die Zukunft Cubas?

Castro ist ein Mann, der durch die Macht verbraucht ist. Castro, der gestern dem Volk ein Pfund Reis versprechen konnte, kann ihm heute kein
Brot mehr geben. Er ist schlimmer als die Sklavenhalter, denn die gaben
ihren Negern sogar ausgewogene Ernährung. Deshalb wird Castro fallen.
Das sage ich Ihnen ganz überzeugt, es ist keine Utopie. In der Fundación
arbeiten wir dafür. Wir sind organisiert und wissen, was wir wollen. Deswegen ist das Helms-Burton-Gesetz so wichtig.

Und ich sage Ihnen noch mehr. Wir weisen die Möglichkeit nicht von
der Hand, daß Castro schon tot ist. Für mich lebt Castro schon nicht mehr.
Wir wissen, daß er drei Doppelgänger hat. Und wenn du Castro nicht
kennst und sie dir sagen, dieser große und bärtige Mann sei es, dann glaubst
du es. Aber er ist tot.

Señor Pérez, Fidel Castro ist tot? Wenn das so ist ...

Ninoska: Aber Roberto, man darf auch nicht übertreiben. Sie können
Doppelgänger benutzen, das glaube ich auch, aus Sicherheitsgründen.
Aber die Bilder, die man im Fernsehen sieht, das ist er und, Roberto, ent-
schuldige, sie wollen mit mir ein Interview über andere Themen machen.

Schließlich geht Roberto.

**Señora Ninoska, wir wissen, daß Sie gegen jeglichen Dialog mit der
cubanischen Regierung sind. Warum?**

Nun, mir scheint, daß diese Dialog-Befürworter ein paar arme Einfältige
sind, die Unsinn träumen. Wie kann man Fidel Castro einen Dialog vorschlagen, warum? Wenn die Reaktion Castros ist, daß es keine politische
Veränderung geben wird?

**Also haben die Treffen, die in Cuba stattfanden, zu nichts Positi-
vem geführt und werden es auch nie tun?**

Dieser Diktator veranstaltete in Cuba eine Konferenz mit ein paar Exilcubanern, die seinen Blödsinn glaubten. Während dieser Konferenz fiel eine Rechtsanwältin aus Miami beklagenswerterweise Castro in die Arme, gab ihm einen Kuß und sagte, er sei ihr Lehrmeister. Welch eine Dummheit! Deswegen wurde sie bei ihrer Rückkehr von den Leuten mit Eiern beworfen, und sogar ihre Angestellten wandten sich gegen sie.

Und dann der andere Exilierte, ein früherer politischer Gefangener ...

Der Señor Menoyo?

Jeder kennt ihn, aber sei's drum. Dieser Mann fängt an, gut von dem Diktator zu sprechen weil er mal mit ihm einen Schluck getrunken hat. Dummheiten. Und was ist das Ergebnis von diesem Blödsinn? Haben sie die Menschenrechte respektiert? Haben sie den Cubanern erlaubt, sich frei zu äußern? Nein. Sie lassen sie nur überall auf der Insel hinreisen, wohin sie wollen. Mehr nicht.

Erlauben Sie mir eine letzte Frage. Aus internationaler Sicht ist Miami das Synonym für Sonne und Strände, aber auch für das gewalttätige cubanische Exil. Was ist Ihre Meinung dazu?

Sehen Sie, ich weiß, daß die Presse in Europa und viele Politiker von dort sagen, daß das Exil von Miami gewalttätig sei. Aber ich kann diese Betrachtungen nicht ernstnehmen. Man kann nicht abstreiten, daß es zu Gewalttaten gekommen ist. Sie sagen, daß dieses Exil reaktionär sei, weil da mal eine Bombe in einem Museum hochgegangen ist oder weil ein Radioreporter, der vorgeschlagen hatte, mit Castro zu reden, bei einer Explosion seine Beine verlor. Aber wo ist der, der die Bombe gelegt hat? Hat sich irgendeine Gruppe des Exils dazu bekannt?

Einmal sagte die Presse, die hier in Englisch herauskommt, daß man es nicht dulden könne, wenn das Exil Bomben an Orte legt, von wo aus Pakete nach Cuba geschickt werden.

Und was das andere Attentat im Baskischen Zentrum angeht: Dort sollte die alte Rosita Fornés singen. Aber das ist eine Frau, bei der es egal ist, ob man sie hört oder nicht, denn es ist eine arme Alte, lächerlich angezogen als »Vedette«. Sie kam dorthin, um Ärger zu suchen, denn sie unterstützt immer noch das tyrannische Castro-Regime.

Das ist das andere Bild des Exils – eine aggressive Intoleranz: Sehen Sie, was mit dem Pianisten Rubalcaba passierte, der weltweit bekannt ist.

Wissen Sie, im Prinzip sollte man nichts gegen einen Pianisten haben. Aber dieser Herr ist ein Cubaner, der in der Dominikanischen Republik lebt, Publicity macht und Wunderbares über Cuba erzählt. Und das ist eine politische Arbeit, die den Interessen Castros dient. Dieser Herr Rubalcaba trat hier in Miami auf, und so etwa vier Personen fingen an zu rufen, beleidigten ihn, versuchten ihn zu bespucken, und sie bekamen Ärger mit einigen der Zuschauer. Aber sie haben doch nur gegen seine Anwesenheit protestiert, und das ist legal in einer wirklichen Demokratie wie der amerikanischen. Daraufhin haben die englischsprachige Presse hier und die europäische gesagt, daß die Exilcubaner Provokateure und Terroristen seien. Aber warum sind sie nicht auf die Idee gekommen, daß diese Aktionen von Leuten Castros durchgeführt werden. Diesem Tyrannen nutzen sie nämlich am meisten.

Entschuldigen Sie, aber Provokateure oder Terroristen für die cubanische Regierung mitten in Miami? Außerdem, wenn es ein- oder zweimal vorgekommen wäre, aber es scheint, daß es viele ...

Nun gut, aber alles ist möglich. Castro ist sehr gerissen ...

Hubert Matos Benítez

Präsident von *Cuba Independiente y Democratica (CID)*

> »Der französische Botschafter in Washington sagte uns, daß sie dort einen Fuß in der Tür haben wollen, um für die Zukunft gewappnet zu sein. Daß es jetzt kleine Investitionen seien und später, wenn die Castro-Regierung fiele, würden es große.«

Wir klingelten. Wir warteten beharrlich, bis wir das charakteristische Geräusch der Türsicherung hörten, die von innen geöffnet wurde.

Mit wenigen Schritten durchquerten wir den Vorgarten. Wir hielten an einer der Haustüren an. Während wir darauf warteten, daß sie sich öffnete, stellten wir fest, daß über unseren Köpfen eine Kamera mit geschlossenem Stromkreis angebracht war. Sie war so alt wie die erste, die wir am anderen Ende des Hauses entdeckt hatten. Ein Mann öffnete. Nachdem wir ihm drei oder vier Fragen beantwortet hatten, führte er uns in einen großen, bescheiden eingerichteten Sitzungssaal. Die Fenster, die zur Straße lagen, waren durch hohe Eisenstangen gut geschützt, was die Beobachtung von draußen erschwerte.

Wir hatten uns für elf Uhr vormittags verabredet. Die Minuten vergingen, ohne daß die erwartete Person erschien. Dafür machte der, der uns empfangen hatte, sich daran, uns zu unterhalten, indem er seinen Ansichten über die Vorzüge des kapitalistischen Systems in Lateinamerika freien Lauf ließ. Es dauerte noch zwanzig Minuten, bis der Präsident von Cuba Independiente y Democratica CID erschien: sehr dünn, ergraut, mit Brille, in Sakko und Krawatte gekleidet.

Hubert Matos Benítez verbrachte zwei Jahrzehnte im Gefängnis, nachdem ihn ein Revolutionsgericht 1959 wegen Verschwörung verurteilt hatte. Er bestreitet, gegen die Prinzipien der Revolution verstoßen zu haben. Aber er bekennt, sich entschieden gegen den Kurs gewandt zu haben, den die Mehrheit der Führung einzuschlagen begann. Das war normal, denn dieser lief seinen Interessen zuwider. Matos, Pädagoge und kleiner Landbesitzer, schloß sich im ersten Halbjahr 1958 dem Kampf gegen Batista an. Dabei wurde er unterstützt von Grundbesitzern, Bürgern und dem reaktionären Klerus, die ihn als politischen Führer in der Provinz Oriente förderten. So stieg er bis zum Comandante auf, dem höchsten Rang, den man in der Hierarchie der revolutionären Bewegung erreichen konnte.

Am 19. Oktober 1959 erhob sich Matos, Chef der Rebellenarmee in der Provinz Camagüey, mit seinen Männern. Er begründete dies mit der Anwesenheit von Kommunisten in der Regierung. Dem Comandante Camilo Cienfuegos gelang es, ihn zur Aufgabe zu bewegen. Ein paar Tage zuvor hatte man die Trujillo-Verschwörung vereitelt. Dabei war man unter den Dokumenten der Söldner auf einen Brief gestoßen, der die Empfehlung enthielt, sich mit Matos in Verbindung zu setzen.

Im Jahre 1979 kommt er frei und reist nach Costa Rica aus. Nach Aussage des Ex-Batista-Journalisten Luis Manuel Martínez war er von diesem Augenblick an »in den Händen der CIA«.[53] Im darauffolgenden Jahr siedelte er nach Venezuela über mit der Absicht, den CID zu gründen, wofür ihm die Regierung der Vereinigten Staaten 200.000 Dollar zur Verfügung stellte.[54] Zu den Hauptzielen des Apparates gehörte es, unter den Regierungen und politischen Parteien Lateinamerikas und Europas Anhänger zu finden.

Das war nichts Neues. Das hatte die CIA bereits in den 70er Jahren mit anderen Konterrevolutionären – allerdings erfolglos – versucht. Dieses Mal versprach man sich aber mehr davon, war doch der Chef des CID ein ehemaliger Comandante und ein ehemaliger politischer Gefangener. Zumindest schenkten die Medien seinem Besuch auf dem Alten Kontinent viel Publizität.

Aber was Matos wirklich bekannt machte, war La Voz del CID, ein Kurzwellensender, der auf Cuba gerichtet ist.

Auch wenn man Ende 1997 den Ort nicht kannte, von dem die Sendungen kamen, weiß man, daß kurze Zeit vorher die Übertragungen von der Dominikanischen Republik und Costa Rica ausgingen. Obwohl Hubert Matos sagt, daß die Aktivitäten des CID sich durch Beiträge der Mitglieder finanzieren, ist das schwer zu glauben, weil diese weder zahlreich noch vermögend sind. Die Unterstützung, die US- amerikanische Regierungsstellen ihm auf legale Weise öffentlich zukommen ließen, konnte nicht zur Deckung der Kosten des ganzen Apparates ausreichen. Neben anderen hat auch Jeff Whitte, der Eigentümer von Radio Miami International – ein kommerzieller Sender, über den verschiedene konterrevolutionäre Gruppen ihre Beiträge nach Cuba ausstrahlen – gesagt, daß ein großer Teil des CID-Geldes von der CIA stamme.

Aber auch Sendungen nach Cuba waren nichts Neues. Obwohl sie alle internationalen Bestimmungen verletzen, haben seit dem Sieg der Revolution die verschiedenen Regierungen der USA diese Sendungen entweder selbst produziert, gefördert oder die Augen davor verschlossen. Zwar haben sie jetzt das Ziel, die cubanische Regierung zu stürzen, aber seit Washington in den 20er Jahren erkannte, daß man die Kommunikationsmedien zur politischen Propaganda nutzen kann, waren derartige Sendungen als Ergänzung zur Außenpolitik gedacht. Im Falle Cubas mußte die Strategie schlicht und einfach an eine ideologische und psychologische Kriegssituation angepaßt werden. 1960 installierte man als Teil der Operation 40 Radio Swan, das 24 Stunden täglich von einer Insel im Atlantik nahe Honduras sendete. Aufgabe dieses Senders war es, die beabsichtigten Enteignungen und Verstaatlichungen der neuen cubanischen Regierung zu diffamieren. Während der Raketenkrise verstärkte man die Sendungen über legale und illegale Antennen, die von der CIA kontrolliert und finanziert wurden. Als diese heikle Episode vorbei war, engagierten sich die Vereinigten Staaten immer mehr in den Kriegen Südostasiens und der Druck auf die Revolution ließ nach.

Das hielt bis 1979 an, als die Carter-Regierung wieder in die Offensive ging. Und von 1981 an, als Ronald Reagan die Präsidentschaft übernommen hatte, nahmen die Radiosendungen wieder zu, und zwar auf einen Durchschnittswert von 200 Stunden täglich, von etwa 15 Stationen aus.

Das war der Zeitpunkt, als die ›Voz del CID‹ entstand, die sich schnell an die Spitze dieser unruhestiftenden Kräfte setzte, wenn auch nur für kurze Zeit, da auf diesem Gebiet ein ungeheurer Wettbewerb ausbrach.

Im Mai 1980 überreichte eine Gruppe von Neokonservativen der Republikanischen Partei dem Kandidaten Ronald Reagan das »Dokument von Santa Fe«, in dem die Grundlagen einer neuen Lateinamerika- Politik formuliert sind. In dem Kapitel, das sich mit Cuba befaßt, führt das Dokument aus: »Cuba ist mehr als zwei Jahrzehnte lang ein Problem für die nordamerikanische Politik gewesen. Das Problem ist heute einer Lösung nicht nähergekommen, schlimmer noch, es ist so gewachsen, daß es wirklich gefährliche Ausmaße angenommen hat.«

Eine der vorgeschlagenen Strategien, um das »Problem« zu lösen, war die Schaffung eines mächtigen Radiosenders, der »dem cubanischen Volk objektive Informationen« anbieten würde. Der Sender müßte mit allen erdenklichen Mitteln rechnen können, um die von ihm geforderte wichtige Rolle zu erfüllen, denn »wenn die Propaganda scheitert, wird es nötig sein, einen Befreiungskrieg gegen Castro zu führen«.

Als er Präsident wird, schafft Reagan eine Kommission, die diesen Vorschlägen Gestalt verleihen soll. Dieser Kommission gehören Charles Wick, Direktor der USIA (United States Information Agency) und der US-Cubaner Jorge Mas Canosa an.[55] Ende 1983 unterzeichnet Reagan das Gesetz über Radiosendungen nach Cuba und ruft damit Radio Martí ins Leben, einen Sender, der am 20. Mai 1985 seinen Betrieb aufnimmt. Paradoxerweise gingen die Testsignale von den Antennen aus, die die CIA in den 60er Jahren benutzt hatte, um sich mit den nach Cuba eingeschleusten Agenten und den dort operierenden Gruppen in Verbindung zu setzen. Für die Regierung und das cubanische Volk war Radio Martí ein Affront, nicht nur weil es eine Art Eindringen in ihr Territorium war, sondern mehr noch, weil es den Namen des Vorkämpfers für die Souveränität und Unabhängigkeit der Insel von Spanien trug.

Zum Präsidenten des Vorstands von Radio Martí wurde Jorge Mas Canosa ernannt. Einer der ersten Direktoren der Recherchenabteilung des Senders, Ramón Mestre, hatte sich aktiv in der Gruppe Abdala eingesetzt,[56] war Offizier des US-Geheimdienstes und ist augenblicklich im Verlagsgremium der Zeitung *El Nuevo Herald*.[57]

Aber Mestre war nicht der einzige Ex-Abdala-Mann, der zu Radio Martí stieß: »Einige waren Abteilungsleiter, Berater oder Leute, die in der Recherche tätig waren.«[58]

Um eine Vorstellung von der Rolle zu bekommen, die diese Sendungen spielen sollten, wollen wir im zitierten Text weiterlesen: »Hilda Inclan, die Direktorin der Nachrichtenabteilung verließ Radio Martí. Sie klagte die Direktoren der Verletzung von Staatsgesetzen und eines unverantwortlichen Journalismus an.« Inclan beschwerte sich, daß die Abteilung, die die Recherchen des Radiounternehmens durchführe, ein Apparat des Geheimdienstes sei. »Und genau diese Recherchenabteilung hatte sich in das Rückgrat der Radiosendungen verwandelt. Die dreiundzwanzig (sic) Angestellten dieser Abteilung interviewten die vierhundert Neuankömmlinge, die monatlich von der Insel kamen. Sie analysierten die erhaltenen Informationen, um die Sendungen fortwährend aktualisieren zu können (...).«[59]

Für ›La Voz del CID‹ war die Konkurrenz durch Radio Martí zu stark. Vor allem, weil es unmöglich war, 16 Millionen Dollar zu beschaffen, was in etwa dem Jahreshaushalt des offiziellen Senders Radio Martí entsprach. ›La Voz del CID‹ hatte Programm und Sprache der Radiosendungen nach Cuba verändert.

Die vormals kriegerischen Botschaften voller Rachegelüste wurden gemäßigter. Wenn auch die Professionalität zu wünschen übrig ließ, behandelte man doch aktuelle Themen, die von allgemeinem Interesse waren, in einem volkstümlichen Vokabular, das die Menschen erreichte.

Zweifellos war der CID von denen gut beraten worden: die das Für und Wider von subversiven Radiosendungen nach Cuba aus nächster Nähe kannten.

Aber der offizielle US-amerikanische Sender kopierte ihn und wurde besser, fügte manchmal Radionovelas (Hörspiele) ein, befaßte sich mit Horoskopen und gab sogar psychologischen Rat. Insgesamt gesehen war die Strategie von beiden gleich: Zweifel säen gegenüber den Errungenschaften der Revolution, dem Verhalten ihrer Führer, den Möglichkeiten des Sozialismus, die ökonomischen und sozialen Probleme zu lösen. Außerdem wollte man die moralische Autorität Fidel Castros und der anderen Führer zerstören.

Sehr bald glich sich die Zielsetzung von ›La Voz del CID‹ und Radio Martí wieder an, da beide die dringende Notwendigkeit sahen, konterrevolutionäre Gruppen auf der Insel zu fördern, die man begann als Dissidenten oder Unabhängige zu bezeichnen. Die Strategen der Reagan-Administration konstatierten die guten Erfolge derartiger Dissidentengruppen bei der Destabilisierung des Ostens. Und es schien, als ob man in Cuba die gleichen Ergebnisse erzielen könne. Das stand implizit in »Santa Fe II. Eine Strategie für Lateinamerika für die 90er Jahre«, das im August 1988 veröffentlicht wurde. Das Dokument bezog sich auf den »Vorschlag Nr. 9«: »Die USA müssen den Umfang ihrer Sendungen nach Cuba erweitern, um auf diesem Wege eine Zivilgesellschaft für die Schaffung einer demokratischen Regierung zu erreichen (...)«. Einige Zeilen vorher bestätigte eben dieser Vorschlag, daß die »interne Opposition« wachse, weil sie »von Radio Martí genährt wird, welches mit Erfolg das Castro-Monopol in Information und Propaganda gesprengt hat«.

1992 kam ›La Voz de la Fundación‹, ein Sender der FNCA, noch dazu. Dieses Trio ging einer einzigen Tätigkeit nach: »Für die Dissidenten der Insel, für die kleinen Menschenrechtsgruppen, die versuchten ans Licht der Öffentlichkeit zu gelangen, war Radio Martí die Nabelschnur, der direkte Weg, in die Nachrichten zu kommen, was den Bewegungen Legitimität verschaffen konnte.«[60]

Noch genauer beschrieb dies die Journalistin Irene Selser in der mexikanischen Zeitschrift *Quehacer Político*. »Radio Martí (es könnte auch La Voz del CID oder La Voz de la Fundación oder ähnliches heißen, Anm. d. Autors) versucht, eine potentielle interne Opposition zu fördern, die die Bevölkerung spaltet und von ihren Führern entfernt, während das Terrain für Unruhe und Chaos vorbereitet wird. Anders ausgedrückt, die Funktion von Radio Martí ist es, eine interne Front zu fördern, die eventuelle militärische oder anders geartete Aktionen von außen, von Seiten der USA zur Verteidigung dieser Opposition rechtfertigt.«

Kurz nachdem sich William Clinton[61] im Weißen Haus eingerichtet hat, setzt er das Gesetz in Gang, das provozierend Cuban Democracy Act genannt wird, eingebracht vom demokratischen Kongreßabgeordneten Robert Torricelli. Dieses Gesetz versucht, größeren ideologischen Einfluß mit der Verschärfung des Embargos zu verbinden. 1997 empfing Cuba täglich die Programme von wenigstens 20 Sendern, die im Jahr mehr als 70.000 Stunden illegal sendeten.

Ein einzigartiger Fall in der Geschichte der Kriege – egal, ob es sich um erklärte oder unerklärte handelt.

Wenn wir uns wieder dem CID zuwenden, können wir feststellen, daß es auch ihm gelungen ist, sich einigen Persönlichkeiten der US-amerikanischen Politik – wie Elliot Abrams, ehemaliger Unterstaatssekretär für Interamerikanische Angelegenheiten – zu nähern. Bis vor kurzem ließ der CID verlauten, er arbeite aktiv in einigen Städten der USA und Venezuelas und habe Beziehungen zu verschiedenen Ländern des Kontinents und Europas.

Matos wird nicht müde zu erwähnen, daß der CID die erste konterrevolutionäre Organisation war, die ein Büro in Polen eröffnete, als der sogenannte Ostblock ins Wanken geriet. Wie andere Sektoren des reaktionären Exils, die der in Washington konzipierten Politik nacheifern, versuchte er dort seinen Einfluß geltend zu machen, damit die Handelsbeziehungen Polens zu Cuba, wie sie bis zu diesem Augenblick bestanden, eingestellt würden.

Aber verschiedene Personen haben ihre Mitgliedschaft aufgekündigt. Sie führten als Begründung an, daß die Organisation durch Inflexibilität und Vetternwirtschaft bestimmt werde. Vielleicht das größte Problem, mit dem der CID konfrontiert wurde, entstand, als die kanadische Polizei einige seiner Militanten festnahm und des Drogenhandels beschuldigte.

Jorge Roblejo, ein Ex-Mitglied der CIA und der Brigade 2506 versicherte, daß der Sohn von Matos, ebenfalls im Vorstand des CID, zusammen mit dem Sprecher Amando Pérez Roura des Drogenhandels überführt worden sei.[62]

Hubert Matos sagte uns, nachdem er sich schon verspätet hatte, daß wir mit kaum einer Stunde für das Interview rechnen könnten. Und er verschwendete dann anderthalb Stunden mit dem Versuch, uns seine Version seiner Verhaftung und seines anschließenden Gerichtsverfahrens von 1959 zu erklären. Es kostete uns viel Mühe, ihn von diesem Thema loszureißen. Dafür waren wir schließlich nicht gekommen. Eine Dreiviertelstunde lang wich er unseren Fragen aus, während er von Zeit zu Zeit, absichtlich oder unabsichtlich, sehen ließ, daß er einen Revolver im Gürtel seiner Hose trug.

Señor Matos, was sind die Vorschläge, die der CID durch seine Sendungen den Cubanern der Insel macht? Und wissen Sie, ob diese gut aufgenommen werden?

Ich kann Ihnen versichern, daß sie sehr gut aufgenommen werden. Das haben uns die Cubaner selbst gesagt, die von dort kommen oder uns anrufen...

Entschuldigen Sie, aber die von der Fundación sagten uns, daß auch sie bei den Cubanern sehr gut ankommen.

Aber die Cubaner von dort haben uns gesagt, daß ein großer Unterschied besteht, denn mit uns identifizieren sie sich. Radio Martí ist für sie etwas weit Entferntes. Mit La Voz de la Fundación identifizieren sie sich auch nicht sehr. Das liegt daran, daß wir das sagen, was das Volk hören möchte. Unser Vorschlag ist eindeutig, eine ehrliche Botschaft ohne Haß und Rachegefühle. Wir sagen dem cubanischen Volk, daß Fidel niemals einer Veränderung zustimmen und auch niemals die Macht aufgeben wird. Deswegen muß man ihn logischerweise entfernen. Aber nicht nur ihn, auch seinen Bruder und etwa zwölf weitere Personen. Das ist nämlich das Hauptproblem Cubas. Wie ist das zu machen? Sehen Sie, wir benutzen einen Wahlspruch, der unseren Vorschlag zusammenfaßt: Die Macht für das Volk in Allianz mit dem Militär. Durch La Voz del CID sagen wir den Cubanern dort, daß das kommunistische Gesellschaftsmodell gescheitert ist. Und da es zu nichts nutze ist, muß man es entfernen. Verstehen Sie? Weil dieses System die Freiheit der Rede und der Religion verweigert und so das cubanische Volk erstickt hat. Eine andere Sache ist es, das ökonomische System zu stürzen, denn der Staat kann nicht weiterhin die totale Kontrolle über die Wirtschaft haben.

Aber man kann nicht abstreiten, daß ...

Ja, ich weiß schon, was Sie sagen wollen. Ja, das System hat viele Jahre lang Erziehung, Medizin, ein Dach über dem Kopf und etwas zu essen gege-

ben, aber das hat mit der wirtschaftlichen Krise aufgehört. Deshalb muß
es entfernt werden. Jetzt muß man eine Mehrparteien-Freiheit suchen.
Und wie ich bereits sagte, müssen die ersten Schritte auf einen Übergang
hin erfolgen durch eine Allianz zwischen Militär und Volk. Das wird die
Aufgabe einer Junta zur Nationalen Errettung sein. Aber verstehen Sie
richtig, in dieser Junta haben die Zivilisten Priorität, bei denen angefangen, die im Widerstand waren, sowohl in Cuba als auch im Exil.

**Innerhalb dieser Übergangsjunta, die Sie vorschlagen – glauben Sie
darin selbst einen Platz zu haben?**

Es wird gleich angenommen, daß ich eine der Personen bin, die in einer
neuen Regierung Machtansprüche anmelden. Aber ich habe nie auf dieses Podium steigen wollen. Natürlich wird man den CID, jedoch nicht
notwendigerweise Hubert Matos aufrufen, an dieser ersten Etappe teilzunehmen, und so soll es auch sein.

**Sie sprachen davon, »eine Mehrparteien-Freiheit zu suchen«. Die-
se ist, wenn man die aktuelle Weltpolitik verfolgt, nicht mehr als
ein Synonym für Wahlen. Glauben Sie nicht, Señor Matos, daß,
wenn es zu dieser Art von Wahlen kommt, jetzt oder in einem
nachrevolutionären Cuba, alles dafür spräche, daß die Pro-US-
Organisationen diese für sich entscheiden würden? Stellen Sie sich
so Cubas Zukunft vor? Sehen Sie doch, was in Nicaragua geschehen ist.**

Wir und andere Organisationen sagen, daß das Cuba nach Castro kein
amerikanisches Cuba sein wird. Ja, Sie haben recht, hier gibt es Leute, die
ein Cuba wie Puerto Rico haben wollen – die Annexionisten. Das lehnen
wir ab. Sie mögen viele Millionen Dollar haben, aber die können wir uns
auch beschaffen. Der CID weiß, daß es in der Zeit nach Castro zu großen Kämpfen kommen wird, weil einige das persönliche oder das Grup-
peninteresse vor das öffentliche Interesse stellen. Aber was wird geschehen? Es wird keine Organisation kommen und uns ihren Willen auf-

zwingen, nur weil sie finanziell oder politisch mächtiger ist oder Beziehungen zu den Vereinigten Staaten hat. Wir sind keine Annexionisten.

Wir sprechen nicht von Annexionismus.

Natürlich sind wir auch nicht anti-nordamerikanisch oder anti-europäisch eingestellt. Aber was uns sehr interessiert, ist die politische und wirtschaftliche Unterstützung durch die Vereinigten Staaten. Deswegen begrüßen wir den Vorschlag, den Präsident Clinton zu Beginn des Jahres 1997 machte, vier bis acht Milliarden Dollar für das zu geben, was er »Hilfsplan für den Übergang in Cuba« nannte, der im Helms-Burton-Gesetz festgeschrieben ist. Das ist ein Beitrag zum Übergang, der logischerweise nur dann geleistet wird, wenn Castro und der Kommunismus verschwinden. Darum drängt es so, daß sie verschwinden. Außerdem begrüßen wir diesen Vorschlag, weil er wie eine Bombe in das Herz der Revolutionären Streitkräfte FAR einschlagen mußte. Denn darin hob die nordamerikanische Administration zum ersten Mal die positive Rolle hervor, die die cubanischen Militärs bei diesem Übergang spielen könnten.

Glauben Sie nicht, daß die cubanischen Streitkräfte, wenn es eine allgemeine Unzufriedenheit bei ihnen gäbe, schon lange einen Staatstreich durchgeführt haben könnten, insbesondere da man weiß, daß die USA und zweifellos auch Europa sie sofort unterstützen würden.

Es ist so, daß die Castro-Brüder und dieses Dutzend Personen die militärischen Führer, die gegen sie opponiert haben, manipuliert, eingesperrt und erschossen haben. Aber es wird der Augenblick kommen, und er ist nicht mehr weit...

Uns bleiben da Zweifel, aber wir würden lieber auf das vorherige Thema zurückkommen. Wir glauben, daß Ihre Ausführungen über die ökonomische und politische Hilfe, die Sie von den USA erhalten, im wesentlichen...

Nein, lassen Sie mich erklären. In dieser ersten Etappe benötigen wir die Unterstützung der USA, aber auch die Europas. Denn eine Sache, die mir Sorgen macht, besteht darin, mit welchem Geld wir die Wirtschaft wiederbeleben werden. Und obwohl wir sicher sind, daß uns die Vereinigten Staaten unterstützen werden, bin ich auch in verschiedene Länder Lateinamerikas und Europas gereist, um mit Bankiers und Regierungen zu sprechen. Ich weiß, daß das Geld von irgendwoher kommen wird.

Aber Sie müssen wissen, daß Kredite oder wirtschaftliche Unterstützung unausweichlich politische Verpflichtungen mit sich bringen.

Ja, ich weiß, daß dieses Geld, diese Hilfen politische Verpflichtungen mit sich bringen können. Sicher, man wird sie nicht einem neuen Diktator geben. Aber die Vereinigten Staaten und Europa werden uns unterstützen, weil das System, das in dem Cuba nach Castro entstehen wird, eine politische Affinität zu diesen Regierungen haben wird. Wenn wir für das gleiche Modell einer freien Gesellschaft kämpfen, wie es die Nordamerikaner haben, werden sie uns unterstützen. Aber eine politische Verpflichtung, bei der die Souveränität verhandelt wird, wird es nicht geben.

Señor Matos, wir respektieren durchaus Ihren Standpunkt. Aber wenn wir sehen, wie abhängig fast alle Länder Lateinamerikas, Afrikas, Asiens, ja sogar des ehemaligen Ostblocks in wirtschaftlicher, politischer und militärischer Hinsicht von den Vereinigten Staaten und Westeuropa sind, glauben wir, daß Sie übertrieben optimistisch sind.

Aber mit uns wird das nicht passieren. Und sagen Sie mir doch: Wie viele Jahre hat Cuba unter der Herrschaft der UdSSR verbracht?

Bei objektiver Analyse wird man zu dem Schluß kommen, daß die Art von Beziehung, die zwischen der UdSSR, Cuba und den anderen Ostblockländern bestand, damit nicht verglichen werden kann.

Zwischen diesen Ländern gab es einen mehr oder weniger gerechten ökonomischen Austausch.

Was zwischen Cuba und der UdSSR passierte, können wir später diskutieren. Aber Sie können sicher sein, daß Cuba mit uns nicht seine Souveränität verlieren wird. Die Amerikaner wissen, daß sie da auf den Widerstand des cubanischen Volkes treffen werden, das in hohem Grade nationalbewußt ist.

Señor Matos, Sie werden nicht abstreiten, daß dieses hohe Maß an Nationalbewußtsein, an Gefühl von Souveränität, das das cubanische Volk jetzt besitzt, ein Werk der Revolution war...

Gut ... früher war auch ein Teil der Bevölkerung nationalbewußt. Aber man darf keine Angst vor dem starken wirtschaftlichen Einfluß der USA haben. Wenn sie etwas vorschlagen würden, das mit der Vorstellung von Souveränität, die ich von meiner Nation habe, kollidiert, würde ich das nicht akzeptieren. Nein. Wir werden mit den USA von Nation zu Nation verhandeln. Das neue Cuba kann nicht akzeptieren, daß es alle zwei oder fünf Jahre von den Amerikanern ein Zeugnis ausgestellt bekommt, ob es demokratisch ist oder nicht, denn dann würde es seine Souveränität verlieren.

Señor Matos, wenn augenblicklich Länder wie Mexiko, Iran, Irak, die mehr strategische Ressourcen als Cuba haben, sich der beschämenden Beurteilung unterwerfen müssen, die die USA jedes Jahr durchführen, zum Beispiel unter dem Vorwand des Drogenhandels, wie stellen Sie sich das vor ... Aber, gut – glauben Sie, daß die Cubaner innerhalb des Landes ihre Vorstellungen akzeptieren werden, wo sie doch wissen, daß jene Nation schon immer ihr Land annektieren wollte?

Ich habe Ihnen bereits gesagt, wir werden keine Verletzung unserer Souveränität dulden, und noch weniger werden wir ein zweites Puerto Rico sein. Aber ich bin sicher, daß die Leute in Cuba und im Exil überzeugt sind, daß die Vereinigten Staaten das beste Land der Welt und ihre Institutionen die besten auf dem Planeten sind. Alle wissen, daß dies eine erfolgreiche Gesellschaft ist, die jedem Chancen bietet. Hier muß man sich nur anstrengen; dann kommt man auch vorwärts. Natürlich ist nicht alles gut. Es gibt auch Dinge, die nicht akzeptabel sind. Deswegen müssen wir etwas Fundamentales erreichen – ein freies Handelsabkommen.

Señor Matos – machen wir weiter. Nun fällt also die jetzige cubanische Regierung, es formiert sich die Junta zur Errettung, und der CID ist Teil des Ganzen. Was werden die ersten Maßnahmen sein, die Sie vorschlagen?

Wir haben schon seit Jahren einen programmatischen Plan für diese Etappe. Wir werden verfügen, daß es verboten ist, jemanden aus seinem Haus zu vertreiben. Und wenn doch, muß man dem ehemaligen Besitzer einen Ausgleich zahlen. Die Unternehmen müssen ihren früheren Besitzern zurückgegeben werden. Das ist wichtig, denn es kann den Fluß von Devisen und eine Stärkung der Wirtschaft begünstigen.

Auch muß man Fidel Castro, seinen Bruder und ein Dutzend andere wegen ihrer Verbrechen gegen die cubanische Nation vor Gericht stellen, ob sie dabei anwesend sind oder nicht. Man muß die ausländischen Unternehmen, die mit dem derzeitigen cubanischen Staat zusammenarbeiten, beschlagnahmen wegen Komplizenschaft mit der Tyrannei! Und diese Unternehmen werden dem Prozeß der Dezentralisierung und Privatisierung innerhalb der nationalen Ökonomie unterzogen, wie wir ihn vorschlagen.

Welche Rolle soll die Europäische Union bei diesem Übergang spielen?

Wir hätten gerne, daß Europa eine wichtige Rolle bei der Lösung der cubanischen Probleme spielt. Ich habe schon immer gesagt, daß Europa Cuba machen läßt, was es möchte. Die europäischen Länder vergessen, daß Cuba ihre Kolonie war, und übernehmen so nicht die Aufgabe, die

ihnen historisch gesehen zukommt, besonders Spanien. Uns freut, daß
sich Aznar, der spanische Präsident, darum bemüht, eine Lösung für das
cubanische Problem zu finden.

Bevor Aznar Präsident wurde, kam er hierher und unterhielt sich mit
der Fundación, mit uns und mit anderen Gruppen. Er sagte uns, daß er,
wenn er die Wahlen gewänne, eine neue Politik in der Europäischen Union gegenüber Cuba vorantreiben würde. Ich unterhielt mich auch mit dem
Europaabgeordneten des spanischen Partido Popular, José Salafranca, der
daran interessiert war, uns zu helfen. Ich wurde vom Außenminister dieser Regierung, Abel Matutes, empfangen. Wir sagten allen, daß der Sturz
der Castro-Tyrannei unseren, den europäischen und den amerikanischen
Interessen entgegenkäme.

Und die Art und Weise, wie sie gehandelt haben, zeigt mir, daß sie verstanden haben.

**Wir wissen, daß Sie, andere Organisationen des Exils und Stellen
der US-amerikanischen Regierung sich mit den Leitern von Unternehmen getroffen haben, die in Cuba investieren wollen.**

Das ist richtig. Wir haben allen diesen Herren gesagt, wir seien dagegen,
daß sie in Cuba investieren – in Gemeinschaft mit Fidel Castro. Daß wir
diesen Unternehmen keinerlei Sicherheit gewähren, wenn das Regime fällt.
Daß wir sie nicht respektieren werden, weil sie Komplizen des Regimes
gewesen sind. Daß sie der Grund von Spannungen sein werden. Wenn sie
uns aber versprechen, eine beträchtliche wirtschaftliche Hilfe zu leisten,
kann man miteinander verhandeln.

Wir haben keinen im Unklaren darüber gelassen, daß wir sie nicht besucht haben, um mit ihnen über Investitionen zu diskutieren, sondern um
sie zu warnen.

Ich habe verschiedene Regierungen besucht oder mit deren Botschaf-
tern gesprochen. So sagte uns zum Beispiel der französische Botschafter
in Washington, daß sie dort einen Fuß in der Tür haben wollen für die Zukunft. Daß es sich jetzt um kleinere Investitionen handeln würde und daß
es später, wenn die Castro-Regierung fällt, große werden.

Señor Matos, kommen wir zum letzten Thema. Welche Beziehungen haben Sie zur sogenannten inneren Dissidenz? Ist der CID ein Teil davon?

Sehen Sie, wir bieten diesen Dissidenten Unterstützung an. Wir machen dies unabhängig davon, ob sie mit unseren Vorstellungen übereinstimmen. Als sie sich im Concilio Cubano (Cubanischen Rat) zusammenfanden, gaben wir ihnen unsere Unterstützung. Außerdem haben sie dieses Mal gebeten, daß ein Leiter des CID in Cuba sich öffentlich einmischt. Und wir haben ihnen gesagt, daß man ihn ins Gefängnis stecken würde, wenn er als Mitglied des CID erscheine. Aber wir waren damit einverstanden, unter dem Namen teilzunehmen, den unsere Bewegung dort hat, nämlich ›Partido Solidaridad Democrática‹.[63]

Und wie funktioniert der CID innerhalb Cubas?

Unsere Bewegung funktioniert als eine Menschenrechtsorganisation. Es sind viele Leute des CID in Menschenrechtsgruppen aktiv, die bereits außerhalb Cubas sehr bekannt sind ... und mehr Details kann ich Ihnen nicht geben ...
Sie bilden Zellen des CID im Untergrund ...

Zum Schluß, Señor Matos: Gibt es denn Ihrer Meinung nach gar nichts, was gut an der cubanischen Revolution war?

Die cubanische Revolution hat etwas gebracht. Aber nicht viel. Natürlich, Ausnahmen sind die Erziehung, die Gesundheit und, gut, die sportlichen Erfolge. Aber für die Familien hat sie nichts Wichtiges erreicht. Wir müssen einen Vorteil aus dieser Menge von Technikern, Fachleuten, Wissenschaftlern ziehen, aus den vielen gut ausgebildeten Leuten, die Cuba hat...

Francisco José Hernández

Präsident der *Fundación Nacional Cubano Americana (FNCA)*

»Die Vereinigten Staaten können den Europäern nicht erlauben, der cubanischen Regierung Kredite zu gewähren oder einfach zu investieren. Wieso sollten die Amerikaner und wir zulassen, daß dies geschieht?«

Sechs Monate nachdem wir die Señora Ninoska und ihren Ehemann Roberto interviewt hatten, befanden wir uns wieder im Sitz der Cubanisch-Amerikanischen Nationalstiftung FNCA. Trotz der liebenswürdigen Aufmerksamkeit, die man uns entgegenbrachte, empfanden wir wieder das Seltsame an der Umgebung, das man nicht beschreiben kann. Das konnte daran liegen, daß wir politisch und menschlich die Aktivitäten nicht akzeptieren, die diese Organisation, die mächtigste des reaktionären Exils, gegen die cubanische Regierung und das cubanische Volk als Teil der US-Strategie durchführt. Aber wir hatten uns vorgenommen, diese Arbeit weiterzuführen, und hier waren wir also. Ähnliche Gefühle überkamen uns bei der Mehrzahl der Interviewten. Und nicht nur in Miami.

Wir erreichten das große und angenehm kühle Büro von Francisco José »Pepe« Hernández, Präsident der FNCA. Wir mußten mit ihm sprechen, da wir Jorge Mas Canosa, den damaligen Direktor der Direktoren, den »Chairman of the Board«, nicht interviewen konnten. Schon vor vielen Jahren hatte Canosa gelernt, Leuten, die nicht zum Kreis seiner Vertrauten gehörten, so gut wie nie Interviews zu geben; seiner Meinung nach entstellten sie am Ende immer seine Worte. So hielt er es bis zu seinem Tode.

Nun gut, schon als wir die erste Frage an Hernández gestellt hatten und er abstritt, daß die Reagan-Administration Vater und Mutter der FNCA gewesen sei, wußten wir, daß auch hier die Wahrheit nicht der Protagonist sein würde.

Als sich Ronald Reagan im Januar 1981 im Weißen Haus einrichtet, gibt er der CIA den internationalen Handlungsspielraum zurück, den ihr der Kongreß seit der zweiten Hälfte der 70er wegen Überschreitung ihrer Befugnisse entzogen hatte.

Und als strategischen Entwurf der Lateinamerikapolitik übernimmt er das Dokument von Santa Fe. Dieses wird vom Vizepräsidenten und Ex-Chef der CIA, George Bush, und dem neuen Direktor der CIA, William Casey, zur Vollendung gebracht, die beide das Ziel haben, die Macht in Cuba und Nicaragua zurückzugewinnen.

Nach der Logik dieser Regierung mußte man, um die kurz zuvor an die Macht gekommene Sandinistische Volksregierung zu Fall zu bringen, Cuba neutralisieren, das man dafür verantwortlich machte, deren Hauptunterstützer zu sein. Man mußte infolgedessen mit Macht in diese Richtung marschieren. Aber trotz ihrer kriegerischen Mentalität war die Reagan-Administration besorgt über den schlechten Ruf der cubanischen Konterrevolution. Die Bomben und die Toten, die »der Krieg auf den Straßen der Welt« hinterlassen hatte, waren noch nicht vergessen. Wie aus einigen Dokumenten hervorgeht,[64] war es Roger Fontaine, einer der Ideologen des Santa-Fe-Dokuments und im National Security Council, NSC, verantwortlich für Lateinamerika, der die Möglichkeit eröffnete, »eine Lobby im nordamerikanischen Kongreß zu schaffen, um die Durchsetzung einer aggressiven Politik gegenüber Cuba zu rechtfertigen«. Als dieser Vorschlag angenommen wurde, präsentierte Casey ein Projekt, in dem er anregte, eine PR-Kampagne zu schaffen, die die Mitglieder des Kongresses von der ausgefeilten Strategie der Reagan-Berater überzeugen würde. Diese durfte, wie schon zu Kennedys Zeiten, nicht in Verbindung mit der Regierung gebracht werden, sondern sollte aussehen wie eine Initiative der cubanischen Konterrevolution.

Es war Richard Allen, ein Veteran der CIA und Berater Reagans im Nationalen Sicherheitsrat, der unter der Regie des NSC damit beauftragt wurde, eine kleinere Gruppe von Millionären cubanischer Herkunft auszusuchen, die diesen Plan mit Leben erfüllen sollten. Zufälligerweise gehörten die ersten vierzehn Auserwählten zur CIA oder hatten Beziehungen zu ihr. Unter ihnen waren der Bankier und Ex-Brigadist Raúl Masvi-

Präsident Ronald Reagan bei der FNCA 1983. (Foto: FNCA)

dal und Carlos Salmán, der Republikanischen Partei verbunden und ein enger Freund der Familie Bush. Ihr erster Exekutivpräsident war Frank Calzón, ehemaliger Leiter der Terroristenorganisation Abdala und der Nationalen Befreiungsfront Cubas. Obwohl gegen ihn wegen Geldwäsche ermittelt wurde, trat Luis Botifoll, Präsident der Republic National Bank, in den Vorstand der FNCA ein. Eine andere gewichtige Person in diesen ersten Jahren war José Sorzano, Ex-Mitglied des NSC. Unverzüglich wurde auf Empfehlung von Allen hin Jorge Mas Canosa zum Direktor der Direktoren ernannt. Sein ununterbrochener politischer Aktivismus und die Freundschaft, die ihn mit Casey und Theodore Shackley, dem Subdirektor für Sonderoperationen in der CIA verband, machten ihn zum Gewinner, wie er selbst zugab.

So fing die FNCA einmal an. Heute ist sie ein Ungeheuer, das offiziell der »Erziehung« dient und wegen dieses Prädikats von der Steuer befreit ist, mit mehr als hundert begüterten Direktoren, alle der extremen Rechten angehörend, die jährlich zwischen 5.000 und 50.000 Dollar in die Organisation einbringen.

Die geheime Weisung Nr. 77, intern bekannt als »Projekt Demokratie« und von Reagan im Januar 1983 unterzeichnet, diente als Sprungbrett für die Ziele der FNCA.

Sehen wir uns das mal genauer an. Als Ende 1986 der Iran-Contragate-Skandal enthüllt wird, wird auch bekannt, daß das Projekt eine legale und

eine illegale Seite hat. Die erste, die auf das Wohlwollen des Kongresses an-
gewiesen ist, nennt sich ›National Endowment for Democracy, NED‹ und
wird von einem Offizier für Sonderoperationen der CIA überwacht. Auch
wenn das NED als gemeinnützige private Körperschaft galt, wurde das

Vize-Präsident George Bush bei der FNCA 1986. (Foto: FNCA)

PUEBLA
INSTITUTE

and the international community for a peaceful, democratic alternative in Cuba. The CDC is a nonprofit, pluralistic, Miami-based institution devoted to the democratization of Cuba. It was created as a broad democratic movement of groups and individuals seeking to create, through peaceful means, the conditions for a democratic transition in Cuba. Its President is Dr. Enrique Baloyra, Associate Dean of the School of International Studies of the University of Miami.

– The Cuban American National Foundation received renewed Endowment support in the amount of $100,000 to support the International Coalition for Human Rights in Cuba (ICHRC) in its program to publicize the plight of human rights activists and other critics of the regime in Cuba. FY 1991 assistance will be used to prepare important documentation for distribution at the March 1991 meeting of the United Nations Commission on Human Rights; to support the Coalition's growing network of European and Latin American citizen committees; to produce publications on the human rights situation based on information received from inside the island, and to maintain the Coalition's central coordinating office in Madrid. The International Coalition for Human Rights in Cuba, based in Madrid, Spain, was founded and directed by Amb. Armando Valladares from 1984 to 1990. Amb. Valladares will continue to serve as advisor to the Coalition. Former Vice President of the Coalition, Mari Paz Martinez Nieto, has replaced Amb. Valladares as President and is responsible for day-to-day operations. The Endowment has provided core support to the International Coalition for Human Rights in Cuba since 1984.

– The National Democratic Institute for International Affairs (NDI) received an Endowment grant of $99,837 to organize a two-day international conference in Venezuela on democratic transitions, in order to enable Cuban democrats inside and outside Cuba to learn about the experiences of individuals who have played leading roles in democratic transitions in Eastern Europe and Latin America. The June conference will be designed to offer the Cuban participants practical advice about the formation of coalitions, the organization of political parties and civic groups, the drafting of new laws and governance in a post-Communist era. Participants will include members of the Cuban Democratic Platform from Spain, Latin America and the United States; representatives of the Socialist, Liberal and Democratic internationals; experts on democratic transitions and democratic activists from Bulgaria, Czechoslovakia, Hungary, Poland, the Soviet Union, Chile, and Nicaragua; and Venezuela's major political parties.

– The National Republican Institute for International Affairs (NRIIA) received an Endowment grant of $40,000 to organize a conference to be held in Miami on "Central and East European Democracy: What are the Lessons for Cuba?" The conference will be designed to highlight the experience of the democratic revolution in Europe and how the lessons learned there can be applied to bring about democratic change in Cuba. Democratic leaders from Poland, Germany, Hungary, Czechoslovakia, Romania,

Während die US-Regierung vorgab, humanitäre und Menschenrechtsorganisationen zu unterstützen, finanzierte sie konterrevolutionäre Gruppen in Miami ebenso wie »Dissidenten« in Cuba selbst.

Geld, das ihm zufloß, im Staatshaushalt gebilligt und dann durch Strukturen wie zum Beispiel die Republikanische und die Demokratische Partei sowie von NGOs wie ›Freedom House‹, dem katholischen Institut ›Puebla‹ und dem Amerikanischen Institut für die Entwicklung der freien Gewerkschaften weitergeleitet. Zur Ergänzung ihrer Arbeit nutzten sie die Agentur für Internationale Entwicklung, AID, die USIA und weitere Mechanismen der offiziellen US-Diplomatie. Das NED wurde eingerichtet, um Geld an Organisationen zu geben, die »die Verbesserung der Demokratie« im Ausland fördern. Das NED erhielt nun die Mittel, die vorher über die CIA und andere geheime Wege an politische Gruppen, Menschenrechts- und humanitäre Organisationen sowie Presseorgane gingen. Von Gesetzes wegen durfte das NED keine Hilfen für »Lobby-Arbeit oder Propaganda geben, die dazu gedacht war, die öffentlichen politischen Entscheidungen der Regierung der Vereinigten Staaten zu beeinflussen.«

Aber das hat das NED immer schon gemacht. 1988 entdeckte man, daß es 390.000 Dollar an die FNCA gestiftet hatte, ohne daß dies irgendwelche rechtlichen Konsequenzen für die Verantwortlichen hatte.

Welch seltsamer Zufall: Die gleiche Menge Geldes wurde von der FNCA an Politiker »gespendet«, die die Aggression gegen die cubanische Regierung unterstützten.

Einige Millionen Dollar sind vom NED an diverse Projekte der Fundación geflossen. Dabei ist nicht berücksichtigt, daß die FNCA als Partner mit besonderen Privilegien bei vielen Gelegenheiten als Vermittler aufgetreten ist, um anderen konterrevolutionären Organisationen hohe Summen zukommen zu lassen – nicht nur in Miami, sondern auch in Europa und Cuba. In fast allen Fällen wurden damit auch die sogenannten Menschenrechtskampagnen finanziert. Mit dieser Unterstützung verwandelte sich die Fundación binnen kurzer Zeit in ein Monstrum, das alle verschlang, die seinen Interessen entgegenstanden und praktisch alles an sich riß, was in den Vereinigten Staaten vor sich ging. Einigen Analysen zufolge basierte der Erfolg der Fundación auf drei Aspekten. Erstens war sie ein Apparat, welcher der Politik Washingtons diente und dabei in vielen Fällen über den rein cubanischen Bereich hinausging, wie zum Beispiel in Angola und Nicaragua. Zweitens betrieb sie auf geschickte Weise Lobby-Arbeit, was im Falle der USA der Kunst gleichkommt, einflußreiche Politiker im Kongreß mit Geld zu schmieren. Dabei wurden Mitglieder der Republikanischen Partei bevorzugt. Aber man hat auch nicht gespart, wenn man Demokraten benötigte, wie man bei jenen sehen konnte, die das Torricelli-Gesetz einbrachten. Der Kandidat William Clinton erhielt für seine erste Wahlkampagne fast 400.000 Dollar, als er sich verpflichtete, dieses Gesetz zu unterstützen. Fast die gleiche Menge bekam er während der Kampagne zur Wiederwahl. Der dritte Punkt des Erfolges der FNCA: Wenn das Geld und die politischen und persönlichen Kontakte nicht ausreichen, um zu überzeugen, folgen Erpressung, Bedrohung und ... ihr paramilitärischer Apparat.

Wir wollen einige typische Fälle betrachten, die ein Schlaglicht auf den Charakter der FNCA werfen.

Im Oktober 1976 wird ein Flugzeug der Cubana de Aviación über den Küsten von Barbados in die Luft gesprengt. Orlando Bosch und Luis Posada Carriles werden in Venezuela festgenommen und angeklagt, das Verbrechen geplant zu haben. Beide hatten eine vorrangige Rolle im »Krieg auf den Straßen der Welt« gespielt. Im Februar 1988 kommt Orlando Bosch frei und reist in Miami ein, ohne sich darum zu kümmern, daß ein Haftbefehl des FBI gegen ihn vorlag. Nach zwei Jahren Haft wird er unter Auflagen freigelassen.

Dazu schrieb die *New York Times*: »Im Namen des Kampfes gegen den Terrorismus schickten die Vereinigten Staaten Flugzeuge, um Libyen zu bombardieren, und ein Heer, um in Panama einzumarschieren. Und jetzt läßt die Bush-Regierung einen der notorischsten Terroristen des Kontinents frei. Und was sind die Gründe dafür? Der einzige offensichtliche besteht darin, das Wohlwollen des Südens von Florida zu gewinnen.«

Nach Auskunft des FBI, das sich seiner Freilassung entgegenstellte, war Bosch nicht nur ein Terrorist unter vielen. Er war der schlimmste. Als im Gefängnis war, wollte man ihn ausweisen, aber nur Cuba wollte ihn aufnehmen, um ihm den Prozeß zu machen. Verschiedene Medien gaben an, daß der Justizminister auf Grund von politischem Druck den Befehl zur Freilassung gegeben habe. Woher kam dieser Druck? Leute wie Monsignore Román, der Kongreßabgeordnete Lincoln Díaz-Balart und die Direktoren der FNCA nutzten ihre politischen Kontakte zu Gunsten dieses Terroristen. Seine Hauptverteidigerin war die cubanisch-amerikanische Kongreßabgeordnete der Republikanischen Partei Ileana Ros-Lethinen, die so weit ging, die Freilassung Boschs zu einem Teil ihrer Wahlkampagne zu machen. Das ist die Politik jener, die die meisten Zuwendungen von der FNCA bekommen. Der Chef ihrer Wahlkampagne war Jeb Bush, Sohn des damaligen Präsidenten der Vereinigten Staaten.

About Free Cuba Center - Microsoft Internet Verkenner   Pagina 1 van 2

Freedom House and Cuba

Active in the pro-democracy struggle in Cuba since the Batista regime, Freedom House has increased its efforts to offer solidarity to those on the island seeking a peaceful transition to democracy, and to provide a forum outside the island for those seeking to facilitate that transition.

The **Free Cuba Center** of Freedom House gathers and disseminates information about Cuba to opinion and decision makers throughout the world. The Center is in regular contact with human rights organizations and pro-democracy activists on the island. Besides providing modest amounts of material and humanitarian support to Cuban advocates of freedom, the Center publishes a series of books on Cuba in both English and Spanish, circulates literature on democracy, economics and history, and provides the pro-democracy activists with an international outlet for their information. The **Free Cuba Center** responds to requests for information from media, think tanks, universities, NGOs, as well as members of parliament in the U.S. and elsewhere.

The activities of the Center are funded by contributions from the Cuban-American community, private foundations, and others concerned about the Cuba situation to help carry out its programs. All donations to the Free Cuba Center are tax-deductible.

Transitions: A Freedom House Cuba Program was announced at a Freedom House sponsored conference on October 6, 1995, President Clinton. The President announced a $500,000 U.S. grant to Freedom House to promote civil society in Cuba for: the production of books and videos and their distribution inside Cuba, travel to the island by pro-democracy activists, and the establishment of an NGO Clearinghouse on Cuba. The grant, signed by the President on July 1, 1996, does not provide any funds for humanitarian assistance inside Cuba, though Freedom House has received modest donations, including medicine and antibiotics, from private sources to help the families of Cuban political prisoners.

Dieses Informationsblatt des Free Cuba Center *verdeutlicht, daß diese Organisation von der US-Regierung Geld bekam, um unter dem Vorwand von Menschenrechtsaktivitäten auf die Destabilisierung Cubas hinzuwirken. Ihr Direktor Frank Calzón ist ehemaliger CIA-Agent und ehemaliges Mitglied der Terrororganisation Abdala.*

Jeb hat nicht nur Arbeitsgruppen der Cubanisch-Amerikanischen Na-tionalstiftung geleitet, sondern er hat auch Geschäftsbeziehungen mit deren Mitgliedern.

Wenden wir uns nun Posada Carriles zu. Im Jahre 1985 verschwindet er auf mysteriöse Weise aus dem Gefängnis. 1994, als er noch von den ve-nezolanischen, cubanischen und US-Behörden gesucht wird, veröffentlicht er in Miami das Buch »Los Caminos del Guerrero« (»Die Wege des Krie-gers«). In dieser Art Biographie bedankt er sich für die immense »ökono-mische und moralische« Unterstützung, die ihm die Führung der FNCA im Gefängnis, bei seiner Flucht und der späteren Weiterreise nach El Sal-vador gewährte. Kaum dort angekommen, beteiligte er sich an der gehei-men Arbeit zur Unterstützung der nicaraguanischen Contra. Aus einem Teil der Veröffentlichung geht hervor, daß er zwei Tage nach seiner Ankunft »Besuch von Dr. Alberto Hernández bekam. (...) Eine Gruppe von bedeutenden Persönlichkeiten aus Miami, unter ihnen Jorge Mas, Felicia-no Foyo, Pepe Hernández und andere, bildeten einen ›Pool‹, um meine größten ökonomischen Bedürfnisse zu decken. (...) Sie ließen mir eine ge-nügend große Menge Geldes zukommen, die mich jeden Monat erreich-te (...)«

Es ist noch festzustellen, daß in der FNCA Alberto Hernández zweiter Vorsitzender war, Foyo Schatzmeister und »Pepe« Hernández amtierender Präsident.

Der Terrorist erzählt nicht, daß nach Aufzeichnungen der venezolani-schen Polizei Mas Canosa zusammen mit Gaspar Jímenez und Rolando Mendoza über seine Freilassung verhandelt hatten. Später sollten diese beiden die FNCA wegen ihrer Verstrickung in den Drogenhandel verlas-sen, um Bodyguards von Alberto Hernández zu werden. Im November 1996 machte der Kanal 23 in zwei Sendungen ein ausgiebiges Interview mit Luis Posada Carriles aus dem Untergrund. Über dieses Informationsme-dium, dessen Beziehungen zur FNCA und den reaktionärsten Kreisen bekannt sind, rief er dazu auf, neue terroristische Aktionen gegen Cuba durchzuführen. Zur gleichen Zeit bereitete er solche vor: Er spielte eine entscheidende Rolle bei der Serie von Bomben, die zwischen April und September 1997 in Cuba explodierten.

Wie die Behörden der Insel bekannt gaben und wie es auch eine ausführliche Untersuchung, die von *El Nuevo Herald* in Miami am 16. November 1997 veröffentlicht wurde, bestätigte, war Posada Carriles »das entscheidende Glied« in der Attentatserie gegen touristische Zentren. Er selbst besorgte dem Bombenleger und seinen Komplizen in El Salvador das Material und er erreichte, daß man in Miami 15.000 Dollar sammelte, um die Unkosten zu decken. Nach den Erklärungen des salvadorianischen Terroristen Raúl Ernesto Cruz León, der von der cubanischen Polizei als Verantwortlicher für die Taten verhaftet wurde, hatte die FNCA den Hauptanteil daran, und ihre höchsten Führer hielten Kontakt zu Posada Carriles.

Aber wenn wir ein wenig zurückgreifen und versuchen chronologisch seinen Weg zu verfolgen, so muß man sagen, daß Posada Carriles das Gefängnis nicht aus purem Zufall in Richtung El Salvador verließ. In diesem Land hatte neben anderen konterrevolutionären Organisationen hauptsächlich die FNCA teil am zweiten, nämlich dem geheimen Arm des »Project Democracy«, das von Washington aus durch Oberst Oliver North unter dem Befehl des Nationalen Sicherheitsrates koordiniert wurde. Dieser Arm war dazu gedacht, den schmutzigen Krieg gegen die Sandinisten in Nicaragua logistisch und finanziell zu unterstützen. Félix Rodriguez war einer der Mächtigen in Mittelamerika und er hatte die salvadorianische Militärbasis Ilopango als Operationszentrum. Von dort koordinierte die CIA alle Lieferungen von Waffen und anderem Kriegsgerät für die Contra-Söldner.

Aber man benutzte sie auch als Zwischenstopp auf dem Weg in die Vereinigten Staaten für Flugzeuge voll Kokain und Marihuana, Drogen aus Geschäften mit den sogenannten kolumbianischen Mafia-Kartellen. Irreal und kaum vorstellbar, wo doch alle Kommunikationsmedien weltweit Tag für Tag wiederholen, die US- Regierung befinde sich im totalen Krieg gegen den Drogenhandel.

Aber die Untersuchungen, die von der Kerry-Kommission im US-Senat durchgeführt wurden, ließen nicht den geringsten Zweifel, daß Reagan und Bush über diesen Handel auf dem laufenden waren, der in Bolivien und Kolumbien begann, über Mittelamerika verlief und in Miami ankam, von wo aus die Drogen an andere Städte zum Verkauf verteilt wurden. Das war das Gravierendste am Iran-Contragate-Skandal, aber man relativierte es. Vor nicht allzu langer Zeit war erst der Kopf von Präsident Nixon gerollt und daß schon wieder der eines Präsidenten oder Vizepräsidenten der vermeintlich größten aller Demokratien der Welt fallen würde, war schlicht unmöglich.

Ramón Milián Rodríguez, cubanischer US-Amerikaner, der die Dollar für die kolumbianische Mafia wusch, gab vor der Senatskommission zu, zwischen 1983 und 1985 etwa 10 Millionen Dollar an die Contra übergeben zu haben, die nach Anweisungen von Félix Rodríguez verteilt wurden. Mitglieder der Cubanisch-Amerikanischen Nationalstiftung dienten als Kontakt zwischen diesen beiden Männern. Félix Rodríguez, von Bush 1976 mit der höchsten Auszeichnung der CIA geehrt, stritt alles ab, und man glaubte ihm. Obwohl Milián Rodríguez kein Unbekannter war: Er wurde zur Amtseinsetzung von Reagan eingeladen, weil er 180.000 Dollar für dessen erste Präsidentschaftskampagne gespendet hatte, die ihm von »Freunden« in Kolumbien überreicht worden waren.

Auch Jorge Mas Canosa mußte vor der Kerry-Kommission aussagen: Seine persönlichen Telefonate, seine Termine und Notizen mit Informationen über seine Reisen nach Mittelamerika befanden sich im Terminkalender von Oberst North. Aus dieser wie aus anderen journalistischen Untersuchungen geht hervor, daß Canosa einige Male in Ilopango war. Der oberste Chef der FNCA versicherte, daß er »den Contras nur humanitäre Hilfe« geleistet habe. Der leitende Präsident der Fundación, also unser Interviewpartner, war auch tief in den Söldnerkrieg für die »Freiheit« Nicaraguas verstrickt, zusammen mit nicht sehr ehrenwerten Freunden. Sogar in dem Buch »Cuba en Guerra« kann man lesen: »Das cubanische Exil, das mit den Kräften der Opposition sympathisierte, gewährte den »Contras« in Nicaragua breite Unterstützung (...). Francisco »Papito« Hernández und René Corvo (...) kämpften aktiv an der Guerillafront«. Erinnern wir uns, daß Corvo, Ex-Mitglied der Terrorgruppe Abdala, vom FBI und der Kerry-Kommission des Waffen- und Drogenhandels für die Contra verdächtigt wurde. Das erstere gab er zu. Alle Untersuchungen ergaben, daß seit dem Amtsantritt der Reagan-Regierung viele US-Cubaner von der CIA nach El Salvador geschickt wurden, um dem entstehenden Apparat der Aggression gegen das sandinistische Nicaragua als Berater zu dienen. Andere waren in Honduras, angeblich um den Söldnern medizinische Hilfe zukommen zu lassen. Auf diesem und dem militärischen Gebiet hatte der zweite Vorsitzende, Alberto Hernández, große Verantwortung. Bei dieser Art von Unterstützung konnte er bereits auf Erfahrung zurückblicken, da er schon in der zweiten Hälfte der Siebziger der reaktionären UNITA in Angola gedient hatte.

Auf jeden Fall war das kriminelle Vorgehen des geheimen Arms des »Project Democracy« nichts Neues.

Es war einfach die etwas angepaßte Kopie der verdeckten Operationen, die die CIA im südostasiatischen Raum organisierte. Im Januar 1990 erhalten die Mitglieder des Board of Directors der FNCA ein vertrauliches Dokument, von Jorge Mas Canosa unterzeichnet, das »die Taktik« entwirft, »die verfolgt werden soll um zu garantieren, daß die FNCA die volle Anerkennung der ganzen Gemeinde des Exils, der gefangenen Brüder auf der Insel, der Regierung der Vereinigten Staaten und der übrigen Regierungen und Völker der Freien Welt erhalte. Dies würde ermöglichen, die wichtige Rolle des Protagonisten zu spielen, die uns im neuen Cuba zukommt«. Obwohl der Inhalt durchgesickert ist, konnte man feststellen, daß ein großer Teil seiner Anweisungen in die Praxis umgesetzt wurde. Betrachten wir die anschaulichsten:

»Rundreisen organisieren durch die Mitgliedsländer der Europäischen Gemeinschaft EU, die Länder Osteuropas, Lateinamerikas und der Karibik mit dem Ziel, sich als ebenbürtige Kraft in dem cubanischen Konflikt darzustellen ...;
eine Task Force zu formieren, die die Kontakte mit dem National Security Council (NSC), der Central Intelligence Agency (CIA) und dem Federal Bureau of Investigation (FBI) systematisch ordnet. Dies soll mehr als je zuvor die Identifizierung der Politik mit Aktionen garantieren, die gegen die stalinistische Regierung Cubas entwickelt werden, ferner einen besseren Austausch an nachrichtendienstlichen Informationen und finanzielle Unterstützung, die nötig ist, um diese Pläne in die Tat umzusetzen;
eine Task Force zu organisieren, die die Arbeitsbeziehungen systematisiert und vertieft, die mit dem State Department bestehen, um gemeinsam neue Pläne auf der Ebene der internationalen Politik auszuarbeiten und zu entwikkeln, die der gegenwärtigen Situation entsprechen. (...) Der Präsident und der

Vizepräsident der Task Force sind die Botschafter José Sorzano und Armando Valladares, und Sonderberaterin wird Jeanne Kirkpatrick sein, ebenfalls Botschafterin...« (Es ist sehr gut möglich, daß die Genannten diese Funktionen gegenwärtig bereits nicht mehr ausüben, Anm. des Autors);

eine Task Force schaffen, deren vorrangige Verantwortung es ist, unser TV Martí zur Ausstrahlung zu bringen. Parallel werden zusammen mit USIA/VOA (Voice of America) Studien und Pläne realisiert, »die in einer nahen Zukunft die Programme von Radio Martí und TV Martí mit den Radio- und Fernsehstationen zusammenfügen, die schon unter unserer Kontrolle sind, und mit anderen, die wir bald erwerben werden. (...) Man wird Ideen und Vorschläge in die Tat umsetzen, um die Positionen von Journalisten und Presseorganen zu neutralisieren oder zu verändern, die während der letzten Jahre dadurch aufgefallen sind, daß sie eine gegensätzliche Linie zu der der FNCA vertreten haben...« (Zu den Namen, die in dem Dokument aufgeführt werden, gehören spanische Informationsmedien und spanische Bürger, Anm. des Autors);

Man wird eine andere Task Force schaffen, zu deren Verantwortung es gehört, jene Personen und Organisationen zu neutralisieren, die für sich die Führung beanspruchen oder zu verhindern versuchen, daß die FNCA die Führung übernimmt, die sie sich verdient hat ...;

Die Devise, der es zu folgen gilt, ist es, die Gefolgschaft zu erkaufen, aber mit denjenigen, die keine andere Sprache als die der Gewalt verstehen, muß man in ihrer Sprache sprechen.

Wir schrecken vor nichts und niemandem zurück. Wir wünschen es nicht, aber wenn Blut fließen muß, dann soll es fließen.« (Im Original hervorgehoben)

Am 23. November 1997 stirbt Jorge Mas Canosa. Alle Führer des Exils, in den Vereinigten Staaten und in Europa, die sich mit seiner Arroganz und unnachgiebigen Politik konfrontiert sahen, erkannten in diesem Augenblick sein Verdienst an: gewußt zu haben, wie im Rahmen der Mechanismen des politischen Lebens der USA zu navigieren ist und aus der cubanisch-amerikanischen Gemeinde »eine mächtige Pressure Group in Washington« gemacht zu haben. Auch Präsident Clinton, der einige Tage zuvor in Argentinien zugab, daß die FNCA in cubanischen Angelegenheiten seine Richtschnur sei, brachte zum Ausdruck, daß Canosa eine »mächtige Stimme zu Gunsten der Freiheit Cubas« gewesen sei.

Man spricht von Verwaisung des Exils, da man keinen eindeutigen »moralischen und politischen« Nachfolger erkennen kann. Einige glauben, daß die harten und gewalttätigen Kämpfe um die Führung wieder aufbrechen werden. Andere, Optimistischere, wetten, daß gemäßigte Positionen, die der sogenannten Dialogbefürworter eingeschlossen, größeren Raum gewinnen könnten. Die Mehrheit, die die Politik Washingtons gegenüber Cuba nicht durchschaut, hat die Fundación als Projekt betrachtet, das nur durch den Aktivismus von Canosa geboren wurde und so mächtig werden konnte.

Es steht außer Frage, daß Canosa die FNCA mit seiner dynamischen Autorität und seinem Scharfsinn prägte. Aber wie wir in den vorherigen Abschnitten sehen konnten, besteht die Hauptsache darin, daß die Cubanisch-Amerikanische Nationalstiftung und die anderen Organisationen des störrischen Exils Projekte der politischen Führung der Vereinigten Staaten sind, deren Traum es ist, Cuba zu unterwerfen. Nicht umsonst versicherte Carlos Alberto Montaner der spanischen Presse: »Das Verschwinden von Mas Canosa bedeutet keinerlei Veränderung in der nordamerikanischen Politik, weil diese unbeugsam gegenüber dem Castro-Regime ist.«

Aber sprechen wir von unserem Interviewpartner.

Auf der Flucht vor der Revolution verließ »Pepe« Hernández Cuba 1960. Sofort trat er dem »Directorio Revolucionario Estudiantil« DRE bei, einer Organisation unter katholischem Einfluß, die von der CIA benutzt wurde, um Propaganda-Aufgaben durchzuführen, ohne auf terroristische Aktionen zu verzichten.

Er landet mit der Brigade 2506 und wird nach wenigen Stunden von der Rebellenarmee gefangen genommen. Nach seiner Freilassung schreibt er sich bei der Kriegsmarine der USA ein, in der er den Rang des Hauptmanns erreicht.

Als die CIA die Representación Cubana en el Exilo (RECE) gründet, wird er Mitglied. Er lernt dort Mas Canosa kennen. Später widmet er sich wichtigen geschäftlichen Transaktionen in der Dominikanischen Republik. Man sagt, ohne daß man es beweisen kann, daß Teile des investierten Geldes von Sammlungen und dunklen Geschäften stammen, die er ebenso wie andere konterrevolutionäre Führer durchführte. Nicht zu vergessen sind die persönlichen Beziehungen, die Hernández während des anti-sandinistischen Krieges mit bekannten Waffen- und Drogenhändlern unterhielt.

1991 wird er zum Präsidenten der FNCA gewählt. Für den Posten, den er innehat, ist Hernández keine Person der flüssigen Rede. Er war stockend in seinen Antworten, was so weit ging, daß man das Bedürfnis hatte, die Wörter aus ihm herauszuschütteln. Wie wir schon sagten, wollten wir, nachdem wir seine erste Antwort kannten, uns nicht in brisante Themen vertiefen. So bissen wir uns zum Beispiel auf die Zunge, um ihn nicht zu fragen, warum er und die PR-Abteilung der FNCA Verbindung mit den Brüdern Ignacio und Guillermo Novo unterhielten, wie die *New York*

Enero de 1990.

Estimado miembro
del Board of Directors :

Le enviamos un documento a través del cual se trazan los elementos tácticos que se ejecutarán hasta el esperado derrumbe del gobierno comunista que mayorea en nuestra Patria. Este documento, por su carácter, sólo debe ser conocido por los miembros del Board of Directors.

Precisamos que el documento aprobado en Octubre del pasado año, durante la reunión de Naples, conocido como Mensaje a la Opinión Pública, se mantiene como Plataforma Pública de lucha y de trabajo.

Atentamente.

Jorge Mas Canosa
Chairman

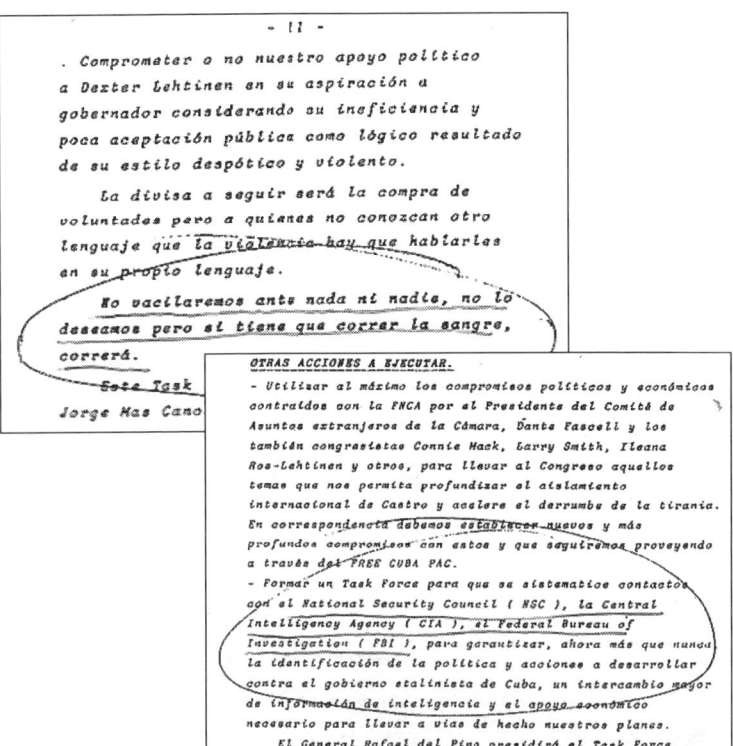

- 11 -

. Comprometer o no nuestro apoyo político
a Dexter Lehtinen en su aspiración a
gobernador considerando su ineficiencia y
poca aceptación pública como lógico resultado
de su estilo despótico y violento.

La divisa a seguir será la compra de
voluntades pero a quienes no conozcan otro
lenguaje que la violencia hay que hablarles
en su propio lenguaje.

No vacilaremos ante nada ni nadie, no lo
deseamos pero si tiene que correr la sangre,
correrá.

Este Task
Jorge Mas Cano

OTRAS ACCIONES A EJECUTAR.

- Utilizar al máximo los compromisos políticos y económicos
contraídos con la FNCA por el Presidente del Comité de
Asuntos extranjeros de la Cámara, Dante Fascell y los
también congresistas Connie Mack, Larry Smith, Ileana
Ros-Lehtinen y otros, para llevar al Congreso aquellos
temas que nos permita profundizar el aislamiento
internacional de Castro y acelere el derrumbe de la tiranía.
En correspondencia debemos establecer nuevos y más
profundos compromisos con estos y que seguiremos proveyendo
a través del FREE CUBA PAC.
- Formar un Task Force para que se sistematice contactos
con el National Security Council (NSC), la Central
Intelligency Agency (CIA), el Federal Bureau of
Investigation (FBI), para garantizar, ahora más que nunca
la identificación de la política y acciones a desarrollar
contra el gobierno stalinista de Cuba, un intercambio mayor
de información de inteligencia y el apoyo económico
necesario para llevar a vías de hecho nuestros planes.
El General Rafael del Pino presidirá el Task Force.

Ein vertraulicher Brief von Mas Canosa an die Vorstandsmitglieder der FNCA, aus dem klar wird, welch enge Verbindungen diese extremistische Organisation mit US-Geheimdiensten und Kongreßabgeordneten unterhält. Am Schluß findet sich ein Satz (unterstrichen), der das wahre Gesicht dieser Organisation enthüllt: »Wir schrecken vor nichts und niemandem zurück, wir wollen es zwar nicht, aber wenn Blut fließen muß, dann soll es fließen.«

Times vom 27. November 1990 berichtete. Wußten sie vielleicht nichts von deren Vorleben als Terroristen und Drogenhändlern? Nein, wir wagten es nicht. Wir begnügten uns mit seiner Version zu allgemeineren Themen. Als wir das Interview beendet hatten, nahmen wir von einem kleinen Tisch an der Rezeption das Bulletin Nr. 390 der RECE mit. Wenigstens ist er so ehrlich, seine Wurzeln nicht zu verleugnen.

Boris Jelzin zusammen mit Mas Canosa in Miami 1990. (Foto: FNCA)

Señor Hernandez, warum beschloß man die FNCA aufzubauen?

Auch wenn man sagt, daß die Fundación eine Initiative der Reagan-Administration gewesen sei, entspricht dies nicht der Wahrheit. Sehen Sie, seit 1978 konnte man bei einer Reihe von Elementen, besonders im Innern der USA, das Interesse an einer Annäherung zwischen den beiden Ländern sehen. Oder sogar den Wunsch, das Embargo aufzuheben. Wir als eine Gruppe von Personen des Exils beschlossen, uns dieser Situation entgegenzustellen, denn man kann diesem Regime keine Legitimität anbieten. So wurde die Fundación geboren – ohne irgendeine Beziehung zu Reagan oder dem Außenministerium.

Man kann sagen, daß die FNCA schon von Anfang an mit einer so enormen Macht ausgestattet war, daß die anderen Organisationen des Exils zur Seite gedrängt wurden. Wie erklären Sie sich das?

Man weiß nie, warum eine Organisation sich so entwickelt, daß sie sich gegenüber den anderen durchsetzt. Möglicherweise hat dies am Genie ihrer Gründer gelegen oder an ihren finanziellen Mitteln oder auch an der Klarheit ihrer Prinzipien. Aber Fakt ist, daß die Fundación mit einer genauen Kenntnis der Mechanismen des nordamerikanischen politischen Systems geboren wurde. Wir sind generell Personen gewesen, die aus verschiedenen Gründen in direktem Kontakt mit der Politik dieses Landes waren, und wir wußten, wie flexibel und geschmeidig sie ist.

Nach der jüdischen Gemeinde ist das cubanische Exil diejenige Minderheit gewesen, die die Besonderheiten des politischen Systems am besten nutzen konnte. Deswegen wollten wir von dieser auch lernen. Und deswe-

Der russische Außenminister und diverse russische Parlamentarier feiern Weihnachten zusammen mit Mas Canosa, »Pepe« Hernandez und anderen Führern der FNCA. Moskau 1991. (Foto: FNCA)

Jorge Mas Canosa mit dem tschechischen Präsidenten Vaclav Havel. Prag 1990.
(Foto: FNCA)

gen bestreiten wir auch nicht, daß wir von jüdisch-amerikanischen Aktivisten, wenn auch nicht geschult, so doch in den ersten Jahren ermutigt
und geleitet wurden.

Zu diesem Zeitpunkt hatten die anderen Gruppen des cubanischen Exils
sich nie bemüht, ihre Sorgen und Interessen in Washington vorzutragen.
Alle haben geglaubt, es würde einen Widerhall im Kongreß oder im Weißen Haus hervorrufen, wenn man herumschreit oder in Miami demon-
striert. Wir organisierten uns, um Einfluß auf die amerikanische Politik
auszuüben und dort in Washington war der ideale Ort dies zu tun.

Natürlich beschränkten wir uns nicht auf diese Stadt. Deshalb waren wir
in Moskau, bevor die UdSSR zusammenbrach, und zogen die Russen auf
unsere Seite. Wir luden Boris Jelzin 1989 ein, als dieser noch ein Geächte-
ter war. Und Mas Canosa war mit Armando Valladares in Polen, um mit

Lech Walesa zu sprechen. Das Ergebnis war, daß man die Aufhebung der ökonomischen und militärischen Hilfe der UdSSR und des sozialistischen Blocks an das Castro-Regime erreichte.

Den Einfluß der Fundación kann man einem modus operandi zuschreiben, den man vorher nicht angewandt hatte. Aber außerdem und vor allem der Tatsache, daß wir mit der Wahrheit im Bunde sind. Sogar der Reverend Jesse Jackson, ein Kongreßabgeordneter, der völlig gegen uns eingestellt war, unterstützte uns schließlich.

Als im März 1994 Mas Canosa im nordamerikanischen Kongreß über die Verletzung der Menschenrechte in Cuba aussagte, ging der Reverend auf ihn zu und sagte ihm, er wolle sein Freund sein und der der freien Cubaner.

Aber man sagt, daß der große Einfluß, den die FNCA sowohl im Kongreß als auch im Weißen Haus erreicht hat, daher komme, daß sie ein »Club von Millionären« sei, der weiß, wie man das Geld unter den Politikern verteilt.

Ich werde meine Zeit nicht damit verschwenden, die Fundación gegen solche Dummheiten zu verteidigen.

Dies ist kein Club von Millionären. Natürlich, und das haben wir nie verheimlicht, besteht der Direktionsvorstand aus Männern, die auf wirtschaftlichem Gebiet höchst erfolgreich waren und deswegen außerordentliche Beiträge leisten können.

Aber es ist schwierig, in irgendeinem Land Lateinamerikas und innerhalb des historischen Prozesses des cubanischen Exils so erfolgreiche Männer zu finden, die ihre Zeit und ihr Geld dafür einsetzen, die Freiheit ihres Landes wiederzuerlangen. Ich glaube, daß das cubanische Volk in einer nicht zu fernen Zukunft stolz auf sie sein wird.

Señor Hernández, eine der häufigsten Aussagen, die man über die Direktoren der FNCA macht, besagt, daß deren größte Ambition darin liege, die Führung einer postrevolutionären Regierung zu übernehmen.

Das ist eine weitere Dummheit, weil wir keine politische Partei sind. Wir sind daran interessiert, die Freiheit unseres Volkes zu erlangen. Natürlich, wenn dann der Kommunismus aus Cuba vertrieben sein wird und einige von uns auf einen wichtigen Posten in der neuen Regierung gewählt werden, liegt das daran, daß wir es verdienen wie jeder andere ...

Entschuldigen Sie, daß ich Sie unterbreche, aber es scheint, daß die FNCA die Möglichkeit nicht ausschließt, durch die Hand der USA in Cuba...

Welch ein Blödsinn! Wie man doch die Zeit vergeudet! Wir haben von Anfang an bewiesen, daß wir dem cubanischen Volk eine Stimme gegeben haben und nicht der nordamerikanischen Regierung. Wir sind sicher, daß die amerikanische Regierung schon mit Castro verhandelt hätte, wenn es die Fundación nicht gegeben hätte. Wenn Sie unseren Plan für den Übergang genau betrachten, der für die Zeit entworfen wurde, wenn wir zurückkehren können, werden Sie sehen, daß wir nicht die Auffassung vertreten, Cuba solle ein zweites Puerto Rico werden. Sicher ist hingegen, daß Cuba eine privilegierte Nation ist, da es nur 90 Meilen von den Vereinigten Staaten entfernt liegt und sich daher durch herzliche und freundschaftliche Wirtschaftsbeziehungen eine gegenseitige Verflechtung der Märkte ergeben kann. Was wir deutlich machen wollen, ist, daß es keine Normalisierung der Beziehungen zwischen den USA und Cuba geben kann, solange dort keine Demokratie existiert.

Señor Hernández, Sie benutzten den Begriff »Übergang«...

Der Übergang in Cuba hat mental schon vor einiger Zeit begonnen. In den Sphären der Macht innerhalb des Regimes hat man begriffen, daß man wegen der Unnachgiebigkeit Castros nicht zu einer Vereinbarung mit den Vereinigten Staaten kommen kann. Castro will nämlich zu einer Übereinkunft mit den Amerikanern kommen, aber ohne Macht abzugeben oder Freiheiten dafür zu gewähren. Wir wissen, daß ein Kreis existiert, der bis in die Streitkräfte hineinreicht, dem bewußt ist, daß Castro Cuba nicht retten wird. Und wir sind bereit, ein Abkommen mit denjenigen unter den Machthabern zu schließen, die damit einverstanden sind, dem cubanischen Volk die Freiheiten zurückzugeben.

Señor Hernández, was waren die größten Erfolge der FNCA in diesen Jahren der Aktivität?

Wesentlich war, daß wir der Welt die cubanische Wirklichkeit gezeigt haben. Dabei haben wir so viele Erfolge gehabt, daß man sie gar nicht aufzählen kann.

Aber an erster Stelle stehen Radio Martí und Tele Martí. Das hat der Fundación einen großen Impuls gegeben. Auch haben wir uns in verschiedenen Bereichen bewegt wie z.B. dem humanitären, in dem wir den bedürftigen Cubanern helfen, was im Exil einen großen Eindruck hinterlassen hat. Auch haben wir eine Reihe von Projekten wie Misión Martí, das so etwas ist wie ein Friedenskorps für die Zeit der Befreiung. Mit Misión Martí haben wir mehr als zweitausend cubanische Jugendliche ausgebildet, damit sie später einmal dorthin gehen und ein oder zwei Jahre beim Wiederaufbau des Landes helfen. Wir haben die Fundación für die Menschenrechte in Cuba, mit der wir sieben Mal vor der Menschenrechtskommission in Genf waren.

Wie Sie sehen, hat sich die Fundación in verschiedenen Bereichen bewegt, aber man spricht nur von ihrer politischen Arbeit, wie dem Torricelli-Gesetz und dem Helms-Burton-Gesetz, an denen wir, das wollen wir gar nicht abstreiten, substantiell beteiligt waren.

Jetzt, da Sie es ansprechen: Aufgrund der Möglichkeit, daß die USA das Helms-Burton-Gesetz wirklich anwenden und daß dies die Beziehungen mit den Ländern der Europäischen Union beeinträchtigt, ist Cuba wieder zu einem Thema der Diskussion geworden.

Ja, wir wissen, daß in Europa das Interesse für das cubanische Problem gestiegen ist. Und dies war eines unserer Ziele. Dafür gab es das Helms-

Burton-Gesetz. Denn wenn die europäischen Investoren nicht im Guten verstehen, muß man es ihnen auf andere Art und Weise beibringen. Die Europäer können nämlich nicht weiterhin ihre Investoren dorthin schik-ken, damit sie sich dort vergnügen und rauben, was ihnen nicht gehört. Also, wenn sie so weitermachen, werden sie die Kosten bezahlen müssen. Denn sie müssen die Konsequenzen tragen: jetzt den Amerikanern gegen-über und später, in einem befreiten Cuba, uns gegenüber.

Aber es scheint, daß Präsident Clinton mit den europäischen Regierungen über die schwierigsten Punkte verhandeln möchte.

Es kann sein, daß die Clinton-Administration und die Europäer verhandeln. Aber man darf nicht vergessen, daß alles den amerikanischen Kongreß passieren muß. Und dort werden sie das Gesetz nicht zu Fall bringen.

Was Cuba betrifft, ist es uns gelungen, die Politik der Vereinigten Staaten den Händen der alle vier Jahre wechselnden Regierungen zu entreißen. Nicht mehr der Präsident kann jetzt das Embargo aufheben, sondern nur die wirklichen Repräsentanten des nordamerikanischen Volkes. Und dies ist ein Triumph des cubanischen Exils. Denn in Wirklichkeit ist Europa mit einem Entweder-Oder konfrontiert. Sie können die Vereinigten Staaten oder Castro wählen.

Aber sie werden nicht gegen die Amerikaner kämpfen und sie wissen sehr gut, daß sie nicht mit beiden gut Freund sein können. Das haben uns die Engländer gesagt.

Die Vereinigten Staaten können den Europäern nicht erlauben, der cubanischen Regierung Kredite zu gewähren oder einfach zu investieren. Wieso sollten die Amerikaner und wir zulassen, daß dies geschieht?

Señor Hernández, hat die Fundación in irgendeinem europäischen Land eine Vertretung?

Wir haben eine Delegationsvertretung in Prag, Moskau und Spanien. Unsere Präsenz in diesen Ländern soll verhindern, daß Regierungsbezie-

Der Kongreßabgeordnete Robert Torricelli mit dem Führer der FNCA Mas Canosa. (Foto: FNCA)

hungen entstehen, die das Castro-Regime begünstigen. Außerdem gibt es einen Vorstandsbeschluß, ein weiteres Büro in Brüssel einzurichten. Dieser Prozeß ist im Gange. Wir wissen, daß die Arbeit in Europa anders ist, aber das werden wir lernen. Wir werden es gut machen und wir werden es als Fundación machen. Denn in dieser Zeit ist es sehr wichtig, bei der Europäischen Union zu sein, um die Europäer in eine Opposition gegen das Castro-Regime zu führen.

Auf alle Fälle ist es Ihnen bereits gelungen, in Spanien Fuß zu fassen, sowohl durch Ihre Nähe zum Partido Popular als auch durch die Fundación Hispano Cubana.

Ja, wir haben gute Beziehungen mit dem PP. Das streiten wir nicht ab. Aber wir haben nichts mit der Fundación Hispano Cubana zu tun. Natürlich, aus persönlichen Gründen bin ich selbst und andere Direktoren in ihrem Vorstand, den sie »Patronat« nennen. Aber er wird von Spaniern geleitet. Es ist sogar so, daß es innerhalb der Fundación Hispana Personen gibt, mit denen wir, was die Kampfmethoden angeht, nicht übereinstimmen, wie z.B. Elizardo Sánchez. Aber generell stimmen wir darin überein, daß wir Freiheiten für das cubanische Volk wollen.

Uns scheint, daß Sie die Arbeit unterstützen, die der Sonderbotschafter Präsident Clintons für cubanische Angelegenheiten ausführt.

Wir begrüßen und unterstützen dessen Arbeit. Er hat wirklich gute Arbeit bei den NGOs in Kanada und Europa geleistet. Er hat unablässig darauf bestanden, daß sie die Bedingungen nicht akzeptieren, die die cubanische Regierung an ihre Präsenz dort knüpft. Und wir wissen, daß er von einigen NGOs in Spanien, Frankreich und Holland gut aufgenommen wurde. Und wir werden seine Arbeit vervollständigen. Wir sind schon dabei, uns diesen Organisationen anzunähern und mit ihnen zu sprechen, damit wir uns gegenseitig unterstützen.

Señor Hernández, eine letzte Frage. Welche Beziehung hat die FNCA zu der sogenannten inneren Dissidenz in Cuba?

Wir haben die Jahre hindurch die Dissidenz unterstützt und ermutigt – vor allem ausgehend von der Menschenrechtsarbeit. Wir waren eine der ersten Organisationen, die diese Arbeit dort begonnen haben; wir überzeugten sie, daß sie sich auf der Grundlage der Menschenrechte organisieren müßten, hauptsächlich, weil das eine edle Sache sei, die überall auf der Welt gut ankommt.

Sie haben dies so gemacht, und man sieht gute Resultate. In ganz Europa spricht man von den cubanischen Dissidenten wegen der Menschenrechte. Wir müssen weiter darauf bestehen, damit diese Gruppen und andere Typen von Dissidenten, wie die unabhängigen Journalisten, die zentrale Rolle übernehmen, die sie seinerzeit in der UdSSR und Polen beim Fall des Regimes spielten. Das ist das wichtigste.

Die Voz de la Fundación und Radio Martí haben eine erstklassige Vorstellung geliefert. Sie haben sie bei ihrer Organisierung unterstützt, ihnen unsere Vorschläge dargelegt und ihnen geholfen, den Weg der Freiheit zu suchen.

Die Dissidenz weiß, daß wir auf ihrer Seite sind, daß die Europäer begonnen haben, sie zu unterstützen. Daß in Holland, Deutschland und Spanien NGOs ihre Menschenrechtsarbeit unterstützen. Daß in Spanien und Paris die »Journalisten ohne Grenzen« ihre Gesinnung vollkommen geändert und den »Unabhängigen Journalisten« die Hand gereicht haben. Deswegen fordert die Dissidenz in Cuba jeden Tag mutiger das Regime heraus.

Ramón Cernuda

Kunstsammler

Auslandsvertreter der *Koordinationsstelle der Menschenrechtsorganisationen in Cuba*

»Wir sind der Auffassung, daß es in Cuba keine offizielle Politik der Folter gibt.«

Die 80er Jahre »werden in die Annalen der Opposition gegen Castro eingehen als die Ära des Kampfes für die Menschenrechte und der effektiven Nutzung der Telekommunikation gegen das Regime«[65]. Das ist richtig. Aber die Geschichte scheint komplexer zu sein.

Wenn wir zeitlich weiter zurückgreifen, ist es die terroristische Gruppe Abdala gewesen, die begonnen hat das Thema »Menschenrechte« als ideologisches Element des Krieges zu benutzen. Wir wissen freilich nicht, ob sie dies aus eigener Initiative oder auf Anweisung der CIA tat. Jedenfalls waren es die »Abdala-Leute«, die Ende der Siebziger und zu Beginn der Achtziger, obwohl sie »einen wichtigen Teil des bewaffneten Kampfes der FLNC darstellten, das Exil auf internationalen Foren repräsentierten und die Menschenrechtskomitees schufen«.[66]

Begonnen wurde die minutiöse und kalkulierte Kampagne in dieser Richtung jedoch von der Reagan-Administration. Man nutzte alle Möglichkeiten, damit sich auf den großen internationalen Foren die cubanische Regierung einer Befragung wegen angeblicher Menschenrechtsverletzungen stellen mußte. Möglicherweise ist dies auf die Anweisung Nr. 77 zurückzuführen, die in einem ihrer Absätze fordert, »öffentlichen Druck auf Cuba zu erzeugen, um zu verhindern, daß die öffentliche Meinung, insbesondere die in den USA und in Europa, die Konfrontationspolitik gegenüber der cubanischen Regierung einschränkt«. Wie bereits erwähnt, erlaubte die Anweisung dem Nationalen Sicherheitsrat zu diesem Zweck, die Kräfte zwischen den einzelnen Behörden zu koordinieren und sowohl öffentlich als auch versteckt Gruppen zu unterstützen, die an irgendeinem Ort des Planeten ähnliche oder mit Washington übereinstimmende Ziele verfolgen – in diesem Fall das Ziel, das cubanische System kaputt zu machen.

Obwohl ursprünglich ein Plan der US-Regierung, kommt dieser die Internationale der Christlichen Demokraten (IDC) mit Sitz in Brüssel zuvor und läßt ihre Gruppe in Miami Lobbyarbeit machen. Die Menschenrechtsidee begeisterte unter anderen José Ignacio Rasco, Ex-Leiter des Consejo Cubano Revolucionario, Ex-Mitglied von Alpha 66 und Ex-Agent der CIA so sehr, daß er die Christdemokratische Bewegung MDC aus der Asche erstehen ließ, um sie auf internationaler Ebene auftreten zu lassen. Die Kampagne für die Befreiung des Ex-Polizisten aus der Batista-Zeit Armando Valladares diente als praktische Übung. Sehr bald unterstützen sie andere konterrevolutionäre Organisationen wie Unabhängiges und Demokratisches Cuba (CID), die Cubanisch-Amerikanische Nationalstiftung (FNCA) und die Demokratische Cubanische Plattform, letztere aus Madrid.

Ein großer Glücksfall für diese Strategie war der Zusammenbruch des Ostblocks in den ausgehenden 80er Jahren. Jedermann erwartete, daß Cuba jetzt, da es nicht mehr auf diese Partner zählen konnte, isoliert in der Karibik Schiffbruch erleiden würde. Das konnte nur eine Frage von Wochen oder Monaten sein. Aber nichts dergleichen geschah. Obwohl die Schaffung und Förderung aller Arten von gegen den cubanischen Staat gerichteten Oppositionsgruppen im Destabilisierungsplan schon immer eine wesentliche Rolle spielte, verdreifachte sich jetzt deren Zahl. Sie waren alle mit der Weisung versehen, hauptsächlich die Menschenrechte auf ihre Fahnen zu schreiben. Die US-Strategen und ihre Verbündeten hatten deren Wirkung schon erprobt: »Der Erfolg der Menschenrechtsbewegungen in kommunistischen Ländern basierte auf der Betonung der reinen Menschenrechte. So konnte man nicht beschuldigt werden, einer feindseligen Opposition anzugehören.«[67]

Schon in der Einführung zum Interview mit Señor Hernández sind die politischen Freunde des National Endowment for Democracy (NED) beschrieben worden. Betrachten wir nun an ein paar Beispielen, wie das NED konterrevolutionäre Organisationen finanziell unterstützte, die unter den besonderen Bedingungen zu Beginn der 90er Jahre begannen, ihr Pro-Menschenrechts- und Pro-Demokratie-Banner in Cuba zu entrollen. Als Quelle dient das NED selbst.

Wie schon erwähnt, ist der Hauptempfänger des NED die Cubanisch-Amerikanische Nationalstiftung gewesen.

Die Organisation Freedom House bekam 30.000 Dollar um vier Bücher zu produzieren, jeweils mit einer Auflage von 5.000 Exemplaren. Diese wurden an Konterrevolutionäre zwecks Verteilung in der cubanischen Bevölkerung verschenkt.

Das Cubanische Pro-Menschenrechts-Komitee, das in Miami von Ricardo Bofill vertreten und in Cuba von den Brüdern Gustavo und Sebastián Arcos geleitet wird, erhielt 1990 über die FNCA 30.000 Dollar. Im folgenden Jahr erhielt es 44.000 Dollar direkt. Dieses Geld diente dazu, konterrevolutionäre Informationen zu verbreiten und für Reisekosten seiner Mitglieder nach Spanien, Italien, Frankreich und Rußland aufzukommen.

Das Institut für Internationale Angelegenheiten der Republikanischen Partei erhielt 80.000 Dollar für eine Konferenz unter der Schirmherrschaft der FNCA. Daran nahmen Regierungsfunktionäre und Akademiker aus der Ex-UdSSR, der Ex-CSSR, Ungarn und den USA sowie Vertreter des reaktionärsten Sektors des Exils teil. Das zentrale Thema dieser Konferenz war, wie Veränderungen in Cuba zu fördern seien und in welcher Form die systematische Hilfe an die sogenannten Dissidentengruppen kanalisiert werden könne. Teile der Konferenz wurden von Radio Martí nach Cuba übertragen.

Ende 1992 informierte Carl Gershman, Direktor des NED, über die Aufstockung der Fonds für die vorher erwähnten Aktivitäten. Aber vor allem kündigte er eine größere Unterstützung für die innere Konterrevolution an. Ohne jegliche Zurückhaltung vertrat er die Meinung, man solle den Tourismus als Weg nutzen, um Geld und konterrevolutionäres Propagandamaterial einzuschleusen, so wie man es in der UdSSR und Polen gemacht hatte.

Als Bestätigung der Vorschläge des NED-Direktors übernimmt William Clinton die Empfehlungen von Donald E. Schulz vom »Strategy Studies

Institute, US Army War College« und verknüpft sie mit dem, was im Torricelli-Gesetz steht. Hier ein Ausschnitt daraus: »Die Förderung zwischenmenschlicher Kontakte von cubanischen Bürgern zu Nordamerikanern durch Korrespondenz, Transportdienste und Tourismus; genauso wie durch kulturellen und wissenschaftlichen Austausch, Errichtung von Pressebüros etc. (...) um dadurch den Elementen der Dissidenz Möglichkeiten zu geben, sich offen mitzuteilen, und sie zu ermutigen sich zu verbreitern (...).«[68]

Mit dem Helms-Burton-Gesetz auf dem Tisch fließt wieder reichlich politische und finanzielle Unterstützung für die Konterrevolution aus offiziellen und privaten Quellen. Zum Beispiel nutzte Anfang Dezember 1997 besagter Helms selbst seine Macht als Präsident des Senatsausschusses für Auswärtige Beziehungen, um so schnell wie möglich einen Posten von fast 2 Millionen Dollar zu fordern. Diese sollten an verschiedene »menschenrechtsfördernde« Organisationen übergeben werden, die zum Ziel haben, im Innern der Insel »die Demokratie zu formen«. So bekam die ultrakonservative Assoziation der Cubanischen Ex-Großgrundbesitzer 800.000 Dollar, damit ihr erst kürzlich gegründetes ›Instituto por la Democracia de Cuba‹ der internen Konterrevolution Material schickt und »Hilfen« gewährt.

Frank Calzón ließ man über das Free Cuba Center 500.000 Dollar zukommen, damit er weiter die »Zivilgesellschaft in Cuba fördern kann«.

Der ›International Foundation of Electoral Systems‹ stellte man 136.000 Dollar zur Verfügung, damit sie eine Analyse über die technischen Bedingungen für »freie Wahlen in Cuba« ausarbeitet.

Dem Ex-Direktor von Radio Martí, Ernesto Betancourt, wies man 110.000 Dollar zu, damit er Meinungsumfragen mit den Cubanern durchführt, die in die USA kommen.

Das extrem Unlogische an alldem ist, daß das Helms-Burton-Gesetz in seinem Abschnitt 109 das »Recht« des US-amerikanischen Staates bekräftigt, moralisch, finanziell und materiell die konterrevolutionären Bemühungen in Cuba zu unterstützen. Aber wegen des Embargos, und hier liegt das Irrationale, hat das Schatzministerium radikale Anordnungen erlassen, um jeden US-Bürger, der Geld aus Cuba erhält (von der Regierung, einem

Betrieb oder einem cubanischen Bürger) zu Freiheitsentzug bis zu 10 Jahren oder zu einer Geldstrafe von bis zu 250.000 Dollar zu verurteilen.

Aber es gibt noch andere Glieder in der Kette, wie man bei der Lektüre bestimmter Dokumente leicht feststellen kann.

Nahezu alle Informationsmedien der Welt sowie verschiedene internationale politische und Menschenrechtsorganisationen werden nicht müde, den »heroischen Kampf einer Handvoll von Dissidenten und unabhängigen Männern und Frauen« zu betonen, die allein und mittellos dem cubanischen System gegenüberstehen. Im März 1994 veröffentlichten die Behörden der Insel jedoch ein Dokument, unterzeichnet von Joseph Sullivan, dem Chef der US-amerikanischen Interessenvertretung SINA in Havanna. Das »Top Secret«-Dokument, das der cubanischen Regierung nach ihren eigenen Angaben von »befreundeten Händen zugespielt wurde«, war an das Außenministerium, an den Immigration and Naturalization Service (INS) und die CIA gerichtet. Unter der Referenznummer H 18422 693-4, handelt es von folgendem: »Betrifft: aktueller Stand des Programms für cubanische Flüchtlinge.« Das Dokument wurde von der cubanischen Regierung offiziell der UNO und den Kommunikationsmedien übergeben. Aber es gab nicht eine einzige Reaktion. Und das, obwohl es vollkommen dem Bericht widersprach, der zur gleichen Zeit dem Sonderbeauftragten der UNO Carl-Johan Groth über angebliche Menschenrechtsverletzungen in Cuba übermittelt wurde.

Wir glauben, daß der Bericht des Diplomaten Sullivan entlarvend ist und deswegen den eigentlichen Zustand und die Aufrichtigkeit der Dissidenz ernsthaft in Frage stellen kann. Wegen seiner Bedeutung geben wir den größten Teil des Textes wieder.

»Bei der Bearbeitung der Visa-Anträge von Flüchtlingen treten nach wie vor wenig begründete Fälle auf. Die meisten Menschen beantragen Asyl eher wegen der sich verschlechternden ökonomischen Situation als wegen realer Furcht vor Verfolgung. Fälle, die von Menschenrechtsaktivisten vorgebracht wurden, erwiesen sich als schwierig für die Beamten der US-Interessenvertretung und Mitarbeiter des INS. Obwohl wir alles versucht haben, auf Menschenrechtsorganisationen einzuwirken, eine größere Kontrolle bei der Identifizierung von Aktivisten auszuüben und nur die auszusuchen, die wirklich von der Regierung verfolgt werden, mußten wir feststellen, daß Menschenrechtsfälle weiterhin die am wenigsten fundierte Kategorie im Flüchtlingsprogramm darstellen.

Anträge von Mitgliedern von Menschenrechtsgruppen zeichnen sich durch allgemeine und unpräzise Beschreibungen angeblicher Menschenrechtsaktivitäten aus, es fehlen beweisbare Anzeichen von Verfolgung; die Grundvoraussetzungen für die Berücksichtigung im Flüchtlingsprogramm werden nicht erfüllt. Allgemeinste Anschuldigungen in betrügerischen Anträgen von Aktivisten und der Verkauf von Zeugenaussagen durch führende Menschenrechtsaktivisten setzten sich in den letzten Monaten fort. Aufgrund des Fehlens verifizierbarer dokumentarischer Nachweise machten es sich die Beamten der US-Interessenvertretung und INS-Mitarbeiter zur Regel, Menschenrechtsfälle als die für Betrug anfälligsten Fälle zu betrachten. (...) Obwohl die US-Interessenvertretung versuchte, diejenigen Fälle zu berücksichtigen, die die Aufnahmekriterien erfüllen, erhielt sie sich trotzdem die Flexibilität, um Fälle einzureichen, die zwar in gewissen Bereichen die Erwartungen nicht erfüllen, für die USA jedoch von Interesse sind. (...) Inzwischen geben einige der ehemaligen politischen Gefangenen offen zu, daß sie den Flüchtlingsstatus als Mittel nutzten, um der sich verschlechternden ökonomischen Situation zu entkommen und nicht aufgrund einer aktuellen Furcht vor Verfolgung oder Nachstellung.(...) Bedauerlicherweise ist die allgemeine Qualität vieler Anträge recht dürftig. Die wenigsten der ehemaligen politisch Inhaftierten, die heute als Flüchtlinge anerkannt werden, hätten diesen Status noch vor wenigen Jahren erhalten. Normalerweise waren sie wesentlich kürzer inhaftiert im Vergleich zu den ersten, die in das Programm aufgenommen worden waren. Viele spielten weniger wichtige Rollen in konterrevolutionären Gruppen, hatten politischer Umerziehung zugestimmt, um ihre Haftstrafen zu verkürzen, und später politische Betätigung aufgegeben, um sich in die cubanische Gesellschaft zu reintegrieren. (...)

Wir stellten einen Anstieg an Menschenrechtsfällen seit 1992 fest. Jedoch rührt dieser Anstieg nicht von erhöhten Menschenrechtsaktivitäten, höheren Mitgliederzahlen in derartigen Vereinigungen oder verstärkter Repression seitens der Regierung her. Die Mehrzahl der Fälle enthält kaum stichhaltige Nachweise von Verfolgungen und weist regelmäßig nur eine minimale, kaum glaubhafte Teilnahme an Menschenrechtsaktivitäten nach.

Die Aussagen von Führern der Menschenrechtsbewegung enthalten normalerweise nur vage Beschreibungen von Menschenrechtsaktivitäten wie beispielsweise die moralische Unterstützung von Familienmitgliedern politisch Inhaftierter. Diese Beschreibungen zeigen akkurat das geringe Maß der Aktivitäten und die nichtkonfrontative Einstellung der meisten Menschenrechtsgruppen gegenüber der cubanischen Regierung. (...)

Der generelle Trend war das Fehlen des Nachweises, daß die jeweilige Person wirklich Aktivist gewesen sei, so daß diese Kategorie quasi auf jeden anwendbar ist. Jugendliche, die wegen des ökonomischen Niedergangs seit 1989 versucht hatten, das Land illegal zu verlassen und dabei erwischt wurden, tendierten dazu, ihre Anträge als Menschenrechtsaktivisten zu formulieren. Führer von Menschenrechtsbewegungen teilten den Beamten der US-Interessenvertretung mit, sie wüßten, die meisten ihrer Mitglieder seien ihrer Organisation nur beigetreten, um in den Genuß des Flüchtlingsprogramms zu kommen. (...)

In Fällen, in denen die Beweise der Aktivisten dünn sind, ihr Engagement für die Vereinigten Staaten jedoch anderweitig klar ist, entschieden die die Voruntersuchung leitenden Beamten im Zweifel zugunsten der Antragsteller.

Der Führer einer Gruppe äußerte, etliche Personen hätten seine Organisation verlassen, nachdem sie erfahren hätten, daß dort keine Zeugenaussagen für Mitglieder gemacht würden. Er beschwerte sich über Pressionen seitens der Gruppenmitglieder, die verlangten, über ihre Menschenrechtätigkeit gute Empfehlungsschreiben zu bekommen.

Die letzten Besucher des INS wurden wiederholt Zeugen von Betrug und mutmaßlichem Betrug durch Menschenrechtsaktivisten. (...) Die SINA traf sich mit den führenden Köpfen von Menschenrechtsorganisationen, um deren Ziele, Mitgliederzahl und andere Aspekte der wichtigsten Gruppen zu ermitteln. Sie begrenzte die Anerkennung von Zeugenaussagen auf Gruppen, deren Führern wir trauen. (...)

Zu unserem Bedauern verhinderten nicht einmal diese Schritte Vorwürfe von Betrug und bittere gegenseitige Beschuldigungen unter führenden

Menschenrechtlern. Kurz vor dem INS-Besuch im Dezember beschuldigten Gustavo Arcos und Jesús Yanez vom Comité Cubano Pro-Derechos
Humanos Aída Valdés des Verkaufs von betrügerischen Dokumenten. Im
Gegenzug bezichtigte sie ihrerseits Arcos und Yanez ähnlicher Praktiken
aus Profitgier.

Diese Situation verschärft die generelle Sorge in Bezug auf die Verläß-
lichkeit von Zeugenaussagen. Die heftigen Rivalitäten und internen Auseinandersetzungen machen es schlicht unvermeidlich, daß es zu wiederholten Vorwürfen des Betruges kommt. (...)

Während eines Treffens zwischen SINA und INS bezeichnete Félix
Bonne, Führer der Gruppe ›Corriente Civica‹, das Flüchtlingsprogramm
als den Hauptbrennpunkt der Aufmerksamkeit vieler Menschenrechtsführer und -organisationen. (...)

Obwohl wir größte Anstrengungen unternahmen, mit den Menschenrechtsorganisationen zusammenzuarbeiten, um nur die schwerwiegendsten
Fälle herauszufiltern, zeigten die Befragungen eindeutig, daß die meisten
Fälle nicht stichhaltig waren. (...) Die meisten Aktivisten gaben nur äußerst
vage Beschreibungen ihres Engagements in Menschenrechtsgruppen. (...)

Die Probleme, die bei der Bearbeitung des Großteils der Menschenrechtsfälle auftreten, zeigen die Notwendigkeit der weiteren engen Zusammenarbeit zwischen US-Interessenvertretung und INS, um die wichtigsten
Fälle herauszusuchen.

Ferner wird die US-Interessenvertretung ihren flexiblen Umgang mit Fällen beibehalten, die zwar nicht alle Kriterien erfüllen, sich jedoch aufgrund
ihrer Sachlage als nützlich für die US-Interessen erweisen können.

Wegen der ausdrücklichen Interessen der CIA an dem Thema Menschenrechte, ihrer wachsenden Beteiligung und ihrer größeren Kenntnis
der verschiedenen Menschenrechtsgruppen schlagen wir eine engere Kooperation mit der US-Interessenvertretung im Sinne unserer gemeinsamen
Ziele vor.«

Die Destabilisierung des Systems durch Unterstützung von Personen
oder kleinen Gruppen im Innern ist nicht nur Ziel der US-Regierung. Wenn
auch auf niedrigerem Niveau, sind auch die Europäer daran beteiligt: »In
der Mehrzahl der Außenministerien Westeuropas gibt es einen Berater oder

Sekretär, zu dessen Aufgaben es gehört, die Menschenrechtsaktivisten anzuhören. Lange Zeit wurde diese Aufgabe diskret von der Gesamtheit der diplomatischen Missionen wahrgenommen.«[69]

Um etwas genauer zu sein, greifen wir auf das Exposé von William Claes aus dem Jahre 1994 zurück. Claes war zu dieser Zeit belgischer Außenminister und wurde danach Generalsekretär der NATO. Er antwortete auf eine Frage des Parlamentariers Van Nieuwenhuysen, warum Belgien eine Botschaft in Cuba habe, folgendermaßen: »Die Existenz einer belgischen Botschaft in Cuba erlaubt es uns, gemeinsam mit unseren Verbündeten in der Europäischen Union zu versuchen, an einem friedlichen Übergang zur Demokratie mitzuwirken (...). Dies war gleichermaßen das Motiv für die belgische Präsenz in den verschiedenen osteuropäischen Ländern, wo unsere diplomatischen Missionen schnell auf die politischen und ökonomischen Veränderungen reagieren konnten.«[70]

Doch jetzt zu Ramón Cernuda. Er ist ein wohlhabender Mann, der sich dem Kauf und Verkauf von Kunstwerken widmet und von einem Augenblick auf den andern in Miami bekannt wurde. Alles begann 1989, als Zollbeamte in sein Haus eindrangen und ihn beschuldigten, mit cubanischen Kunstwerken zu handeln und damit gegen das Embargo zu verstoßen.

Wenige Tage später prahlte Mas Canosa über Radio damit, den Richter Dexter Lethinen, Ehemann der Kongreßabgeordneten Ileana Ros-Lethinen, unter Druck gesetzt zu haben, um die Durchführung der Aktion zu erreichen. Cernuda hatte den schweren Fehler begangen, die Vorgehensweise des damaligen Chefs der FNCA bei dessen konterrevolutionären Aktivitäten in Frage zu stellen. Am Ende stellte die US-Justiz den Fall ein.

Die Medien machten Ramón Cernuda zu ihrem Lieblingsthema, als bekannt wurde, daß er Auslandsbevollmächtigter von Elizardo Sánchez war, der in Havanna das Grüppchen ›Comisión de Derechos Humanos y Reconciliación Nacional‹ (Kommission für Menschenrechte und Nationale Versöhnung) führt.

Der Fall Cernuda verwandelte sich in dem Augenblick in einen Skandal, als Sánchez den Dialog als Mittel vorschlug, um das System zu unterhöhlen. Wie wir wissen, ist es bereits heikel, in Miami von Dialog auch nur zu sprechen. Sánchez schlägt vor, Druck auf Fidel Castro auszuüben, damit er mit den politischen und ökonomischen Umwandlungen beginne, die notwendig für die Auflösung des sozialistischen Systems sind, weil er der einzige sei, der die nötige Macht habe, eine solche Umwandlung voranzubringen. Das sagte er in vielen Pressekonferenzen im Ausland, obwohl er immer wiederholt, daß er ein apolitischer Kämpfer für die Menschenrechte sei. Wenige Sätze später erklärt er dann Fidel Castro zum Haupthindernis für diese Veränderungen. Wenn man ihn auf diesen Widerspruch anspricht, antwortet er: »Das ist eine der cubanischen Paradoxien.«[71]

Als Vertreter für Sánchez machte Cernuda eine Art Promotions-Tour auf internationaler Ebene und erreichte es, daß dieser am 10. Dezember 1996 die höchste Auszeichnung erhielt, die die französische Regierung jenen verleiht, die sich auf der Welt für die Menschenrechte einsetzen. Die Plakette und die fast 20.000 Dollar wurden ihm gewährt, um »den Opfern staatlicher Unterdrückung legale Hilfe und humanitären Beistand zu geben«. Öffentlich war nicht bekannt, welche Art von Beistand er geleistet hat, auch nicht, um welche Opfer es sich handelte, und noch weniger, auf welche Unterdrückung Bezug genommen wird. Ein Jahr später hingegen hieß es in einem Bulletin von Amnesty International, daß sich verschiedene Personen, unter ihnen Familienangehörige von cubanischen Gefangenen, im Haus von Sánchez eingefunden hätten, um das Geld zu reklamieren. Vermutlich wurde es durch Cernuda an das ›Instituto Católico Puebla‹[72] weitergeleitet, eine US-amerikanische NGO, die vom NED finanziert wird.

Die französische Regierung überreichte Sánchez diese Auszeichnung, ohne auch nur einmal den Umstand erörtert zu haben, daß der so Dekorierte im Innern Cubas bei der sogenannten Concertación Democrática Cubana aktiv gewesen war.[73] Diese Art von »föderativer« Gruppe organisierte sich unter der Regie der Plataforma Democrática Cubana (Demokratische Cubanische Plattform) mit so reaktionären und pro-annexionistischen Führern wie Ignacio Rasco und Carlos Alberto Montaner, dem Hubert Matos nahe steht.[74] Der Preis wurde ihm überreicht, wenige Monate nachdem er in den Hauptvorstand der Fundación Hispano Cubana eingetreten war. Ein Amt, das er mit Mas Canosa, weiteren vier Führern der FNCA, Carlos Alberto Montaner und bekannten Köpfen des spanischen konservativen Lagers teilte.

Eloy Gutiérrez Menoyo, ehemaliger politischer Gefangener und Führer einer Gruppe, die für einen Dialog mit der cubanischen Regierung eintritt, erklärte, daß Sánchez »sich mit der extremen Rechten vereint hat, die Fidel Castro den Kopf abreißen will«. [75] Die Wirklichkeit sieht so aus, daß Sánchez regelmäßig nach Cuba ein- und wieder ausreist; er sagt im Ausland alles gegen die cubanische Regierung, was er möchte, und widerspricht ständig Cernudas Auffassungen. Er gibt sich elegant und strotzend vor Gesundheit. Anders ausgedrückt, im Gegensatz zu dem, was die Kommuniqués einiger internationaler Menschenrechtsorganisationen besagen, weist sein Leben keine Spuren von Martyrium auf.

Señor Cernuda, auf internationaler Ebene geht man von der Vorstellung aus, daß das Exil in Miami eine entscheidende Rolle für die politische Situation Cubas spielt. Außerdem sagt man, daß das Exil eine grundlegende Bedeutung für die Veränderung des gegenwärtigen Systems hat. Ist dies richtig?

Eines der großen Probleme dieses Exils ist, daß es immer für sich die Rolle eines Vorkämpfers im Prozeß der Veränderung in Cuba hat beanspruchen wollen. Es hat immer eine Hauptrolle gefordert, die ihm nicht zusteht, denn es ist ihm weder historisch noch politisch möglich, diese Rolle auszuüben.

Auch blicken häufig die, die sich im Innern des Landes gegen die Regierung stellen, mißtrauisch auf die im Ausland, denn sie wissen, daß wir eine andere soziale, ökonomische, politische und kulturelle Wirklichkeit leben. Eine Situation, die sich angesichts dessen, was wir in den Vereinigten Staaten erleben, noch verschlimmert, denn schon immer in ihrer Geschichte mußte die cubanische Nation mit einer politischen Strömung annexionistischer Prägung kämpfen. Seit Ende des 18. Jahrhunderts und durch das ganze 19. Jahrhundert hindurch gab es Cubaner in Cuba, die der Auffassung waren, daß unser Schicksal von den Amerikanern abhängen sollte. Das hat sich bis heute erhalten. Es ist eine Minderheit gewesen, aber da sie viel Macht besaß, brachte sie den Plan einer unabhängigen Nation in Gefahr. Das sah man schon 1898, als die Vereinigten Staaten das Land besetzten und diese Cubaner ihm eine republikanische Struktur gaben, die es praktisch zu einem nordamerikanischen Protektorat machte.

In den 60er Jahren kamen viele Leute in Miami an, die an der Revolution teilgenommen hatten, am Kampf gegen Batista. Aber es kamen auch viele Batista-Anhänger und Leute aus der Großbourgeoisie. Die einen wie die anderen entwickelten in ihrer Mehrheit eine Neigung zur extremen Rechten und verteidigten die Einmischung und Hegemoniebestrebungen der Nordamerikaner. Aber es ist nicht die formale Annexion, die sie anstreben; ihre Vision ist, daß die Vereinigten Staaten eine ordnende und führende Rolle in der Zukunft der cubanischen Nation spielen sollten. Bis heute ist dies die dominierende Kraft des Exils.

Das kann man daran sehen, wie sie hier dem Helms-Burton-Gesetz applaudieren, das eine Politik der Extraterritorialität auferlegen will, die in ihren offensivsten Teilen der cubanischen Nation sagt, wie sie ihre Wirtschaft, ihr Mehrparteiensystem, ihre Pressefreiheit bis hin zur Verfassung organisieren soll. Es ist ein sozio-politisch-ökonomisches Ordnungsrezept, das sie übernehmen müssen, und wenn nicht, so sagt das Gesetz, werden die USA das Embargo nicht aufheben. Man applaudierte dem Gedanken, daß die cubanische Nation das 21. Jahrhundert so anfangen möge, wie sie das 20. Jahrhundert anfing.

Wir hatten einen Präsidenten; unser erster Präsident war Don Tomás Estrada Palma, ein nordamerikanischer Bürger, der 1902 siegreich aus den Wahlen hervorging, ohne sich in Cuba zu befinden. Und hier gab es Leute, die ihn als cubanischen Präsidentschaftskandidaten aufstellten, obwohl er einen amerikanischen Paß in der Hand und die Unterstützung der Nordamerikaner hatte. Daß man gegenüber einem Exil, das von den sozialen Prozessen einer Nation abgeschnitten ist und sich bei jener Nation aufhält, die nicht von ihren hegemonialen Bestrebungen abläßt, Vorbehalte hat, ist nur natürlich. Dieses Exil hat eine Rolle zu spielen, aber nicht die Hauptrolle. Seine Rolle muß es sein, im Land selbst gewachsene, interne Prozesse zu stimulieren, ohne sie von außen zu bestimmen. Eine unterstützende Rolle.

Nach diesen Ausführungen ist uns leicht verständlich, warum Sie eine kontroverse Persönlichkeit im Exil von Miami sind. Aber erklären Sie uns jetzt Ihre Sicht der politischen Lage in Cuba.

Wir glauben, daß die cubanische Gesellschaft eine Öffnung erleben soll, damit die Regierung endlich versteht, daß ihr politisches Modell weder in Cuba noch weltweit der Wirklichkeit entspricht. Die Sicht der cubanischen Regierung ist totalitär.

Wir, so meint die Regierung, organisieren und regeln alles in der Gesellschaft. Hier sagte einmal jemand, daß der Kommunismus nirgendwo so weit ging wie in Cuba: Alles wurde vom Staat aus organisiert. Aber dieser Staat sah sich wirtschaftlichen Krisen ausgesetzt, die es ihm irgendwann nicht mehr erlaubten, alle Probleme der Nation zu lösen, was unerfüllte Bedürfnisse und ein Vakuum hinterließ.

Das cubanische Problem ist in erster Linie die Bestrebung des Staates, die politische Macht vollständig zu kontrollieren.

Señor Cernuda, man kann nicht verhehlen, daß der cubanische Staat bewiesen hat, daß sein politisches System äußerst positive Ergebnisse in der sozialen und kulturellen Entwicklung erreicht hat, und in der Gesundheit...

Ich streite nicht ab, daß Cuba ausgezeichnete Ergebnisse in der Gesundheit, der Erziehung und im Sport hatte. Doch nicht die Lehrer, die Ärzte oder die Sportler waren dafür verantwortlich. Es war die Regierung mit ihren staatlich-totalitären Vorstellungen. Aber das, was war, ist kaputt, denn dieses Modell entspricht nicht mehr den Notwendigkeiten. Und deswegen muß die Regierung jetzt einen ausgehandelten Übergang beginnen.

Mit wem soll dieser Übergang ausgehandelt werden?

Zwischen der Regierung und der ganzen Bevölkerung. Denn ich werde Ihnen ganz ehrlich etwas sagen: Die Opposition in Cuba, das ist weder

Fisch noch Fleisch. Es existiert keine Opposition, die die Regierung in Gefahr bringt.

Señor Cernuda, wieso gibt es keine starke Opposition in Cuba? Ist es nicht das, was man in alle vier Himmelsrichtungen hinausschreit?

Es besteht eine chaotische Situation oder eine Situation mit einem chaotischen Potential innerhalb der cubanischen Gesellschaft. Aber in keinem Augenblick habe ich von realen Kräften gesprochen, die den Staat in Gefahr bringen, weil es die einfach nicht gibt. Es gibt eine Handvoll Leute, die, von ihren Menschenrechtsaktivitäten ausgehend, eine Opposition geschaffen haben.

Diese notwendigen Umwandlungen – wie sollten sie Ihrer Meinung nach vonstatten gehen?

Erwarten Sie keine sofortigen Umwandlungen. Das kann langsam gehen. Es ist möglich, daß das zehn Jahre dauert oder mehr, aber man sieht es Schritt für Schritt.

Wir haben irgendwo gelesen, daß Sie vorschlagen, die Kommunistische Partei Cubas solle von der mexikanischen PRI lernen. Erklären Sie uns das, denn wir wissen auch, daß die PRI, abgesehen davon, daß sie völlig korrupt ist, nicht in der Lage war, das mexikanische Nationalgefühl zu respektieren und das Land den US-Amerikanern überließ...

Das ist richtig. Aber der mexikanischen PRI gelang der Übergang von der einzigen Partei zur dominierenden Partei und sie ist schon fünfzig Jahre an der Macht.

Die PCC und die Regierung haben genügend Rückhalt in der Bevölkerung, um diesen Übergang durchzuführen, ohne die Fehler der PRI zu wiederholen.

Señor Cernuda, und was passiert, wenn die cubanische Regierung diese Umwandlungen, wie Sie sie vorschlagen, nicht durchführt?

Es besteht die Gefahr, daß die extreme Rechte Washingtons und Miamis in einem Moment der Anarchie beim Tod Fidel Castros an die Macht kommt. Und ich sage Washington, weil sich in dieser Stadt, auch wenn Sie mir das nicht glauben, der Kopf des Hundes befindet. Washington ist nicht der Schwanz. Begehen Sie diesen Irrtum nicht. Washington hat nie auf seinen, wie es glaubt, historischen Anspruch verzichtet, in Cuba zu herrschen.

Aber wir glauben, daß der »Schwanz«, der sich in Miami befindet, auch eine nicht zu verachtende Macht darstellt. Wenigstens versucht man das so darzustellen.

Sehen Sie, Sie wissen, daß der Schwanz immer dem Kopf des Hundes folgt. Die am Schwanz haben eine wirtschaftliche Macht – denn sie setzen sich aus Multimillionären zusammen – die sie in politische Macht umwandeln. Sie sind eine politische und soziale Macht, denn es sind Leute dabei, die an die Tür des Weißen Hauses klopfen und denen man öffnet; oder sie gehen so selbstverständlich durch die Flure des Kongresses wie Sie durch Ihr Wohnzimmer. Stellen Sie sich das vor, sie kontrollieren fast ganz Florida. Und sie sind nahe beim Kopf des Hundes, denn der ist es, der ihnen die Macht in Cuba verschafft.

Señor Cernuda, am Anfang haben Sie uns gesagt, daß die Bevölkerung in Cuba das Exil in Miami mit Mißtrauen betrachtet. Aber glauben Sie, daß sie gegebenenfalls zuließe, daß diese pro-US-amerikanische Minderheit die Macht übernimmt?

In Cuba ist die Bevölkerung nicht bereit, diese das Exil beherrschende Minderheit zu tolerieren. Aber meiner Meinung nach könnte es passieren, daß wenn der cubanische Staat alle Reserven an Patriotismus ausgeschöpft hat, weiter auf einem veralteten Modell besteht und die Bevölkerung zur Verzweiflung bringt, diese Bevölkerung von einem bestimmten Moment an alles akzeptieren würde.

Und hier in Miami, was glaubt die Mehrheit der cubanischen Gemeinde?

Die Mehrheit des Exils hat sich aus der politischen Debatte ausgeklinkt. In Miami gibt es ungefähr eine Million zweihunderttausend Cubaner. Und wie viele davon sind politisch aktiv? Fünfzigtausend? Der Rest lebt sein Leben, kümmert sich um seinen Lebensunterhalt. Diejenigen, die Verwandte auf der Insel haben, bemühen sich, ihnen etwas Geld zu schikken.

Señor Cernuda, sprechen wir über ein anderes brennendes Thema. Auf internationaler Ebene handeln nicht wenige Staaten gegenüber der cubanischen Regierung, als ob sie eine der repressivsten der Welt wäre. Wie sehen Sie das?

Sehen Sie, die sichtbarste Verletzung der Menschenrechte in Cuba sind 3.000 bis 5.000 Gefangene. 50% davon sind ihrer Meinung wegen im Gefängnis.[76] Aber wir sind der Auffassung, daß es in Cuba keine offizielle Politik der Folter gibt. Die cubanische Regierung wendet die Folter nicht an. Man behandelt die Gefangenen nicht so gut, weil es keine angemessene medizinische Versorgung und Ernährung gibt. Früher gab es die psychologische Folter. Aber das gehört der Vergangenheit an. Mehr noch, die Zahl der Gefangenen ist zurückgegangen.

Wenn das so ist, daß die Zahl der Gefangenen abgenommen hat, warum heißt es dann aus Miami, Washington, Madrid oder London, sie steige konstant an?

Seien wir ehrlich. Sehen Sie, der Staat hat festgestellt, daß er diese Waffe nicht braucht, um die wenigen gefährlichen Politiker, die es im Innern des Landes gibt, zu kontrollieren. Und dafür gibt es drei Ursachen.

Erstens: Das Torricelli- und das Helms-Burton-Gesetz sind ein Geschenk für das Regime gewesen. Warum? Wenn ich in Cuba lebe und lese, was da drin steht, bin ich entsetzt. Und wenn ich dann wählen muß zwischen dem Schlechten, das ich kenne, nämlich Castro, und dem, was sie mir als das Gute hinstellen aus den USA, nehme ich lieber das Schlechte, das ich kenne, und gebe meine Opposition auf.

Zweitens: Ein wichtiger Sektor der cubanischen Gesellschaft sucht lieber eine wirtschaftliche Lösung für sich, als daß er sich in politische Probleme hineinziehen läßt. Außerdem, und das kann man nicht verleugnen, hat sich die wirtschaftliche Lage verbessert, wenn auch nur ein wenig.

Und die dritte wichtige Ursache ist der Einwanderungsvertrag, der 1995 zwischen den Regierungen der Vereinigten Staaten und Cubas unterzeichnet wurde. So können jetzt jede Woche 80 Personen ein »Los« ziehen. Das bedeutet, daß die Interessenvertretung der USA in Cuba diese Anzahl von Visa verlost und bewilligt. Da sagen sich die meisten Leute vernünftigerweise, daß sie lieber warten, bis ihre Nummer drankommt, um dann das Land zu verlassen, anstatt sich in die Opposition zu begeben. Denn es ist ja nicht so, daß die cubanische Regierung die Leute an der Ausreise hindert, sondern daß die ausländischen Botschaften keine Visa geben. Und ich versichere Ihnen, mit diesen drei Dingen hat man die innere Opposition neutralisiert.

Ricardo Bofill
Komitee für Menschenrechte in Cuba, Miami

> *»Hören Sie gut zu: Was wir zuallererst brauchen,*
> *ist ein stärkerer Druck der Exilcubaner und der*
> *amerikanischen Regierung gegen diese Kommuni-*
> *sten.«*

»Konfuse Persönlichkeit, neigt zu unerwartetem Ausbruch von Jähzorn (...) mit einem ausgeprägten Hang zur Macht und zu persönlicher Darstellung (...).«[77] Das war die erste Beschreibung von Ricardo Bofill, die wir kannten, während wir uns auf diese Veröffentlichung vorbereiteten. Aber wir hielten uns zurück, weil in Berichten, die von wichtigen internationalen Menschenrechtsorganisationen in der zweiten Hälfte der 80er Jahre veröffentlicht wurden, ein positives Bild von ihm vermittelt wurde. Zusammenfassend kann man sagen, daß Bofill für sie der erste brillante Führer gewesen ist, der charismatischste und mutigste der gerade entstehenden inneren Dissidenz, der nur ein Ideal hat – die Freiheit.

Nachdem wir in seinem Haus waren und ihm zehn Minuten zugehört hatten, warfen wir uns ungläubige Blicke zu. War das die Person, die Amnesty International in Europa herumreichte und Pressekonferenzen geben ließ und der die große Presse ganze Seiten widmete?

Im Jahre 1968 wird Bofill zu vier Jahren Gefängnis verurteilt, weil er in einer konterrevolutionären Organisation namens ›microfaccion‹ mitgearbeitet hat. Man beschuldigt ihn der Spionage und des Komplotts gegen die Revolution. Laut Anklage stellte Bofill Dokumente her, die er ins Ausland verschickte und in denen er die cubanische Führung als wenig vertrauenswürdig bezeichnete, weil sie »bürgerlich« sei und »nicht treu genug gegenüber der UdSSR«. Es gab eine Zeit, als er die Regierenden in der Sowjetunion und in Ostdeutschland bat, »sie mögen politisch-ökonomischen Druck ausüben, um Castro dazu zu zwingen, ein anderes marxistisches System aufzubauen.«[78]

Erinnern wir uns: Als Ronald Reagan ins Weiße Haus kommt und die Aggression gegen Cuba wiederbelebt, da erweitert er die Strategie, die cubanische Regierung zu isolieren, indem er die Menschenrechtskarte ausspielt. Zur gleichen Zeit erneuert Bofill, der sich bereits wieder in Freiheit befindet, seine Verbindungen zu den alten Kollegen der ›microfaccion‹ und zu Diplomaten, jetzt aber hauptsächlich zu solchen aus westlichen Ländern, und organisiert eine kleine Gruppe, die sich als Menschenrechtsgruppe darstellt. Die Berichte, die diese Gruppe heimlich ins Ausland schickte, wurden schließlich von der US-Delegation bei der UNO gegen die cubanische Regierung benutzt.

Nach eigenen Aussagen waren die ersten Kontakte, die nötig waren, um dies alles zu kanalisieren, diejenigen »mit Amnesty International und der Menschenrechtskommission bei der UNESCO«.[79] Es lohnt sich anzumerken, daß die cubanische Botschafterin bei der UNESCO zu dieser Zeit Marta Frayde war. Sie wurde später in ihrem Land verhaftet, weil sie während ihrer Tätigkeit bei der UNESCO Kontakte mit CIA-Agenten unterhielt.

Es muß ebenfalls erwähnt werden, daß bei den ersten Auslandsaktivitäten der genannten Menschenrechtsdissidenten nicht nur Señora Frayde Ricardo Bofill begleitete. Dazu gehörten auch Gustavo Arcos, Ex-Botschafter in Belgien, und Elizardo Sánchez, Ex-Funktionär im Außenministerium.

Im August 1986 betritt Bofill die französische Botschaft und bleibt dort bis Januar 1987. Als er sie aus eigenem Willen wieder verläßt, geht er zu Fuß zu seinem Haus, ohne daß jemand Notiz davon nimmt. Nach wenigen Monaten spaltet sich das Grüppchen, als Sánchez und Bofill um die Macht streiten. Und da das Teilen des Geteilten schon immer die historische Norm der cubanischen Konterrevolution gewesen ist, beschließt Tania Díaz, ein Mitglied der Sánchez-Gruppe, im Juni 1988, ihre eigene Gruppe zu gründen. Vier Monate später schickte Señora Díaz die Ankündigung nach Miami, daß ihre Organisation mit 10.582 Mitgliedern rechnen könne, »eine völlig überspannte Ziffer«.[80]

Kurze Zeit später »gab sie eine öffentliche Erklärung ab, in der sie ihre gegen Castro gerichteten Aktivitäten bereute und die Führung des Komitees auf der Insel beschuldigte, für die CIA zu arbeiten«.[81]

Kurz vorher, im März 1988, hatten die cubanischen Medien eine Reportage veröffentlicht, in der die Beziehungen, die Bofill mit Diplomaten der Nordamerikanischen Interessenvertretung SINA unterhielt, bewiesen wurden. Das Fernsehen zeigte ihn, als er von diesen Geld erhielt und sogar andere Konterrevolutionäre verriet. Obwohl die Behörden ihn nicht gerichtlich belangten, verließ er Cuba – von allen allein gelassen.

Während er in seinem Land nur einer mehr war, der ging, hieß man ihn im Ausland willkommen, und Amnesty International war eine der Organisationen, die ihm ein breites Feld in Europa öffneten. Aber nach einigen Monaten verschwand er allmählich aus den Nachrichten. Und so blieb er ein Konterrevolutionär unter vielen in einer Ecke Miamis.

Wie aus Listen hervorgeht, die im Ausland gehandelt werden, existieren in Cuba Grüppchen, die manchmal nur aus einer Person bestehen, aber pompöse Namen tragen wie: ›Internationales Komitee zur Unterstützung der Demokratie – Abraham Lincoln‹; ›Bruderschaft der Geschäftsleute des verleugneten Evangeliums‹.

Im Jahre 1992 ging man von 65 Gruppen aus, im Januar 1998, als wir die Zahl das letzte Mal überprüften, war sie schon auf 360 gestiegen[82]. Es entstanden also offensichtlich 295 Gruppen in fünf Jahren. Das ergibt ungefähr ein neues Grüppchen alle sechs Tage. Das zeigt, daß die Anzahl der Neugründungen von Gruppierungen offensichtlich mit der Höhe der finanziellen Zuwendungen aus den USA zusammenhängt. Wie Allen Dulles Präsident Kennedy mitteilte, existierten nämlich 1961, nach zwei Jahren Revolution und zu einer Zeit, als Washington ebenfalls der Förderung der inneren Konterrevolution Priorität einräumte, 184 Gruppen. Das hätte eine Neugründung alle vier Tage bedeutet.

Genau wie 1961 ähneln auch heute diese Gruppen einem Gespenst: Sie erscheinen und verschwinden. Über die Gruppen, die in Miami im Internet zu finden sind, wird vorsichtshalber erklärt:

»(...) es kann sein, daß einige hier aufgeführte Gruppen verschwunden sind (...). Da die Situation in Cuba sich dauernd ändert, empfehlen wir allen, die diese Liste benutzen, sie nach einer gewissen Zeit zu überprüfen und auf den neuesten Stand zu bringen.«[83]

Wenn man jetzt Berichte von US-amerikanischen Behörden liest – wie das weiter oben zitierte »Top Secret« der US-Interessenvertretung in Havanna und andere unabhängige Studien – , hat man das Gefühl, daß jene, die auf internationaler Ebene als Führer von Dissidenten gehandelt werden, im Innern Cubas eine fiktive Spezies sind. Trotz der immensen Mittel, die ihnen aus den USA und Europa zur Verfügung gestellt werden, konnte aus ihren Reihen noch kein konterrevolutionärer Führer, »inspiriert vom Solidarnosc-Modell in Polen«[84], hervorgehen. Und das, obwohl ein sehr breites Interesse daran besteht, das politische System Cubas auszuhöhlen, wie auch Journalisten zugeben, die nicht als Freunde Cubas eingestuft werden können. »Ausländische Regierungen, internationale Presse und humanitäre Organisationen sind bei ihrer Suche nach repräsentativen Vertretern der Dissidenz nur auf Menschenrechtsaktivisten gestoßen, die in der Gesellschaft fast unbekannt sind. (...) Aber diese Führer haben sich noch nie öffentlich in Cuba geäußert, noch nicht einmal vor zehn oder zwanzig Personen. In einer Straße außerhalb ihres Viertels kennt sie keiner mehr (...). Ihre Existenz ist vor allem ein Argument, um internationalen Druck auf Cuba auszuüben. Sie sind ein Objekt des Interesses für ausländische Reporter. Da niemand auf der Insel sie wahrnimmt, arbeiten sie vor allem für den Export.«[85]

Es scheint, daß es verschiedene für den Export bestimmte Fälle gab. Der wahrscheinlich bekannteste aber ist wohl Armando Valladares gewesen – ein wirklicher weißer Elefant, der viele wichtige europäische Intellektuelle der Lächerlichkeit preisgab. Genauso wie einige europäische Organisationen, merkten sie erst später, wie sie als Werkzeuge der US-Regierung und ihrer konterrevolutionären Apparate benutzt wurden.

Valladares, ehemaliger Polizist unter Batista, wurde am 30. Dezember 1960 in Havanna festgenommen, als er dabei war, Sprengstoff an öffentlichen Stellen anzubringen. Ende der 70er startete man eine große internationale Kampagne für die Freilassung des Gefangenen, die in Europa von Carlos Alberto Montaner angeführt wurde. Sie wurde begleitet von der Ausgabe des Gedichtbandes »Aus meinem Rollstuhl«. Später stellte sich heraus, daß es sich um ein Plagiat handelte, aber da war Valladares im Ausland schon bekannt als »der gelähmte Dichter, der wegen des Deliktes der freien Meinungsäußerung verurteilt wurde«.

Und so begann eine Kampagne, die Druck auf die cubanische Regierung ausübte und an der sich sogar Präsident Mitterand beteiligte.

»Und da kam Régis Debray zu Besuch und erklärte uns, daß die Situation für die französische Regierung unerträglich sei. Er tat so, als ob die französische Regierung fallen würde; es war ein großes Drama«[86], beschrieb Fidel Castro das Ganze. Organisationen von Intellektuellen, von politischen Gefangenen, Sozialdemokratische und Christdemokratische Parteien Europas, sie alle setzten sich für die Freiheit von Valladares ein. Der Internationale Pen Club zeichnete ihn mit dem »Liberty«-Preis aus, und Amnesty International ernannte ihn zum »Gewissensgefangenen«. Die schwedische Sektion von Amnesty schickte ihm einen Rollstuhl.

1982 wird er freigelassen und reist nach Madrid aus. Dort nimmt ihn ein Sonderflugzeug der französischen Regierung auf. Aber da wußten Mitterand und Debray bereits, daß alles nur eine von den USA und Exilcubanern ausgeheckte Intrige war. Deswegen erwarteten auch keine Amtsträger den berühmten Ex-Gefangenen. Daraufhin brachte Valladares das Flugzeug praktisch in seine Gewalt, um Débray zum Erscheinen zu zwingen.

Die Menge von Journalisten und Vertretern der NGOs ist völlig verblüfft, als sie sieht, wie der »Märtyrerdichter« leichtfüßig die Gangway herunterschreitet, während sein Rollstuhl diskret außer Sichtweite gebracht wird. Am nächsten Tag geht Valladares in ausgezeichneter Form in der Stadt der Lichter spazieren.[87]

Die Beweise, die die cubanischen Ärzte vorgelegt hatten, waren von der gut geölten Kampagne erstickt oder einfach ignoriert worden. Jeder zweifelte die Glaubwürdigkeit des Videos an, auf dem man Valladares im Gefängnis sehen konnte, wie er dabei war, seine täglichen gymnastischen Fitneß-Übungen zu machen.

Valladares gibt Konferenzen in ganz Europa, und die Medien preisen seine Worte. Das National Endowment for Democracy NED überreicht ihm Tausende von Dollar, um von Spanien ausgehend, in ganz Europa eine Menschenrechtsinitiative zu organisieren und um das Buch »Contra toda esperanza« (»Gegen alle Hoffnung«) zu veröffentlichen. Dieses Buch, eine Art Biographie, wurde von der US-Information Agency USIA in mehr als dreißig Ländern verbreitet. Es war für die US-Administration so wichtig,

Valladares weiter benutzen zu können, daß man ihm die Staatsbürgerschaft gab, ohne daß er auch nur ein Mindestmaß der dafür vom Gesetz vorgesehenen Voraussetzungen erfüllte. Und sofort wird er von Reagan zum Botschafter bei der UNO in Genf ernannt. Für zwei Jahre stellte er sein Gesicht und seine Geschichte zur Verfügung. Ein anderer übte die wirklichen diplomatischen Funktionen aus. Nach 1993 blieb dem berühmten Valladares nur noch eine Stiftung, die seinen Namen trägt, oder besser gesagt ein Freundesclub.

Die US-Regierung und seine Verteidiger in Europa warfen ihn weg, wie man ein Kaugummi wegwirft, nachdem es ausgelutscht ist.

Aber auch viele – wenngleich nicht alle – europäische Intellektuelle und Politiker müssen die Schande auf sich nehmen, ihn unterstützt zu haben. Einer von ihnen, Régis Debray, schrieb in seinem Buch »Les Masques«: »Der Mann war kein Dichter, der Dichter war nicht gelähmt und der Cubaner ist heute ein Amerikaner.«

Trotzdem wurde weiterhin versucht, neue Führer aufzubauen, ohne daß man jedoch bei der Mehrheit der europäischen Organisationen und Persönlichkeiten auf Resonanz stieß. Das machte die Arbeit schwieriger.

Einer der letzten fehlgeschlagenen Versuche ist Elizardo Sánchez gewesen, von dem schon die Rede war. Der andere ist Gustavo Arcos, zu dem sich sein Bruder Sebastián gesellte, um mit ihm das sogenannte ›Comite Cubano Pro-Derechos Humanos‹ aufzubauen. Seine These lautet, man solle die Regierung zu einem Dialog mit der sogenannten inneren Dissidenz und mit allen Gruppen des Exils außerhalb der Grenzen Cubas zwingen. Dieser mögliche Dialog »wäre eine Methode, den Ruf des Castro-Systems auf internationaler Ebene zu schädigen, wenn es sich weigert zu verhandeln. Wenn es Verhandlungen zustimmen würde, könnte man das nationale Problem ohne Blutvergießen lösen«.[88]

Der gleichen Quelle zufolge wurde die Position von Arcos, der sich außerdem gegen eine Aufhebung des Embargos ausspricht, durch Carlos Alberto Montaner und José Ignacio Rasco beeinflußt, mit denen er seine Gruppe vereinte.[89]

Die ultrakonservative NGO ›Freedom House‹ überließ Sebastián Arcos das Wort bei den Vereinten Nationen. Dessen Rede war von derart konterrevolutionärem Zuschnitt, daß Elliot Abrams, Reagans persönlicher Sekretär, verlauten ließ: »Das ist nicht nur ein mutiger Mann, das ist auch ein potentieller Präsident für Cuba, falls es zu einem demokratischen Übergang auf der Insel kommt.«[90]

Im November 1996 sprachen verschiedene Zeitungen, hauptsächlich in Spanien und in Miami, von Arcos Zugehörigkeit zum Vorstand der konservativen Hispano-Cubanischen Stiftung (FHC).

Zu Beginn des Jahres 1997 veröffentlichten die FHC und andere europäische NGOs in ihren Berichten einen Text mit dem Titel »Los principios Arcos«. Dieser Text vermittelt zum einen eine Art Verhaltenskodex, an den sich die ausländischen Unternehmen halten müssen, die in Cuba investieren oder daran denken, dies zu tun, zum anderen beweist er, daß Gustavo Arcos weiterhin latente Beziehungen zu der extremen Rechten unterhält, die sich für eine Annexion Cubas ausspricht.

›Of Human Rights‹ und ›Freedom House‹ sind seine wichtigsten Gönner. Auch Elizardo Sánchez unterstützt diese »Prinzipien«.

In den letzten Zeilen des Textes heißt es: »Die Unternehmen, die die Arcos-Prinzipien unterzeichnen, müssen sich mit folgender Vorgehensweise einverstanden erklären:

a) Der Inspektion aller Abteilungen durch eine international zugelassene Rechnungsprüfungsstelle. Jede unterzeichnende Firma mit mehr als 25 cubanischen Angestellten muß einen schriftlichen Bericht vorlegen.

b) Der jährlichen Vorlage dieses Berichts bei einer oder mehreren Menschenrechtsorganisationen in Cuba, vorzugsweise beim Comité Cubano Pro-Derechos Humanos (CCPDH) mit einer Kopie für ›Freedom House‹ mittels der Sondereinheit für spezielle Investitionen unter der Adresse: Of Human Rights, 1319, 18th Street NW, Washington D.C. 200036, USA.«[91]

Im Jahre 1990, und das ist keine Übertreibung, begannen die Führer der Konterrevolution im Ausland ihre Koffer zu packen, weil sie jeden Augenblick mit dem Zusammenbruch des cubanischen Regimes rechneten und sicherlich einen Regierungsposten zu übernehmen hofften. Deswegen versuchten sie alles Mögliche und Unmögliche, um irgendeine Gruppe im Innern der Insel zu bewaffnen, damit sie ihren Einfluß in der Bevölkerung erprobe.

Die Fundación Cubano Americana FNCA und die Plataforma Democratica Cubana (PDC), jede mit ihren Verbündeten, stellten sich an die
Spitze. Als sie bei ungefähr zehn angekommen waren, bildeten sie eine Art
Föderation. Die FNCA nannte ihre Organisation Coalición Democrática Cubana und die PDC titulierte die ihre Concertación Democrática
Cubana. Ein Bulletin der Fundación drückte dies so aus: »Die Opposition innerhalb Cubas charakterisiert sich durch ihre Bindung an zwei große koalierende Organisationen: die Coalición Democrática Cubana und
die Concertación Democrática Cubana (...). Wir können versichern, daß
alle zusammen aus Tausenden von Mitgliedern bestehen, die sich über das
ganze nationale Territorium verteilen (...).«[92]

Die FNCA veröffentlichte die Ziele, die sie verfolgte: »Druck der verschiedenen Dissidenten auf Castro, damit er die Macht aufgibt. Die CDC
widersetzt sich jeglicher Bemühung, Gespräche mit Castro zu führen, die
einen friedlichen Wandel zum Ziel haben. Die neue ›Coalición‹ wird mit
anderen Dissidentengruppen in Verbindung treten, sofern diese das Verbot akzeptieren, mit Castro Kontakt aufzunehmen. Die ›Coalición‹ (...)
wird durch die FNCA gestützt.«[93]

Die »Concertación« ihrerseits hatte ebenfalls das Ziel, die sozialistische
Regierung zu stürzen, ohne jedoch den Dialog als verdeckte Waffe im
Kampf beiseite zu lassen.[94] Wie wir schon vorher angedeutet haben, war
Elizardo Sánchez der Hauptverantwortliche der ›Concertación‹, die sich
später mit Gustavo Arcos zusammenschloß.[95]

Die FNCA stellte Jorge Castañeda, Ex-Fernsehschauspieler, als Premier-
minister der ›Coalición‹ vor. Der Ex-Chef der FNCA Mas Canosa sagte
ihm in einem Brief, datiert vom 24. Oktober 1991: »Und schließlich unter keinen Umständen die Verbindung zu uns verlieren, damit wir euch auf
die bestmögliche Art und Weise in dieser Endphase des Kampfes für die
Freiheit des Vaterlandes führen können. Ich versichere dir, daß ich fest an
den baldigen Sieg glaube und dir unbedingt vertraue (...).«

Dumm für die ›Coalición‹ war nur, daß Castañeda Agent des cubanischen Geheimdienstes war.

Gegen Ende des Jahres 1995 verkünden die spanischsprachigen Informationsmedien Miamis, daß im Februar 1996 ein Treffen der gesamten Dis-

sidenz stattfinde, für das man eine Superorganisation schaffen werde – den sogenannten Concilio Cubano. Im Januar 1996 war das ein heißes Thema, sowohl auf internationaler Ebene als auch in den entsprechenden Kreisen. Nach einem Bericht von Amnesty International »umfaßt der Rat ungefähr 140 nichtoffizielle Gruppen« jeden Typs.

Auf die gleiche Anzahl berief sich die Konterrevolution im Ausland. Die cubanische Regierung antwortete mit der Inhaftierung verschiedener Beteiligter.

Angesichts dessen folgert Amnesty International, »daß die Ursache der neuen Offensive gegen einige Aktivitäten, die bis jetzt völlig friedlich gewesen sind, darin besteht, daß die Regierung von Präsident Fidel Castro, der seit der cubanischen Revolution 1959 an der Macht ist, sich zum ersten Mal mit einer bis zu einem gewissen Grad ernstzunehmenden Opposition organisierter und friedlicher Natur auseinandersetzen muß.«[96]

Unverständlich dabei ist, daß weder Amnesty noch andere internationale NGOs noch die europäische Presse kommentierten, daß die vermeintlichen Führer des ›Concilio‹ auf der Insel unter dem Befehl der FNCA, der Plataforma Democrática Cubana, der Hermanos al Rescate und des CID stehen und von diesen und anderen Gruppen der extremen Rechten des Exils finanziert werden. Es ist unbegreiflich, daß man eine so wichtige Information verschweigt, die es erlauben würde, den ›Concilio‹ objektiv zu bewerten. Und man kann nicht sagen, es habe dafür an Daten gemangelt, denn alle Kommuniqués, die von den konterrevolutionären Gruppen in Miami, Madrid, London oder Paris herausgegeben wurden, waren öffentlich und die meisten wurden sogar ins Internet eingegeben. Außerdem waren in *El Nuevo Herald* und *The Miami Herald* genaue Einzelheiten über die wirkliche Herkunft des ›Concilio‹ zu lesen.

Der Journalist Luis Ortega beschrieb die Episode des ›Concilio Cubano‹ folgendermaßen: »(...) wenn es möglich gewesen wäre, daß man die Leiter des ›Concilio‹ absichtlich beschmutzt hat, um sie zum Scheitern zu bringen, warum haben sie nicht protestiert? Warum haben sie das Manöver in Miami nicht denunziert? Warum haben sie dem korrupten Apparat in Miami nicht die Stirn geboten und die Unterschiede aufgezeigt? Die Tatsache, daß Sebastián Arcos Bergnes in Miami den Scheck der Hermanos al Rescate angenommen hat, zeigt bereits, daß sie sich gern und bequem mit den Leuten in Miami zusammentun. Und das ist der Beweis für das Nichtfunktionieren des ›Concilio‹ (...). Er ist eine Filiale Miamis.«

»(...) In Cuba kann sich keine ernsthafte Opposition gegen die Castro-Regierung entwickeln, wenn die Oppositionellen nicht verstehen, daß das Wichtigste, das Fundamentalste die politische Moral ist, wenn man diese Revolution bekämpfen will, die schon seit 37 Jahren besteht, den Vereinigten Staaten trotzt und in permanentem Ausnahmezustand lebt. Wenn man etwas gegen die Regierung in Cuba unternimmt und dies als Komplize des korrupten Apparates in Miami tut und dazu noch die Hilfe der Amerikaner bekommt, so ist dies von Anfang an ein totgeborenes Kind. ›Dead on Arrival‹, wie man auf Englisch sagt. Die Regierung ist in diesem Augenblick völlig im Recht, sich ihnen in den Weg zu stellen (...).«[97]

Eloy Gutierrez Menoyo seinerseits erklärte, daß seine Gruppe ›Cambio Cubano‹ die Einladung zur Teilnahme am ›Concilio‹ zurückgewiesen habe, »weil wir wußten, daß dies eine manipulierte Opposition war, die die nordamerikanischen Interessen und die des extrem rechten Exils bediente«. Der ehemalige politische Gefangene hob auch hervor: »Wir wissen, daß es in Europa und in den Vereinigten Staaten politische Organisationen und Menschenrechtsorganisationen gibt, die dem ›Cambio‹ Glaubwürdigkeit zubilligten und dies weiterhin tun, die protestiert haben, weil die cubanische Regierung die Führer des ›Concilio‹ unterdrückte. Aber verstehen Sie bitte, keiner kann sich als unabhängiger und ehrlicher Dissident darstellen, wenn er Schecks und Anweisungen von den Feinden seiner Nation erhält. Sehen Sie, man kann nicht so einfältig sein zu glauben, daß die cubanische Regierung ihre Arme verschränkt, wenn sie weiß, daß hinter dem ›Concilio‹ die mächtigen Feinde stehen, die wollen, daß auf der Insel alles in die Luft geht. Bitte, meine Herren, wenn man nicht wirklich unabhängig ist, kann man sich nicht gegen eine Regierung wie die cubanische stellen, die, historisch gesehen, den Amerikanern so zugesetzt hat.«[98]

Zum Schluß stellen wir ein paar Verlautbarungen vor, die einige dieser Gruppen veröffentlicht haben. Man kann sie ohne Schwierigkeiten aus den Nachrichtensendungen der Konterrevolution im Ausland oder aus dem Internet entnehmen.

Wie wir glauben, liefern sie sicher zusätzliche Hinweise, die dazu veranlassen, weiter über die politische Unabhängigkeit der sogenannten inneren Dissidenz in Cuba nachzudenken.

Der ›Partido Acción Nacionalista‹, das ›Movimiento Nacionalista Democrático Máximo Gómez‹ und die ›Frente Unido Patriótico‹ geben als ihre Ziele an: »die Politik der Vereinigten Staaten und der Europäischen Union gegenüber Cuba zu unterstützen, die besagt, daß der Wegfall der Sanktionen nur im Austausch gegen den demokratischen Wandel zu haben ist, den das Vaterland so sehr benötigt«.

Der vermeintliche Führer des ›Partido Pro-Derechos Humanos de Cuba‹ sagte: »Ich habe den Señor Jorge Mas Canosa schon immer bewundert. Ich wollte mich gern persönlich bei ihm bedanken für all das, was er für unser Volk getan hat ... Er ist der Mann, den wir am meisten in diesem Land brauchen, damit er die Freiheit voranbringt und die Demokratie, die wir so nötig haben.«

Das ›Comité Cubano Pro-Derechos Negados‹ (›Komitee der vorenthaltenen Rechte‹) in einem Brief an Mas Canosa: »Bruder, wir möchten dir am heutigen Tag unsere ehrliche Anerkennung zukommen lassen. Wir senden dir die Empfindungen der Mitglieder dieses Komitees, das sich dir für deinen edlen Beitrag für die Sache der Freiheit in Cuba in tiefer Dankbarkeit verbunden fühlt.«

Der ›Partido Solidaridad Democrática‹ schrieb, obwohl er Hubert Matos verbunden ist: »Wir hoffen, daß wir dich eines nicht allzu fernen Tages hier in Havanna mit offenen Armen empfangen können (...). Uns, die wir im Kampf gestählt sind, fließen die Tränen aus den Augen, wenn wir die Worte unseres geliebten Führers Jorge Mas hören.«

Angela Herrera, die den Ex-Schauspieler Castañeda als Präsident der ›Coalición‹ ersetzte, schrieb: »Wir rechnen mit der Unterstützung unserer Brüder im Exil. Sie sind wie ein Licht, das Gott uns an unseren Weg gestellt hat, um uns bei der Wiedererlangung der wirklichen Freiheit zu helfen, die man uns geraubt hat.« Als sie im Juli 1994 in Miami ankam, sagte sie, daß die FNCA »das Ehrlichste und Größte ist, das Gott geschaffen hat«.

Die Christliche Gewerkschaftszentrale Cubas ließ »den Vereinigten Staaten von Amerika und allen ihren Bürgern an diesem Gedenktag ihrer Un-

Angela Herrera (rechts), Präsidentin der Coalición Democratica Cubana, und die ebenfalls »unabhängige Dissidentin« Caridad Acuña bei der Ankunft in Miami, zusammen mit Mas Canosa. Herrera meinte: »Die Fundación ist etwas, das wir verehren, das wir lieben, von dem wir wissen, daß es unsere einzige Zukunft ist, unsere Hoffnung...« (Informationsblatt der FNCA, 3. Jahrgang, Nr. 12)

abhängigkeit als Demonstration des Respekts und der Zuneigung, die das cubanische Volk für die nordamerikanische Nation empfindet – Gefühle, die trotz dieser 38 Jahre dauernden systematischen Haß- und Diffamierungskampagne des kommunistischen Regimes nicht ausgemerzt werden konnten –, eine tief empfundene Glückwunsch-Botschaft zukommen«.

Kommen wir nun zum Interview mit Ricardo Bofill, das uns ein besorgniserregendes und ein – man muß es schon sagen – trostloses Zeugnis dessen liefert, was Dissidenz bedeutet. Besonders jene bezüglich der Menschenrechte.

Señor Bofill, Sie waren einer der ersten, die Menschenrechtsgruppen organisierten, Dissidenten, Oppositionelle oder wie immer man sie nennen will. Könnten Sie uns erklären, warum es so viele davon in Cuba gibt? Es scheint, als hätte es viele Spaltungen gegeben.

In der cubanischen Dissidenz hat es keine Spaltungen gegeben. Es hat eine Vermehrung von Gruppen gegeben. Warum sollte man nur eine oder zwei Gruppen haben? Warum nicht mehr?

Aber es ist ja nicht so, daß es nur fünf oder zehn gibt. Wir haben zum Beispiel ein Dokument, das von mehr als 360 vermuteten Dissidentengruppen ausgeht.

Und warum nicht? Jeder tut sich mit dem zusammen, der ihm gefällt, mit seinen Bevorzugten und Freunden. Jede Gruppe entsteht gemäß den Vorstellungen, die die Leute haben. In einer Gruppe sind entweder alle Freunde oder sie finden sich nicht.

Aber Señor Bofill, ist das eine Organisationsarbeit, eine politische Arbeit oder einfach nur ein Treffen unter guten Freunden?

Nein, Señor! Die Erklärung der Menschenrechte erlaubt es mir, mit dem zusammenzuarbeiten, der mir gefällt. In dieses Haus kommt der, der mir gefällt.

In Ordnung. Diskutieren wir nicht weiter. Aber gut, sagen Sie uns, wie viele Personen hat eine Oppositionsgruppe in Cuba maximal hinter sich vereint?

Im Menschenrechtskomitee, ich meine das, das ich gegründet habe, und das war das wichtigste, waren wir fünf Personen. Und Anhänger, das weiß man nicht ... Das ist schwierig zu wissen, denn es ist eine sehr romantische Arbeit. Aber ich kannte keinen, der ... Ich sagte es schon, das ist eine Sache von Freunden.

Aber wenn die Führer des Exils, die große Weltpresse, NGOs und nicht wenige Regierungen hingehen und sagen, daß es in Cuba eine wachsende Abneigung gegen das Regierungssystem gebe, warum füllen sich diese Gruppen nicht mit wirklichen politischen Oppositionellen?

Keine kommunistische Regierung mußte sich mit einer großen inneren Opposition herumschlagen. Es wäre abnorm, darauf zu warten, daß das an irgendeinem Tag der Weltgeschichte passieren würde. Es ist nämlich so, daß in einem kommunistischen System die Regierung der Arbeitgeber ist. In diesen Systemen ist es von großem Nutzen, für die Partei, für die Regierung zu sein. Andernfalls wäre man dem Hungertod geweiht.

In der Sowjetunion zerbrach die Partei an den Widersprüchen, die sich die Führung in ihrem Kampf um die Macht lieferte. Und wer gewann? Die Reformer, die gerne Vertreter von großen nordamerikanischen und europäischen Firmen werden wollten.

Aber dort ist das System nicht durch einen Kampf der Mehrheit des Volkes gefallen.

Machen wir mit Cuba weiter. Haben die Sicherheitskräfte diese Gruppen nicht infiltriert?

Infiltriert? Was sollen sie infiltrieren? ... Was wollen Sie? Eine Abhandlung über die Infiltration hören? Das können Sie haben ... Was in Cuba passiert, ist nämlich das, daß es Männer und Frauen gibt, die zu deinem Haus kommen und es dir kaputt machen, weil sie die Regierung verteidigen. Ja, Señor! In Cuba gibt es Millionen von denen, junge und alte. Es ist wahr. Millionen sind mit diesem System einverstanden, weil es alle Scheißefresser sind, die an den Kommunismus glauben.

Señor Bofill, es fällt uns schwer zu glauben, was Sie uns sagen. Wir verstehen nicht, wie so viele Regierungen und so viele NGOs behauptet haben, daß diese Gruppen eine angesehene Opposition gegen die cubanische Regierung darstellen. Also, wem stehen dann Personen vor wie Gustavo Arcos, Leonel Morejón, Osvaldo Payá oder Elizardo Sánchez, der im Dezember 1996 sogar die höchste Auszeichnung der französischen Regierung wegen seiner vermeintlichen Arbeit für die Menschenrechte erhielt?

Was sie repräsentieren? ... Ich wiederhole es Ihnen: Es ist eine freiwillige Arbeit, eine ganz winzige, die nicht funktioniert. Ihre Situation ist die gleiche wie zu allen Zeiten. Diese Organisationen existieren nur im Herzen ihrer Mitglieder. Politisch repräsentieren sie nichts. Nein, Señor! Es gibt nirgendwo in Cuba ein Menschenrechtskomitee, so wie ich es gemacht habe. Elizardo hat mit uns zusammengearbeitet und ... Nein, Señor! Das ist eine geistige Handlung.

Das ist schwer für uns zu verstehen ...

Verstehen? Was? Es gibt nicht viel zu verstehen.

Wenn man von der Realität ausgeht, die Sie uns präsentieren, ist es z.B. schwer zu verstehen, wie man Ihnen auf so wichtigen internationalen Foren wie der Menschenrechtskommission der Vereinten Nationen soviel Wert beigemessen hat.

Sehen Sie, ich war Ehrengast von Amnesty International. Ja, Señor. Ich war bei ihnen in London im Büro. Amnesty hat eine große Rundreise für mich vorbereitet, und ich habe gesagt, was ich sagen mußte. ... Aber wenn Cuba in Genf verurteilt worden ist, dann nur deshalb, weil die Castro-Regierung politisch nicht gerissen genug war. Es gibt Tausende, sagen wir Hunderte von Staaten, die viel mehr die Menschenrechte verletzen. Es ist so, daß die cubanische Delegation dort unheimlich anmaßend auftritt. Die anderen Regierungen, die schlimmsten Menschenrechtsverletzer, gehen dorthin und verhandeln. Sie retten sich, indem sie eine diplomatische Position einnehmen. Aber Castros Leute überfallen die anderen Regierungen mit ihrer Unnachgiebigkeit. Mit ihrer politischen Unnachgiebigkeit haben sie sogar die schwedische Regierung verärgert. Stellen Sie sich das vor!

Erscheint es Ihnen nicht absurd, daß man ein Land wegen seiner politischen Unnachgiebigkeit gegenüber anderen Nationen verurteilt und nicht für das, wofür man es zu verurteilen vorgibt? Und deswegen glauben einige Europäer und NGOs weiterhin den Berichten, die ihnen die US-Regierung vorlegt und benutzen sie? Erinnern Sie sich an eine Sitzung der UNO, bei der man darüber sprach, daß die cubanische Regierung bestimmte Leute ermorden und verschwinden ließ? Erinnern Sie sich, daß dieselben Verschwundenen und Ermordeten ein paar Tage später Pressekonferenzen vor ebendieser UNO gaben? Und wenn wir uns nicht irren, war Ihre Organisation eine von denen, die mithalfen, diese Berichte vorzubereiten.

Nein ... diese Geschichte ... Glauben Sie das nicht ...

Aber es stammt aus offiziellen Dokumenten ...

Nein, nein ... Ich kenne die nicht.

Señor Bofill, erzählen Sie uns jetzt über die Aktivitäten, die Organisationen wie die Ihre in den Vereinigten Staaten und in Europa durchführen.

Gut, manchmal machen wir Kampagnen für politische Gefangene. Wir schicken Briefe irgendwohin ... Das ist eine freiwillige Arbeit, eine romantische. Jeder macht das, was ihm einfällt. Jeder ist unabhängig ... Und mein Menschenrechtsprogramm, das wende ich in jedem Fall an. Das Gleiche können andere Leute machen, die am gleichen Ziel arbeiten. Das ist keine formale Arbeit. Es ist wenig, was ich verlange. Hier in Miami mit mehr als einer Million Exilierter sind wir nicht mehr als zwanzig Personen, die für die Menschenrechte arbeiten. Was soll's! Und in Europa haben wir nichts gewonnen. Seit kurzem in Spanien ein bißchen. Aber wen in Europa interessiert Cuba? Und ich will nicht mit Ihnen darüber reden ... Das ist vergeudete Zeit. Ich verteidige das, wozu ich Lust habe. Ich mache, was ich kann...

Señor Bofill, wie wurden Sie in Miami empfangen, wenn man bedenkt, daß Sie für sich immer beansprucht haben, ein linker Kämpfer zu sein, was hier einer Todsünde gleichkommt?

Obwohl ich aus einer wirklichen Linken komme, aus einer Linken vor Fidel Castro, bin ich hier von einem großen Teil des politischen Sektors dieser Stadt gut aufgenommen worden. Unmittelbar danach habe ich mich an verschiedenen Projekten beteiligt. Zum Beispiel haben wir uns 1990 in Madrid versammelt, um die Demokratische Cubanische Plattform zu gründen, die von antikommunistischen Exilierten wie José Ignacio Rasco, einem jesuitischen Katholiken, geführt wird, und von Carlos Alberto Montaner, der schon seit 1960 gegen die Revolution ist. Ich habe auch an anderen Projekten wie denen von Comandante Hubert Matos teilgenommen. Bei Radio Martí, einem Sender der nordamerikanischen Regierung, habe ich noch ein Programm mit dem Titel »Deine Menschenrechte«, das zweimal in der Woche nach Cuba übertragen wird. In Miami behindert niemand mein politisches Projekt, welches die Menschenrechte sind...

Entschuldigen Sie, daß wir Sie unterbrechen, aber wie wir verstanden haben, ist der Kampf für die Menschenrechte, wie er augenblicklich dargestellt wird, eine neutrale, unpolitische Arbeit, und Sie sprechen von einem »politischen Projekt«.

Nennen Sie es, wie Sie wollen, aber das ist mein Projekt. Und ich sage Ihnen ganz deutlich, daß es Teile in der Gesellschaft des Exils gibt, die mich nicht zu ihren Treffen einladen, aber das macht mir nichts aus. Es gibt hier schon Leute, die mich attackieren. Das sind die, die wollen, daß man gegen das Embargo ist, und die zum Dialog mit den Kommunisten aufrufen oder Charterreisen nach Cuba machen.

Señor Bofill, diese Menge an Organisationen, die es außerhalb Cubas gibt, ob in den Vereinigten Staaten, Lateinamerika oder Europa – stellen die wirklich eine echte Alternative für das cubanische Volk dar?

Jeder hat seine Vorstellung ... Ich habe nicht viel Information. Möglicherweise wissen Sie mehr als ich, weil Sie ja Journalisten sind. Aber mich interessiert diese Angelegenheit nicht. Ich lebe mein Leben mit meinen Leuten. Genauso wie es die andern tun, die ihre Menschenrechtsprojekte haben, hier oder in Cuba.

Aber mir ist egal, was sie für eine Vorstellung von der Zukunft Cubas haben ...

Aber wir dachten, daß die Zukunft Cubas schon Ihr Problem sei.

Na gut, kann sein ... Die haben ihr Spiel hier, im Ausland ... Und wie ich Ihnen schon sagte, es ist romantisch.

Aber uns scheint, daß mit dieser »Romantik« viele sogenannte Anti-Castro-Leute sich ihre Taschen mit Dollar füllen...

Das glaube ich nicht. Das ist nichts anderes als Castro-Propaganda.

Gut, und wenn die Militärs einen Staatsstreich machen oder Fidel Castro stirbt – was wird passieren?

Das weiß man nicht. Alles, was ich hier sage, hat überhaupt keine Wirkung. Ich weiß noch nicht mal, was im nächsten Jahr in Cuba passieren wird. Es kann sein, daß es besser geht oder daß es einen Rückschritt gibt

... Nicht einmal mit einer Kristallkugel ... Möglicherweise geht alles so weiter. Aber was kann passieren? Ich weiß es nicht.

Señor Bofill, wir wollen Sie nicht mit weiteren Fragen belästigen; deswegen ist dies die letzte. Wenn das aktuelle System in Cuba fällt und das Exil zurückkehrt, besteht dann die Möglichkeit eines Bürgerkriegs? Wir sagen das, weil hier viele Leute von Rache sprechen...

Das ist gut möglich. Das Exil und die Amerikaner haben viel gelitten unter dem, was die Kommunisten gemacht haben. Hat Castro etwa nicht den Krieg erklärt, als er den großen Unternehmen und Großgrundbesitzern ihr Eigentum wegnahm? Hören Sie gut zu: Was wir zuallererst brauchen, ist ein stärkerer Druck der Exilcubaner und der amerikanischen Regierung gegen diese Kommunisten. Und dann, was glauben Sie denn, was passiert, wenn sie zurückkehren?

Ja, was wird dann passieren?

Es scheint, daß Sie nicht wissen, daß die Politik nichts für Träumer ist.

Guillermo Gortázar

Abgeordneter und Mitglied des Exekutivkomitees des spanischen *Partido Popular*,
verantwortlich für cubanische Angelegenheiten,
Generalsekretär der *Fundación Hispano
Cubana (FHC)*

> *»Die FHC ergänzt die Regierungspolitik des PP.*
> *Denn dem Diktator muß man so wenig Sauerstoff*
> *wie möglich lassen, damit er von allein vergeht.«*

Logischerweise suchten wir den Abgeordneten Guillermo Gortázar in der
Zentrale des Partido Popular (PP) in Madrid auf. Als wir erklärten, warum
wir ihn sprechen wollten, sagte man uns, daß die »Fundación Hispano
Cubana« (FHC) nicht mehr von dort aus ihre Geschäfte wahrnehme,
sondern daß sie jetzt einen eigenen Sitz habe, nur ungefähr zweihundert
Meter entfernt. Man gab uns die Adresse und die Telefonnummern. Am
verabredeten Tag, zur verabredeten Stunde standen wir vor dem Parlamentarier Gortázar, dem Generalsekretär der FHC, einer Assoziation, die am
14. November 1996 zum ersten Mal in der Öffentlichkeit auftrat. Eine
etwas verunglückte Einführung, bei der ungefähr dreihundert Personen
von Nichtregierungs- und Cuba-Solidaritätsorganisationen die ausgewähl-
ten Gäste mit einem Regen von Eiern und Tomaten empfingen. Sie bezeichneten die Mitglieder der spanischen Regierung und andere Bürger
dieses Landes in Sprechchören als Terroristenfreunde und Mafiosi. Die
anwesenden Cubano-Amerikaner und Cubano-Spanier nannten sie Fa-
schisten, Mafiosi und Mörder. Ein starkes Polizeiaufgebot mußte interve-
nieren, um die Demonstranten, denen es mit dieser Aktion außerdem
gelungen war, den Verkehr zu behindern, einige Meter vom Haupteingang
zu entfernen.

Und innen im Gebäude setzten sich die großen Stars des Tages an einem Tisch zusammen, nachdem ihr Schrecken etwas verflogen war und sie sich halbwegs gesäubert hatten: Der Spanier Alberto Recarte, Präsident der FHC, Guillermo Gortázar und die drei wichtigsten Mitglieder des Vorstandes, in diesem Fall Patronat genannt: der hispano-peruanische Schriftsteller Mario Vargas Llosa, Carlos Alberto Montaner und Jorge Mas Canosa.

Als die Zeit der Reden gekommen war, sagte Montaner, wie ungerecht es doch gewesen sei, ihnen, die »sie doch letzten Endes nur eine Gruppe friedlicher Bürger seien«, draußen einen solchen Empfang zu bereiten.

Auch Vargas Llosa schien das Verhalten der Demonstranten gänzlich unangebracht, und er erinnerte daran, daß »kein Exil so verleumdet, diffamiert und verteufelt worden sei wie das cubanische (...). Eines der Hauptziele der FHC ist es, sich dieser Disqualifizierung entgegenzustellen.«

Die Hispano-Cubanische Stiftung entstammt einer Idee des reaktionärsten Teils der cubanischen Konterrevolution und wird von einem Spektrum der spanischen Rechten mit dem Partido Popular an der Spitze angetrieben. Ihre Prinzipien sind eine seltsame Mischung aus den Richtlinien der Fundación Nacional Cubano Americana FNCA in Miami und der ›Plataforma Democrática Cubana‹ in Madrid, den besonderen Bedingungen Spaniens angepaßt. Hauptsächlich leistet sie dabei in diesem Land Bekehrungsarbeit, die darin besteht, den politischen und wirtschaftlichen Beziehungen der cubanischen Regierung Schaden zuzufügen, die allgemeinen Beziehungen zwischen beiden Nationen zu verschlechtern, eine Lobby zu konsolidieren, nicht nur in Spanien, sondern auch in anderen europäischen Ländern. Die feste Absicht, keinerlei Beziehung und keine Form des Dialogs mit dem cubanischen Staat aufzunehmen, ist in einem Abschnitt des Vorworts zu den Statuten festgelegt: »Die Aufgabe, den politischen Übergang zur Demokratie durchzuführen, liegt bei den Cubanern. Aber in Spanien und in Amerika gibt es eine breite Strömung, die Initiativen zu unterstützen wünscht, die der Verteidigung der Menschenrechte und der Wiedereinführung der Freiheit und der Demokratie auf der Insel dienen.«

Die FHC »appelliert zur Verwirklichung dieser Ziele an die verschiedensten Gruppen und Führer des Exils und der inneren Dissidenz in Cuba

Die Führung der Fundación Hispano Cubana *bei deren erster öffentlicher Vorstellung: Alberto Recarte, Carlos A.* Montaner, Guillermo Gortázar, Mario Vargas Llosa und Jorge Mas Canosa. *(Foto: »Boletín Informativo« FHC, Madrid, Nr.1, Februar 1997)*

ebenso wie an spanische Persönlichkeiten aus der Welt der Kultur, des Unternehmertums und der Politik.«

Die Leute, die sich heute im Patronat der FHC wiederfinden, hinterließen bereits seit Ende 1995 ihre Spuren.

Im November jenen Jahres besuchte der spanische Präsidentschaftskandidat José María Aznar Miami. Gerüchten zufolge war es das Hauptziel dieses Besuches, finanzielle Zuwendungen für seine Wahlkampagne zu bekommen. Bei dieser Gelegenheit traf er sich mit der FNCA, mit ›Cuba Independiente y Democrática‹ (CID), der ›Plataforma Democrática Cubana‹ und mit Monsignore Román. Während eines öffentlichen Mittagessens, das die FNCA ihm zu Ehren gab und für das alle Teilnehmer eine große Summe bezahlen mußten, sagte Aznar: »Eher früher als später (...) wird es einen Wandel in Cuba geben, es wird Freiheit geben, es wird Demokratie geben.«[99] Von dieser Stadt aus brach Aznar zu einer Rundreise nach El Salvador und Costa Rica auf, um eine Woche später »an Bord eines Flugzeugs der Fundación Nacional Cubano Americana, begleitet von Jorge Mas jr«[100] zurückzukehren.

Einige Tage vor der Wahl sagte Canosa, um zu beweisen, daß er über die geplanten Vorhaben des Kandidaten informiert war: »Wir erwarten nicht, daß Aznar die diplomatischen Beziehungen zu Cuba abbricht oder spanische Investitionen auf der Insel verbietet.« Trotzdem unterließ er es nicht, seine Gewißheit darüber auszudrücken, daß Aznar »ein moralisches Element in die spanische Politik Castro gegenüber einführt«.[101] Und er zögerte nicht zu versichern: »Aznars Politik ist konsequenter, was die Förderung einer demokratischen Regierung in Cuba angeht.«

Aznar gewinnt die Wahlen. Noch vor der Machtübernahme und vor jedem offiziellen Vertreter der cubanischen Regierung empfängt er Jorge Mas Canosa. Dasselbe tat sein Außenminister Abel Matutes. Ein außergewöhnlicher Akt diplomatischer Unhöflichkeit, der die neue Richtung in den Beziehungen zur cubanischen Regierung durchscheinen ließ. Schlimmer noch, Aznar gab der Konterrevolution den Status einer Exil-Regierung. Viele gelangten zu der Auffassung, daß es Matutes wegen seiner touristischen Investitionen, die er in der Dominikanischen Republik getätigt hat, gerade recht war, die Beziehungen mit Cuba in den Schmutz zu ziehen. Kritiken gegenüber, die auch zu hören waren, sagte der Staatssekretär für Zusammenarbeit Fernando Villalonga, nachdem er den damaligen FNCA-Chef offiziell empfangen hatte: »Es muß Schluß sein damit, das cubanische Exil zu verteufeln (...). Mas Canosa ist nicht der Gangster, als den man ihn beschuldigt hat.«

Am Tag nach dieser unglaublichen Verteidigung von offizieller Seite drohte das Weiße Haus in seiner Anwendung des Helms-Burton-Gesetzes dem spanischen Unternehmen Sol-Melía wegen seiner Investitionen in Cuba Sanktionen an. Mas Canosa war, wie wir wissen, einer der großen Antreiber dieses Gesetzes. Statt nun dieses Unternehmen zu verteidigen, reagierte die neue spanische Regierung nahezu gleichgültig. Ihre Politik gegenüber Cuba stand fest, und wie man sich die vorstellen mußte, faßte der Abgeordnete Gortázar gut zusammen: »Die Unternehmen, die beschließen, mit Castro zusammenzuarbeiten, müssen die damit verbundenen

Risiken alleine tragen.« Das war genau das, was seit 1992 von der extremen Rechten des Exils gefordert worden war – unter der Führung der Fundación Nacional Cubano Americana, der ›Union Liberal Cubana‹ Montaners, dem CID und anderen.[102]

Laut Statuten besitzen die Gründungsmitglieder der FHC bei wichtigen Entscheidungen fast absolute Macht. Sie, und nur sie, können über ihre Nachfolger entscheiden. Wenn man weiß, was diese Personen politisch repräsentieren, kann man sich leicht vorstellen, welche Richtung sie vertreten. Was die spanischen Staatsbürger angeht, den Europa-Abgeordneten José Ignacio Salafranca eingeschlossen, so unterstehen sie dem PP. Aber die Mehrheit im Patronat ist Teil der extremen cubanischen Rechten im Ausland. Von ihnen sind drei Personen gleichzeitig Direktoren der FNCA: José Hernández, José Llama und Lombardo Pérez. Es gab noch einen vierten, das war Mas Canosa, der aber im November 1997 starb. Die andern Mitglieder sind Juan Suárez Rivas, Ex-Direktor der FNCA bis 1992, der Carlos Alberto Montaner, ebenfalls Vorstandsmitglied, sehr nahe steht, ebenso wie die Señora Marta Frayde. Vom Abgeordneten Gortázar wurde die Rekrutierung von Elizardo Sánchez, der international das Image eines linken Dissidenten hat, als eine geschickte Taktik anerkannt. Der andere cubanische Konterrevolutionär auf der Patronatsliste ist Gustavo Arcos, dessen Stimme im spanischen Staat durch die Señora Frayde vertreten wird, wie uns der Abgeordnete Gortázar selbst sagte. Osvaldo Payá, der andere sogenannte Dissident, zog sich, kaum daß er zur FHC gestoßen war, wieder zurück.

Genau wie es uns der Abgeordnete angekündigt hatte, kamen 1997 zwei Personen hinzu. Félix Bonne Carcassés, in Cuba ansässig und aktives Mitglied der ›Coalición Democrática Cubana‹, die von Miami aus durch die FNCA[103] geleitet wird, und der Journalist Raúl Rivero, ebenfalls in Cuba wohnhaft und dem CID[104] verbunden.

Bis heute hat die ›Fundación Hispana‹ eine Reihe von Anläufen unternommen, um einen Apparat aufzubauen, der ihr einen breiteren Raum in den spanischen Medien verschaffen könnte. Armando Valladares hatte dies versucht. Wenn dies auch ohne konkretes Ergebnis blieb, so verschlang es doch Tausende von Dollar, die vom NED zur Verfügung gestellt wurden.

Die Direktoren Alberto Recarte und Guillermo Gortázar zusammen mit dem
»unabhängigen Dissidenten« Elizardo Sanchez (links) am Sitz der Fundación
Hispano Cubana. (Foto: »Boletin Informativo« FHC, Madrid. Nr.1, Februar 1997)

Später statteten dann Montaner und Ignacio Rasco mit Unterstützung
der US-Regierung und der Internationalen der Liberalen und der Christdemokraten die ›Plataforma Democrática Cubana‹ mit Mitteln aus; aber
bis jetzt hat auch diese wenig vorzuweisen.

In der Art der Vorbereitungsaktivitäten beim Start der FHC führte man
einige Konferenzen und Seminare durch. Am 9. Februar 1996 kam in Madrid die ›Grupo de Trabajo sobre Cuba‹ (›Arbeitsgruppe Cuba‹) zusammen. Das Treffen, das mitten im Wahlkampf stattfand, wurde von der Internationale der Christdemokraten gefördert und stand unter der Schirmherrschaft des Partido Popular, angeführt von José María Aznar. Wie aus
den Kommuniques hervorging, bestand das Ziel darin »Initiativen zur
Unterstützung der Kräfte zu koordinieren, die dafür kämpfen, die Insel zu
demokratisieren«. An dem Treffen nahm Richard Nuccio, zu dieser Zeit
Berater Präsident Clintons für »cubanische Themen« teil. Ebenfalls anwesend waren Mitglieder der FNCA und der ›Plataforma‹.

Später, am 8. Oktober 1996, organisierte die sogenannte ›Lateinamerikanische Universität der Freiheit Friedrich Hayek‹, die ihren Sitz in Miami
hat, in Madrid ein Seminar mit dem Titel »Die Rolle des Staates und der
Gesellschaft in Lateinamerika«. Die Ministerin für Erziehung und Kultur,
Esperanza Aguirre, nahm an der Eröffnungsveranstaltung teil. Eine der
Sitzungen hatte das Thema »Der Übergang zu einer offenen und demokratischen Gesellschaft. Die Rolle der Exilcubaner und die Zukunft Cubas.« Unter den Vortragenden befanden sich Gortázar und Montaner. José
Basulto und der Kongreßabgeordnete Lincoln Diáz-Balart konnten nicht
kommen.

Aber wir müssen auf diese »Universität« noch etwas genauer eingehen.
Unserer Meinung nach muß man ihre Ziele als ultrarechts bis rassistisch
bezeichnen. Urteilen Sie selbst: »Umerziehung der cubanischen Bevölkerung und der übrigen Bevölkerung Lateinamerikas im Sinne der internationalen Konzepte der modernen Freiheit zum intellektuellen Fundament
einer neuen Gesellschaft, die auf den drei großen Pfeilern der gegenwärtigen Zivilisation des demokratischen Kapitalismus basiert: Marktwirtschaft,
politische Demokratie und jüdisch-christliches Kultur- und Moralsystem,
all das verkettet mit den Grundsätzen des internationalen Handels«.

Zum Vorstand gehören José Sorzano, José »Pepe« Hernández und weitere fünf Direktoren der FNCA sowie Mario Vargas Llosa. Als Chef des
Ganzen fungierte der inzwischen verstorbene Jorge Mas Canosa. Unter den
»Persönlichkeiten«, die die Aktivitäten dieser »Universität« stützen, befinden sich die ehemalige Premierministerin des Vereinigten Königreiches
Margret Thatcher und der Franzose Jean François Revel, der in seinem Land
als Mann mit progressiven Ideen und als ausgezeichneter Politologe gilt.

Aber warum hat die extreme cubanische Rechte als Instrument der US-
Politik soviel Kraft und so viele Mittel in die FHC gesteckt? Die Antwort
ist einfach und zeigt sich außerdem schon in der Praxis: Die Cuba-Politik
der Europäischen Union läuft über Madrid. Und eine Ironie der Geschichte: Rund hundert Jahre ist es her, seit Spanien sich mit den Vereinigten
Staaten um Cuba stritt. Heute dagegen hilft der regierende Partido Popular den USA, die Kontrolle über die Insel zurückzugewinnen, die sie 1959
verloren.

Als Präsident William Clinton im März 1996 das Helms-Burton-Gesetz ratifiziert, sieht er sich mit den Reaktionen der Regierungen Kanadas und Europas konfrontiert, die nicht akzeptieren können, daß US-Gesetze ihre internationalen Handelsbeziehungen beeinträchtigen. Clinton ist dazu verurteilt, sowohl dem Kongreß seines Landes als auch seinen Verbündeten entgegenzukommen. Und mitten im Konflikt mit Europa ernennt der Präsident Stuart Eizenstat zum Sonderbotschafter für cubanische Angelegenheiten. Trotz des Titels war dies keine zufällige Wahl. Eizenstat übt auch die Funktion eines Unterstaatssekretärs für Internationalen Handel aus.

Eizenstat beginnt seine Rundreise im September desselben Jahres und spricht mit den Regierungen Belgiens, Italiens, Spaniens und Irlands. Für alle hält er die gleiche Botschaft und den gleichen Vorschlag bereit: Daß sie ihre Haltung mit der Washingtons koordinieren und ihre Beziehungen zu Havanna verhärten sollen. Falls diese vier Länder das akzeptierten und es sich zur Aufgabe machten, die anderen Mitglieder der EU zu überzeugen, würde die Spannung zwischen den Alliierten nachlassen. Als Entgegenkommen versprach er, daß ein solches gemeinsames und eng koordiniertes Vorgehen es erlauben würde, die Anwendung des Helms-Burton-Gesetzes für einige Zeit zu suspendieren und möglicherweise neu zu überdenken.

Als ob man schon vorher daran gearbeitet hätte, präsentierte Spanien der Europäischen Union einige Tage später ein Dokument. Der Text enthielt fast identisch die Forderungen, die Washington an Cuba als Bedingung für die Aufhebung des Embargos und die Normalisierung der Beziehungen stellt: alles oder nichts. Dieser Text mußte aber umgearbeitet und abgeschwächt werden, um ihn für die anderen Mitglieder der EU verdaulich zu machen. Die Mehrheit der europäischen Staaten glaubte nicht, daß es nötig wäre, Cuba zu »befehlen«, eine sofortige allumfassende Veränderung seines politischen Systems durchzuführen, um ihm irgendeine Form von ökonomischer Unterstützung zukommen lassen zu können. Der abschließende Vorschlag, den Aznar präsentierte und der von der EU angenommen wurde, hat zum Ziel, »den gemeinsamen Willen zu bekräftigen, politischen Druck auf Cuba auszuüben, damit es seine Demokratisierung in die Wege leite«. Anders ausgedrückt: zu versuchen, daß die Regierung der Insel sich verpflichtet, allmählich, aber wirksam vom Sozialismus auf den Kapitalismus überzugehen.

Mit dem Kompromiß, »den gemeinsamen Willen zu bekräftigen«, gaben sich die Clinton-Administration und der Kongreß der Vereinigten Staaten zufrieden. Das waren die Gegenseitigkeit und das Verständnis, das Washington erwartete, wie es der Sprecher des Außenministeriums Nicholas Burns ausdrückte. Kurz vor der Annahme durch die EU kommentierte ein wichtiges Presseorgan in Madrid den Inhalt folgendermaßen: »Der spanische Vorschlag an die Fünfzehn Cuba betreffend ist das genaue Ebenbild der US-Petitionen an die EU.«[105]

Was waren nun die wichtigsten Punkte, die die Aznar-Regierung praktisch im Komplott mit Eizenstat der EU auferlegte?

- Offensivere Haltung der Botschaften durch eine Person, die speziell für die Förderung der Menschenrechte zuständig ist.

- Eine entschiedene Unterstützung der Dissidenz durch Schaffung flexibler Kanäle der Kooperation und der Hilfe.

- Von der cubanischen Regierung zu fordern, alle Arten von NGOs und Assoziationen zu erlauben, über die dann jegliche humanitäre Hilfe laufen soll. Die Europäische Union soll eine strikte Kontrolle über diese Hilfen ausüben.

Demnach müssen sich, und diese Aussage ist eindeutig, die Mitgliedsstaaten der EU in eine Art Trojanisches Pferd verwandeln – ganz wie es die in Washington ausgearbeiteten Pläne vorsehen.

Mit dem EU-Kompromiß in Händen konnte Eizenstat den Kongreß über seine positive Arbeit unterrichten. Die Anwendung des Helms-Burton-Gesetzes wurde zeitweilig ausgesetzt. Das Nichtinkraftsetzen hänge von dem Druck ab, den die Europäische Union auf die cubanische Regierung ausübe, und von dem Impuls für die sogenannte unabhängige Zivilgesellschaft, mit der im Falle Cubas einfach nur die sogenannte Dissidenz gemeint ist.

Im Juni 1997 stand die FHC vor ihrer ersten großen Schwierigkeit. In einer öffentlichen Verlautbarung informierte Gortázar über den Rücktritt der zwei herausragendsten konterrevolutionären Mitglieder Carlos Alberto Montaner und Jorge Mas Canosa. Montaner, der als erster zurücktrat, erklärte, er gehe wegen seiner Differenzen mit Mas Canosa hinsichtlich der Art und Weise, wie der Kampf gegen die Regierung Fidel Castro vorwärtsgetrieben werden solle. Sofort erklärte Canosa seinen eigenen Rücktritt mit der Begründung, daß er seine Differenzen mit anderen Mitgliedern des Exils nicht auf die FHC übertragen wolle: »Es ist die Stunde, die Reihen gegen die Castro-Diktatur zu schließen, und nicht die Stunde, Löcher in die Reihen der Opposition zu reißen.« Gortázar seinerseits wies darauf hin, daß diese Verluste die Politisierung der FHC erheblich schwächten.

Im November desselben Jahres legte die Partei Izquierda Unida (Vereinte Linke) im spanischen Parlament einen Gesetzentwurf vor, in dem die Regierung aufgefordert wird, die FHC für illegal zu erklären. Er stützt sich darauf, daß José Antonio Llama, Mitglied der FHC und gleichzeitig Vorstandsmitglied der FNCA, an dem Plan beteiligt war, Präsident Fidel Castro während des Ibero-Amerikanischen Gipfels in Venezuela Ende 1997 zu ermorden. Die Izquierda Unida fügte hinzu, daß das FBI die Verbindung Llamas zu dem fehlgeschlagenen Attentat bestätigt habe, das in Puerto Rico am 28. Oktober aufgeflogen war. Gleichzeitig wurde in der Gesetzesinitiative gefordert, » Ausländer, die in Spanien wohnen und Mitglieder besagter Organisation sind und an terroristischen Aktivitäten beteiligt waren, auszuweisen und ihnen zukünftig die Einreise in unser Land zu verweigern«. Gleichermaßen wird die FNCA in Verbindung gebracht »mit terroristischen Anschlägen, die kürzlich in Havanna stattfanden«. Gleichzeitig wurde darauf verwiesen, daß das FBI von der Komplizenschaft der FNCA bei besagten Handlungen wußte, der spanische Außenminister Abel Matutes sich aber trotzdem nur dahingehend äußerte, es handle sich bei alledem um »reine Vermutungen«.

Wie zu erwarten war, wurde der Antrag der Izquierda Unida von der Mehrheit des Parlaments abgelehnt.

Nun noch einige Kommentare zu unserem Interviewpartner. Als der spätere Parlamentarier Gortázar in den Partido Popular eintrat, kam er gerade vom radikalsten Flügel der Kommunistischen Partei.

Da er ein bekannter Führer des konservativsten Teils des PP war, informierte eine Nachrichtenagentur über die Treffen, die er mit »Persönlichkeiten der FNCA« durchgeführt hatte, um in seinen eigenen Worten, »unsere Beziehungen weiter zu vertiefen«. [106] Fast ein Jahr später, am 27. Juli 1996, vertritt Gortázar den PP auf dem jährlich stattfindenden Kongreß der FNCA, wo man ihm die Möglichkeit gibt, eine feurige Anti-Castro-Rede zu halten. Als er nach Madrid zurückkehrt, widmet er sich der Aufgabe, die FHC ins Leben zu rufen. Zu diesem Zweck überweist er eine Million Pesetas an die Vitoria Bank – den Betrag, der notwendig ist, um die FHC offiziell eintragen zu lassen.

Während der Aufbauphase der FHC äußerte Gortázar: »Präsident Aznar hat wiederholt gesagt, daß die Spanier die gleiche Vorstellung von Werten wie Demokratie und Freiheit haben wie die Europäer und Nordamerikaner und daß das Problem Cubas sich auf der Insel selbst befindet und Castro heißt. Es stimmt nicht, daß Castro der David ist, der gegen Goliath kämpft.«[107] Und über die FHC, die sich angeblich nicht in die cubanischen Angelegenheiten einmischen möchte, sagte er: »Diese Fundación ist ein Instrument, um uns auf die Zeit vor, während und nach dem bevorstehenden Übergang zur Demokratie in Cuba vorzubereiten.«

Señor Gortázar, wie entstand die Idee, die Fundación Hispano Cubana zu gründen?

Die Idee entstand in Madrid in den Köpfen von zwei oder drei Personen, von denen ich eine war. Sie ist Ausdruck der sich treffenden Strömungen der inneren und äußeren Opposition gegen Castro, die so weder in Miami noch in Cuba sichtbar werden. Letzteres liegt an Profilierungsproblemen, denn jedes Mal, wenn eine Gruppe zum Zusammengehen aufruft, interpretiert man das als Streben nach exzessiver Selbstdarstellung. Ich glaube, daß es – abgesehen vom Cubanischen Rat, einer sehr allgemeinen Bewegung innerhalb der Insel – sehr schwierig ist, alle Leute zusammenzubekommen, die wie wir Freiheit für Cuba wollen. Auch wenn es sich um Leute handelt, die alle dasselbe fordern. Carlos Alberto Montaner fordert Freiheit, Demokratie und Wahlen für Cuba; Jorge Mas Canosa fordert Freiheit, Demokratie und Wahlen; Elizardo Sánchez fordert das gleiche. Folglich schien es einfach, eine Gruppe von Abgeordneten und Unternehmern mit Cubanern von innerhalb und außerhalb des Landes zusammenzuführen, um die Fundación zu gründen. Und so vereinten wir uns zum breitesten Spektrum der Opposition gegen Castro.

Ist es nicht eine Fundación, die in die innere Politik Cubas eingreifen soll?

Nein, wir als Spanier können nichts zu den inneren politischen Problemen Cubas sagen. Aber wir können uns schon über die spanisch-cubanischen Beziehungen Sorgen machen. Wir wissen, daß diese Beziehungen viel zu wünschen übrig lassen, weil es in Cuba eine Diktatur gibt. Und weil es da eine Diktatur gibt, wollen wir den Menschen helfen, die darunter leiden, besonders den Dissidenten. Genauso wollen wir die öffentliche Meinung darüber informieren, was dort geschieht.

Mit dem, was Sie gerade gesagt haben, wird sich die FHC automatisch tiefgehend in die innere Politik Cubas einmischen.

Nein. Wir sind keine Handlungsträger der cubanischen Politik. Wir sind Leute, die sich über die Beziehungen Sorgen machen. Uns schien die Politik gegenüber Fidel Castro nicht angemessen. Es mußte eine Politik der Prinzipien und der eindeutigen Gesten zugunsten der Freiheit geben. Und das ist ein spanisches Problem.

Señor Gortázar, wirken sich die Vorstellungen der FHC auf die spanische Regierung aus?

Die FHC ist eine kulturelle Organisation, die die Politik mit einbezieht, weil das Land, mit dem wir uns beschäftigen, unter einer Diktatur lebt. Als FHC können wir weder die spanische Regierung noch das Parlament beeinflussen. Aber bevor der PP an die Macht kam, gab es in liberalen, konservativen und christlich-sozialen Kreisen ein Meinungsumfeld, das die Umarmungspolitik zwischen Fidel Castro und Felipe González nicht mit Sympathie betrachtete. Zuerst aus der Opposition heraus und später aus der Regierung haben wir immer die Politik der Festigkeit geschätzt, die die

Regierung Aznar in Bezug auf die cubanische Regierung eingeschlagen hat. Genau wie der PP glauben wir, daß es nicht angemessen ist, Castro Mittel zur Verfügung zu stellen, ohne etwas dafür zu bekommen. Wir glauben, daß diese Mittel den zivilen Organisationen in Cuba zur Verfügung gestellt werden sollten.

Sie müssen die unabhängigen Sektoren der Bevölkerung erreichen, die unabhängigen Medien etc. Und auf ganz freie Art und Weise, ohne daß die Regierung die Möglichkeit hat, sie zu kanalisieren. Darin stimmt die FHC mit der aktuellen spanischen Cuba-Politik überein. Und so kommt es, daß die FHC die Politik der spanischen Regierung ergänzt. Denn dem Diktator muß man so wenig Sauerstoff wie möglich lassen, damit er von allein vergeht.

Es gab viel Kritik an der spanischen Regierung, weil innerhalb der FHC bekannte Vertreter der extremen Rechten des Exils zu finden sind.

Das stimmt. Aber was man nicht sieht, ist, daß wir die Ehre haben, Personen wie Elizardo Sánchez und Gustavo Arcos zu unseren Mitgliedern zu zählen. Am Anfang gehörte auch Señor Payá dazu, aber er hat sich zurückgezogen. Nicht, weil er nicht mit der FHC einverstanden wäre, sondern weil es ihm schwer fiel, seine Funktion wahrzunehmen.

Und ich war es auch, der nach Florida ging, um zu begründen, warum es wichtig ist, ein Mitglied der Linken im Patronat der FHC zu haben. Es war nicht einfach, sie dazu zu bringen, Elizardo Sánchez zu akzeptieren. Ich mußte ihnen einige Male erklären, daß in einem Projekt wie der FHC eine Person der Linken dem Ganzen ein breiteres Image geben würde. Schließlich verstanden sie.

Hingegen wurden hier in Spanien Mas Canosa und die anderen Exilcubaner angegriffen. Die Fundación hat nämlich ein Projekt von Freiheit und Demokratie, in dem sich die Rechte an den gleichen Tisch wie die Linke setzen kann. Diese Persönlichkeiten verschaffen der Fundación Respekt, weil sie beweisen, daß wir keine feste Parteienbindung haben. Aber in Spanien betrachtet man die FHC als Anti-Castro- Organisation, während sie in Wirklichkeit nur die Freiheit für Cuba will. Wir möchten, daß die Leute sehen, daß wir Personen der Linken im Innern Cubas fördern, wie Elizardo Sánchez.

Señor Gortázar, aufgrund dessen, was er politisch praktiziert, bezweifeln wir persönlich daß Señor Elizardo Sánchez zur Linken zählt, denn er gehört außerdem noch zur ›Plataforma‹ des Señor Montaner. Auch wenn man sagt, er sei liberal, läßt Montaner doch in seinen Schriften den Wunsch durchscheinen, daß Cuba wieder in die Umlaufbahn der Vereinigten Staaten zurückkehrt. Und wenn man die anderen Mitglieder betrachtet, so gibt es außer dem Señor Canosa vier weitere Direktoren und einen Ex-Direktor der Fundación Nacional Cubano Americana aus Miami in der FHC. Señor Arcos erhält ökonomische Unterstützung von der extremen Rechten Miamis und gehört auch zur ›Plataforma‹. Vargas Llosa verwandelte sich in einen Verteidiger des Kapitalismus. Und wie wir von Ihnen und anderen Mitgliedern des Patronats wissen, arbeiten Sie aktiv in der spanischen Rechten. Wo ist also das breite politische Spektrum?

Ich sehe, daß Sie sich gut auf das Interview vorbereitet haben ... Wir haben Personen der Sozialistischen Partei eingeladen, aber sie haben die Einladung nicht angenommen. Die Vereinte Linke attackiert uns. Das muß daran liegen, daß für uns Castro nicht zählt. Aber die FHC ist offen für jeden, der für Freiheit und Demokratie in Cuba kämpft. Und ich sage Ihnen, daß wir in den nächsten Monaten in der Lage sein werden, über neue Mitgliedschaften von Leuten, die auf der Insel wohnen, zu berichten. Es wird auch von spanischer Seite weitere Beitritte als Berater oder Mitarbeiter geben. Die FHC wächst rapide. Die Wahrheit ist, daß sie wirklich gut aufgenommen worden ist. In Cuba wird unser Bulletin gern gelesen. Wir wissen, daß wir dort einen hohen Grad an Ansehen haben.

Und wem verdanken Sie dieses Ansehen? Welche Art von Unterstützung leisten Sie der sogenannten Dissidenz?

Wir haben Ansehen gewonnen, weil man weiß, daß es unsere Linie ist, die Menschenrechtsorganisationen zu unterstützen. Und wir gewähren ihnen diese Unterstützung, weil sie unsere Bezugspunkte sind. Diesen Organisationen versuchen wir materielle Hilfe durch Touristen zukommen zu lassen. Die FHC möchte dem cubanischen Volk viel wirtschaftliche Hilfe schicken. Sie möchte auch die neue spanische Position erläutern. Wir unterstützen diese Organisationen, ohne uns darüber Gedanken zu machen, was der cubanische Geheimdienst davon hält. Denn der cubanische Geheimdienst sah sich gezwungen, gegenüber diesen Personen eine relative Toleranz walten zu lassen. Die Regierung kann nichts gegen Elizardo Sánchez oder Señor Arcos unternehmen, denn diese beiden Personen haben international ein hohes Ansehen. Ihnen etwas zu tun, würde einen hohen Preis fordern.

Entschuldigen Sie, wenn Sie »spanische Position« sagen, meinen Sie damit die Position der Regierung?

Genau genommen die der jetzigen Regierung. Wir als Fundación unterstützen diese Position der Regierung des Präsidenten Aznar, weil sie sehr ehrenwert ist.

Señor Gortázar, wie steht die FHC zum Embargo?

Ich glaube, es ist besser, wenn ich als Abgeordneter des PP spreche. Wie die Europäische Union, betrachtet auch der PP das Helms-Burton-Gesetz als nicht akzeptabel. Wir halten es für ein Gesetz, das der Propaganda Castros dient.

Trotzdem haben wir gute Beziehungen zu der Fundación Nacional Cubano Americana in Miami, die für das Embargo ist. Aber für den PP ist Einigkeit in den Zielen das wichtigste, dafür können wir über Meinungsverschiedenheiten hinwegsehen.

Señor Gortázar, wie stark hat die Position der jetzigen spanischen Regierung gegenüber Cuba auf die Europäische Union abgefärbt?

Man kann nicht sagen, daß es der spanischen Regierung gelungen ist, die Europäische Union vollständig zu beeinflussen. Aber die augenblickliche Position der EU ist schon zu einem hohen Prozentsatz der spanischen Führung zuzuschreiben. Und heute sagt die EU dasselbe wie Spanien: Wenn Cuba Zusammenarbeit wünscht, muß es die Menschenrechte verbessern und die innere Dissidenz respektieren und die unabhängigen NGOs.

Aber das ist genauso, als ob sie das US-Embargo unterstützen würde. Es geht sogar noch weiter. Wenn man betrachtet, was die spanische Regierung der EU vorgelegt hat, sieht man, daß es sich ganz wenig von den Bedingungen unterscheidet, die die Vereinigten Staaten Cuba als Voraussetzung für die Aufhebung des Embargos stellen. Gerade sagten Sie noch, daß Spanien und die EU gegen das Embargo wären...

Es ist möglich, daß Sie Recht haben. Aber die Erfahrung lehrt, daß man bei den Hilfen, die man der cubanischen Regierung gibt, nie weiß, was dabei herauskommt. Deswegen wollen wir jetzt konkrete Projekte machen, die direkt der Bevölkerung zugute kommen. Die Regierung des Präsidenten Aznar wird allerdings mit den Anreizen aufhören, die Felipe González spanischen Unternehmen gegeben hat, damit sie in Cuba investieren. Die Botschaft der Regierung ist klar: Die Unternehmen, die sich entschlossen haben, mit Castro zusammenzuarbeiten, müssen die Risiken allein tragen.

Zum Schluß, Señor Gortázar, hat die FHC Kontakte mit europäischen NGOs?

Nein. Noch nicht. Man muß bedenken, daß jedes europäische Land seine eigene Dynamik hat, was die Beziehungen zu Cuba angeht. Aber eines der herausragendsten Mitglieder des Patronats der Fundación, Señor José Ignacio Salafranca, ist Europa-Abgeordneter. Wir gehen davon aus, daß er bei allem, was mit Cuba zu tun hat, auf die Prinzipien von Freiheit und Demokratie achtet. Aber es scheint uns auch sehr klug zu sein, was die

›Plataforma Democrática Cubana‹, die von Señor Montaner angeführt wird, bei den anderen Regierungen und Organisationen Europas erreicht hat. Es scheint mir, daß sie in Holland gute Ergebnisse erzielt hat. Ich weiß sehr wenig darüber, aber ich habe gehört, daß es ihnen gelungen ist, sich in Europa mit anderen Gruppen und Organisationen zu vereinigen, um dazu beizutragen, eine Europäische Plattform für die Menschenrechte in Cuba zu bilden.

Wir als FHC haben diese Arbeit noch nicht erledigt, doch es wäre sehr gut, mit wichtigen NGOs in Europa Beziehungen aufzubauen. In Spanien fangen wir gerade an, mit der Caritas zu arbeiten, der Organisation der katholischen Kirche. Aber das steht noch ganz am Anfang. In meiner Verantwortung liegt es, einen Entwurf für die Arbeitsbeziehungen mit den NGOs zu machen, die sich in unserer Region befinden, um sie zu koordinieren und um uns gegenseitig zu unterstützen. Und wenn wir einmal angefangen haben, werden wir es mit Kraft tun, und zwar in ganz Europa.

Robert Ménard
Generalsekretär von *Reporter ohne Grenzen*
(RSF)

Jacques Perrot
Verantwortlicher für die Amerikas,
Reporter ohne Grenzen (RSF)

> *»Wir geben ungefähr zwanzig Journalisten im Monat 50 Dollar, damit sie überleben können und im Land bleiben, denn jedes Mal, wenn wir sie sehen, ist das erste, worum sie uns bitten, Ihnen dabei zu helfen, Cuba wegen der wirtschaftlichen Probleme zu verlassen.«*

Drei Umstände veranlaßten uns, dieses Interview im Generalsekretariat von ›Reporter ohne Grenzen‹ (RSF) mit Sitz in Frankreich zu machen.

Der erste war, daß Führer der konterrevolutionären Organisationen in Miami wie Señor Humberto Esteve, Generalsekretär der Christlich Demokratischen Partei, Señora Janiset Rivero vom ›Directorio Revolucionario Democrático Cubano‹ und Señor »Pepe« Hernández von der ›Fundación Nacional Cubano Americana‹ Loblieder auf die sogenannten unabhängigen Journalisten im Innern Cubas sangen. Der zweite bestand darin, daß uns zwei Teilnehmer an einem Treffen, das vom Sonderbotschafter der Clinton-Regierung für cubanische Angelegenheiten Stuart Eizenstat zusammengerufen wurde, berichteten, es sei der Delegierte der RSF gewesen, der den Positionen des Gastgebers am nächsten stand. Der letzte Umstand war, daß wir erfuhren, daß die RSF eine derjenigen europäischen Organisationen war, die an einem halböffentlichen Treffen teilnahmen, das von Pax

Christi Holland einberufenen wurde. Dieses Treffen hatte zum Ziel, einen Block zu bilden, um Druck auf die cubanische Regierung auszuüben und die sogenannte Dissidenz zu unterstützen.

Als wir Jacques Perrot, den Zuständigen für die Region der Amerikas, und Robert Ménard, den Generalsekretär der RSF, interviewten, wurde uns klar, warum nicht nur die Gruppen der extremen Rechten in Miami deren Arbeit gutheißen, sondern auch der ganze Rest. Etwas, das zur Besorgnis Anlaß gibt, wenn man die Ziele, das Image und das Ansehen dieser großen internationalen Organisation in Betracht zieht.

Diese Beunruhigung kommt nicht von ungefähr.

Es war Ende der 80er, als in Miami verbreitet wurde, es gebe in Cuba unabhängige Journalisten. Daß dies mit Optimismus aufgenommen wurde, war nicht überraschend. Mehr noch – es war zu erwarten. In dieser Zeit begann der Ostblock in sich zusammenzufallen und die sogenannten unabhängigen Organisationen spielten dabei eine herausragende Rolle. An erster Stelle die Menschenrechtsgruppen und die Presseagenturen, denen jeden Tag großer Raum in den Massenmedien auf der ganzen Welt eingeräumt wurde. Heute, da in diesen Ländern bei der Mehrheit der Bewohner der Mangel regiert und die Mafiosi an der Macht sind, gibt es eine umfangreiche Literatur, die es uns erschließt, wie diese Organisationen von den Westmächten, allen voran die Vereinigten Staaten von Amerika, beraten und bezahlt wurden.

Deswegen war die Entstehung unabhängiger Presseagenturen in Cuba, die sich zu den schon bestehenden Menschenrechtsgruppen gesellten, einfach eine Kettenreaktion – ein Vorzeichen für den Zusammenbruch des Systems. Aber eine Frage blieb: Wenn die Sache mit den unabhängigen Journalisten schon im Fall der Länder des Ostens fast gänzlich bloße Fassade war, würde es dann in Cuba zum ersten Mal um Berufsethik gehen? Würde dieses ›Unabhängig‹ der Definition entsprechen, die dem »Wörterbuch zum Gebrauch des Spanischen« von María Moliner (Hrsg. Gredos, Madrid 1990) zu entnehmen ist? »Unabhängig nennt man den, der seine eigene Meinung hat und an ihr festhält und sich nicht von andern beeinflussen läßt. Man wendet das Wort für Personen an, die keiner bestimmten Partei angehören.«

Im Verlauf dieser Arbeit ist gezeigt worden, wie die verschiedenen US-Administrationen, insbesondere die von Reagan, die Massenkommunikationsmittel dazu benutzt haben, um dem revolutionären Prozeß in Cuba auf sozialem, ideologischem und politischem Gebiet zu schaden. Mit den diversen Texten und angeführten Beispielen glauben wir, die Rolle, die Radio Martí, ›La Voz del CID‹, ›La Voz de la Fundación‹ etc. spielen, deutlich gemacht zu haben, und zwar sowohl mit ihrem Bestreben die cubanische Gesellschaft zu spalten, als auch mit der Bildung und Aufrechterhaltung von konterrevolutionären Gruppierungen. Vergessen wir nicht, daß Radio Martí und alle für Cuba bestimmten Sendungen zu den Projekten gehörten, denen im Dokument von Santa Fe Priorität eingeräumt wurde und die fast gänzlich angenommen wurden.

Obwohl man während der Bush-Administration auf die Idee kam, unabhängige Presseagenturen auszusäen, fingen diese erst unter der Präsidentschaft Clintons richtig zu sprießen an. Ein weiterer wesentlicher Bestandteil dieser Strategie, den man keinesfalls übersehen darf, ist das Inkrafttreten des Torricelli-Gesetzes. Es bestimmte direkt oder indirekt jede Art von Organisation zu initiieren, zu schaffen und zu finanzieren, die dazu beiträgt, den cubanischen Staat zu diskreditieren oder anzugreifen. Dies beinhaltete als wesentlichen Teil unabhängige Presseagenturen.

Der subtilen Taktik Grüppchen zu säen, die für die Destabilisierung grundlegend sein sollen, gab man einen Namen: »Track two« – »die zweite Schiene«. Die erste ist das unselige Embargo.

Und als ob das noch nicht genug wäre, läßt Clinton das Torricelli-Gesetz fast gleichzeitig von dem begleiten, was der Stratege Donald E. Schulz 1993 formuliert hat: »Die Einrichtung von Presseagenturen (...) fördern, damit den Elementen der Dissidenz die Möglichkeit gegeben wird, offen miteinander zu kommunizieren und sich zu verbreitern (...).«[108]

Nun gut, man kann sagen, daß es ein altes Projekt Washingtons ist, den Niedergang des cubanischen politischen Systems zu fördern – und das, darauf bestehen wir, mit stillschweigender Unterstützung seiner Verbündeten. Es ist möglich, daß nicht alles, was sich im Innern der Insel zum Dissidenten oder Unabhängigen erklärt, hiermit notwendigerweise einverstanden ist. Aber wir haben schon gesehen, auf welche Art Personen, die auf internationaler Ebene als Menschenrechtsführer anerkannt sind, Teil dieser Strategie sind.

Wir müssen sagen, daß uns die tiefe Verstrickung der ›Reporter ohne Grenzen‹ in die Verteidigung und Unterstützung der sogenannten unabhängigen Journalisten beunruhigt. Es scheint uns, daß sie dies unternommen haben, ohne vorher den inneren wie äußeren Gesamtzusammenhang, innerhalb dessen sich der politische Prozeß Cubas entwickelt, kühl und leidenschaftslos zu analysieren. Nur aus diesem Grund, so meinen wir, halten sie an dem Begriff ›unabhängig‹ fest, der, wie uns scheint, mit der Wirklichkeit nichts zu tun hat.

Da RSF von unserem Interesse an diesem Thema wußten, ließen sie uns *L'autre voix cubaine* (»Die andere Stimme Cubas«)[109] zukommen. Im Vorwort der französischen Ausgabe, das von einem Medienfachmann geschrieben wurde, der einige Bücher über Cuba publiziert hat, stießen wir auf etwas, das bezeichnend dafür sein dürfte, wie RSF die Welt der sogenannten unabhängigen Journalisten wahrnehmen.

In einem Abschnitt heißt es: »Die Arbeitsmethode dieser Frauen und Männer ist die ›Erforschung der nächsten Umgebung‹. Was bedeutet das? Es handelt sich darum, hier und da von Bekannten, Freunden und Sympathisanten, die sich mehr oder weniger zur Demokratisierung bekennen, Informationen zu besorgen, auch sehr vage. Es erübrigt sich festzustellen, daß diese Leute keinerlei Zugang zu Dokumenten haben und auch keine offiziellen Kontakte (...).

Es ist auch schwierig, sich außerhalb der Hauptstadt auf Informationssuche zu begeben: In einem Land, in dem das Mißtrauen, die Denunziation fast vierzig Jahre lang als nationale Tugenden hervorgehoben wurden, muß man akzeptiert sein, um etwas zu finden, woraus man einen Artikel schreiben könnte (...).«

Hier lohnt es, einen kleinen, aber nützlichen Kommentar abzugeben. Wer in Cuba gewesen ist, weiß: Wenn es etwas gibt, das charakteristisch für dieses Volk ist, dann ist es seine Leidenschaft zu reden: Man erzählt sich alles. Man kritisiert alles. Man diskutiert alles. Und das lebhaft. Um zu erfahren, ob es heute Brot und Milch in den Schulen gab, muß man nur an denen vorbeigehen, die geduldig auf einen Bus warten. Oder wenn man wissen will, wie es der Wirtschaft des Landes geht, braucht man nur die zu fragen, die in einem Restaurant bedienen. Und schon ergehen sie sich in Kommentaren, die sehr wahrscheinlich eine leidenschaftliche Debatte entzünden, wenn eine Arbeitspause es zuläßt. Das passiert sowohl Ausländern als auch Einheimischen gegenüber. Auf ganz natürliche Art. Es ist die natürliche Haltung von jemandem, der sich für die Dinge interessiert. In Havanna, im Park vor dem Hotel Inglaterra, gibt es einen Ort, der unter dem Namen »esquina caliente« (heiße Ecke) bekannt ist. Will man erfahren, wie das Land abzurüsten oder zu bewaffnen ist, welche Regierungsmaßnahmen nicht gefallen, ob die schlechten Leistungen der Baseball-Nationalmannschaft am Trainer oder an irgendeinem Bürokraten liegen, dann lohnt es sich, sich – ohne daß man das Geschrei fürchten müßte – unter jene zu mischen, die dort debattieren.

Wir wissen genau: Es gibt kein anderes Land in Lateinamerika, das diese Besonderheit hat. Wir vermuten, daß dies eine Hinterlassenschaft der Revolution ist.

Machen wir weiter.

»Wenn der Text geschrieben ist, wird er telefonisch ins Ausland übermittelt, normalerweise nach Miami oder Puerto Rico. Von dort wird er durch Bulletins in der Diaspora verteilt, danach durch private Briefe nach Cuba geschickt und außerdem in Radio Martí verlesen.

So muß man feststellen, daß die Texte der unabhängigen Journalisten auf der Insel nicht erlaubt sind. Aber es hat sich eine besondere Art von Dialektik herausgebildet: Die Informationen der unabhängigen Agenturen machen das Ausland mit Aspekten der cubanischen Situation bekannt, die von dem Regime verborgen werden, und Radio Martí bietet nicht nur den Dissidenten, sondern auch einem breiten Spektrum der Bevölkerung eine einzigartige Öffnung zur Welt hin (...).«

Ehrlich gesagt mußten wir die Formulierung »eine einzigartige Öffnung zur Welt hin« mehrmals lesen. Wir wollen glauben, daß der Autor sich unfreiwillig irrte. Denn wenn man weiß, wie Radio Martí funktioniert und wer ihm vorsteht, kann man sich leicht vorstellen, welche Art von »Öffnung« den Bewohnern der Insel angeboten wird. Und wir glauben, daß dies ein Irrtum sein muß, weil ein paar Seiten weiter gesagt wird, daß dieses

Radio genauso wie Tele Martí »durch die Fonds der amerikanischen CIA aufgebaut und unterhalten wird«.

Wir geben zu, daß wir kein Haus einer Person betreten haben, die man auf internationaler Ebene als unabhängigen Journalisten bezeichnet. Und da einige dieser Häuser als Sitz von betreffenden Agenturen fungieren, wissen wir nicht direkt, mit welcher Ausrüstung diese ihrer Arbeit nachgehen. Das Vorwort zum Buch der RSF sagt über eine dieser Agenturen: »Einige alte Schreibmaschinen und vorsintflutliche Kassettenrecorder, eine Wohnung, teilmöbliert, zwei Telefone und für jeden ein Fahrrad im Dienst der Sache: Das ist die ganze Abschreckungsmacht des BPCI!«

Dazu ist zu sagen, daß das Fahrrad in Cuba nicht für Armut steht. Es ist einfach ein Mittel, das die Regierung angeboten hat angesichts des Mangels an Transportmöglichkeiten in der Folge der allgemeinen Wirtschaftskrise, die zu Beginn der 90er über das Land hereingebrochen ist. Wie auch immer, die Beschreibung, die im Vorwort gegeben wird, steht im Widerspruch zum folgenden: Amnesty International gab bekannt, daß die cubanischen Sicherheitskräfte am 10. Juli 1995 dem unabhängigen Journalisten Néstor Baguer ein Faxgerät wegnahmen. Aber am 18. August hatte Baguer schon wieder eins. Derselben Quelle zufolge konfiszierten sie bei José Rivero »ein Faxgerät, eine Videokamera und fotografisches Material«.[110]

Berücksichtigt man die Pläne und Strategien der US-Regierung, die die EU seit Januar 1997 unterstützt, so klingt der Bericht von Amnesty ziemlich glaubhaft. Wir haben weiter oben gezeigt, welch große Menge an Dollars zur Verfügung steht, um die innere Dissidenz zu unterstützen.

Und es ist ein offenes Geheimnis: »Die Presseagenturen haben Fehler gemacht: Einige haben materielle Hilfe von der amerikanischen Interessenvertretung in Havanna angenommen.(...)«[111]

Die ›Reporter ohne Grenzen‹ nennen diese Leute »die andere Stimme«. Das ist richtig. Sie stehen im Widerspruch zu dem Monopol, das der cubanische Staat über die Informationsmedien ausübt. Aber in der Praxis ist zu beobachten, daß dieser Akt von offensichtlicher Rebellion, von Dissidenz, von Ungehorsam dazu führte, sich in die Arme anderer zu begeben. In den wenigen Auszügen des Vorwortes, die wir vorgestellt haben, werden schon einige wichtige Daten deutlich, die ganz klar den eingeschlagenen Weg aufzeigen. Hier folgen noch ein paar Beispiele.

Rafael Solano, der in Spanien im Exil lebt, hat seine eigene Vorstellung von politischer Neutralität: »Die Theorie sieht vor, daß Journalismus unparteiisch sein muß. Die Praxis beweist das genaue Gegenteil. Der offizielle Journalismus in Cuba ergreift Partei zugunsten des Zentralkomitees.«[112] Das ist nicht zu bestreiten. Aber es steht im Widerspruch zu dem, was er einige Zeilen weiter verlauten läßt: »Radio Martí ist eine andere Option. Die Presse des Exils, besonders die in Miami, nährt sich von der unabhängigen Presse Cubas.«[113] Einige Tage lang war Señor Solana in seinem Land im Gefängnis. Einer der Gründe, warum er und ein Kollege in Haft waren, erklären RSF folgendermaßen: »Sie hatten den Inhalt einiger Flugblätter, die ein aus Florida kommendes Touristenflugzeug am 13. Januar abgeworfen hatte, im Ausland verbreitet. Diese Flugblätter, die zum zivilen Ungehorsam aufriefen, wurden von der Organisation ›Hermanos al Rescate‹ mit Sitz in Miami, abgeworfen, die die Balseros unterstützte.«[114]

Was uns jedes Mal große Sorgen bereitet, wenn wir die Informationsblätter von NGOs wie ›Reporter ohne Grenzen‹ lesen, ist die Tatsache, daß sie die Öffentlichkeit nicht über die wesentlichen Hintergründe informieren und ihr so die Möglichkeit nehmen, sich ein genaues Bild über die Vorgänge machen zu können. Es wäre nämlich wichtig zu wissen, daß diese Personen dem cubanischen Volk den Inhalt der Flugblätter über Radio Martí vorlasen. Diese Flugblätter hatten eine eindeutig aufstachlerische Funktion, denn der Strom der Balseros war bereits acht Monate vorher zum Erliegen gekommen.

Raúl Rivero, der Direktor von Cuba Press, ist Mitglied des ›Partido Solidaridad Democrática‹[115], der von Miami aus von dem ultrareaktionären Hubert Matos geleitet wird. Es handelt sich um eine Gruppe, die ihrerseits der ›Plataforma Democrática Cubana‹ in Madrid politisch nahe steht. In der zweiten Hälfte 1997 gehört Rivero zum Vorstand der konservativen FHC. Er äußert sich über Radio Martí und ›La Cubanísima‹ in Miami, über ›Caracol‹, die am weitesten rechts stehende Radiokette in Kolumbien, Radio Jerusalem, bekannt für seine konservativen Positionen, *El Nuevo Herald*, von der extremen Rechten Miamis beeinflußt, *El Nuevo Día*, Informationsblatt der Rechten Puerto Ricos und *Trazos de Cuba*, ein Bulletin, das in Frankreich von extrem rechts stehenden Exilcubanern herausgegeben wird. Dies sind die wichtigsten Medien, über die Rivero seine Informationen verbreitet.[116] Nicht zu vergessen sind seine regelmäßig erscheinenden Artikel im ultrareaktionären *Diario de las Americas* in Miami. Trotz dieses Grades an klarer und deutlicher politischer Verstrickung wagt er zu behaupten: »Ich bin Journalist. Das habe ich viele Jahre lang bewiesen und ich strebe an, eine ›entpolitisierte‹ Arbeit von professionellem Journalismus zu machen, die nicht tendenziös ist und sich auf das Berichten von Fakten beschränkt.«[117] Am 10. Dezember 1997, dem internationalen Tag der Menschenrechte, sprach man ihm den Preis »Reporters Sans Frontières« zu, um einen Journalisten auszuzeichnen, »der es aufgrund seiner professionellen Tätigkeit verstanden hat, von seiner Hingabe an die Pressefreiheit Zeugnis abzulegen«.[118] Eine Hingabe an die Freiheit der Information, die seltsamerweise immer einem der Akteure in diesem Konflikt dient. José Rivero ist Vizepräsident der Agentur, ohne jedoch Journalist zu sein. Und in dem Bericht der RSF von 1997 heißt es, daß er »seit kurzem in dem Programm ›Die Woche in einer Stunde‹ mitwirkt, das von Radio Martí ausgestrahlt wird«. In einem Bericht vom Juni 1996 bestätigt Amnesty International dies und präzisiert, daß dieses Programm für Cuba gedacht ist und die Sendung »von der Regierung der Vereinigten Staaten finanziert wird«.

In der zweiten Hälfte 1997 führte ›Reporter ohne Grenzen‹ eine Kampagne gegen die vorläufige Festnahme von Héctor Peraza durch. Verschiedene bekannte französische Intellektuelle unterstützten sie. Peraza ist Mitglied des ›Partido Solidaridad Democrática‹[119], der von Miami aus von Hubert Matos geleitet wird. Er arbeitet auch mit ›Trazos de Cuba‹ zusammen, einer Gruppierung, die in ihrem Bericht vom September 1997 stillschweigend die terroristischen Anschläge unterstützte, die gegen touristische Einrichtungen in Cuba ausgeführt wurden.[120] *Trazos* ist, wie es im Vorwort von *L'autre voix cubaine* heißt, eine wichtige Informationsquelle für RSF.

Néstor Baguer ist von den RSF als Berichterstatter in Cuba ausgewählt worden[121]. Aber er ist auch Mitglied des ›Comité Martiano por los Der-

echos Humanos‹ und des ›Corriente Socialista Democrática‹, beides Gruppierungen, die mit dem konterrevolutionären Apparat der ›Concertación
Democrática Cubana‹ und der ›Plataforma Democrática Cubana‹[122] liiert
sind, welche von außen durch Carlos Alberto Montaner und Ignacio Rasco
gesteuert werden. Außerdem erscheinen ihre Berichte regelmäßig in den
Bulletins der FNCA und der RECE.[123]

Für Yndamiro Restano veröffentlichten die RSF eine kleine Gedicht-
sammlung, die in den Monaten von dessen Haft entstanden war. Restano
war einer der ersten, die Ende der 80er Jahre versuchten, eine unabhängige Presseagentur zu gründen. Wenig später organisierte er eine Gruppierung mit dem Namen ›Movimiento Armonía‹[124] und leitete sie – eine
Antwort auf die Politik der ›Concertación‹ und der ›Plataforma Democrática Cubana‹. Restano war einer der eifrigen Informanten von Radio Martí, aber auch von ›La Voz de la Fundación‹[125]. Er verließ Cuba und kehrte
nicht mehr zurück, anscheinend deshalb, weil ihm die Behörden die Einreise verweigerten. Am 17. Juli 1997 benutzte er den Internet-Anschluß der
›Hermanos al Rescate‹, um Informationen zu verbreiten. Im Augenblick
lebt er in Miami.

Olance Nogueras wohnt in Cienfuegos und ist im Vorstand einer unabhängigen Presseagentur: »Am 15. August 1996 erhielt der Journalist
Besuch von Robin Dayan Meyers, einem nordamerikanischen Diplomaten (der bei der US-Interessenvertretung SINA akkreditiert ist).«[126] Ist es
möglich, daß nicht nur wir uns fragen, was so besonderes an Señor
Nogueras ist, daß solch ein wichtiger Funktionär extra in diese Stadt
kommt? Am 5. September 1996 telefonierte Nogueras, kurz nachdem eine
Debatte zwischen Jorge Mas Canosa und dem cubanischen Parlaments-
präsidenten Ricardo Alarcón stattgefunden hatte, die von CBS im Fernsehen übertragen wurde, mit der ›Voz de la Fundación‹ und gab folgenden
Kommentar ab: »Der Präsident des Vorstandes der ›Fundación Nacional
Cubano Americana‹ hat einmal mehr bewiesen, daß er einer der großen
Führer des Exils ist und eine der Personen, die die Fähigkeit haben, der
cubanischen Regierung entgegenzutreten.«[127]

Am 8. Oktober 1997, der Tag, an dem der V. Kongreß der Kommunistischen Partei Cubas begann, veröffentlichten die RSF ein kurzes Doku-

ment, in dem sie die Behörden des Landes baten, Lorenzo Páez Nuñez freizulassen und der Inhaftierung von sogenannten unabhängigen Journalisten ein Ende zu bereiten[128]. Nach Angaben der RSF ist Señor Páez Nuñez Mitglied einer Presseagentur, aber auch Präsident des ›Centro Nogubernamental por los Derechos Humanos José de la Luz y Caballero‹. Die Angaben der RSF präzisierten, daß, als er verhaftet wurde, »der Journalist (der laut RSF eigentlich Mathematiker ist) gerade mit einem Vertreter einer Assoziation von Exilcubanern in den USA telefonierte (...).« Damit der Leser objektiv die Zusammenhänge der Verhaftung hätte verstehen können, wäre es einzig und allein erforderlich gewesen hinzuzufügen, daß das ›Centro Nogubernamental‹ mit der ›Coalición Democrática Cubana‹ in Beziehung steht, die von Miami aus durch die ultrareaktionäre ›Fundación Nacional Cubano Americana‹[129] geleitet wird, die für die Bomben mitverantwortlich war, die just zu dieser Zeit in cubanischen Touristik-Zentren explodierten.[130] Außerdem telefonierte Señor Páez auch nicht mit irgendeiner Vereinigung von Exilierten: Die Polizei traf ein, »während die FNCA den Sprecher der Gruppe Lorenzo Páez Nuñez auf Band aufnahm«.[131]

Beenden wir diese Serie von Beispielen mit einem Vorfall, der sich Anfang 1997 ereignete. Aber vorher bedarf es einer kurzen Einführung.

Im März 1996 unterzeichnet Präsident Clinton das Helms-Burton-Gesetz, welches das Torricelli-Gesetz noch in erschreckendem Maße übertrifft – es ist noch anmaßender, mischt sich noch mehr in die inneren Angelegen Cubas ein und ist noch eindeutiger pro-annexionistisch. Das Helms-Burton-Gesetz »institutionalisiert« das »souveräne Recht« der Vereinigten Staaten, die innere cubanische Dissidenz aufzubauen und sie moralisch und ökonomisch zu unterstützen, was die sogenannten unabhängigen Journalisten mit einschließt.

In dieser Situation machte die cubanische Regierung, was alle andern auch machen würden und was die Regierungen Frankreichs, Englands und Spaniens und sogar die der Vereinigten Staaten selbst vor nicht allzu langer Zeit angesichts von außen gegen sie gerichteter Aggressionen auch getan haben. Sie schrieb gesetzlich fest, daß »jede Kollaboration« im Innern des Landes, die die Durchsetzung des Helms-Burton-Gesetzes fördert, als ein Verbrechen gegen die Nation betrachtet werde.

Fast ein Jahr später, am 28. Januar 1997, gab das Weiße Haus die Herausgabe eines Dokuments mit dem Titel »Unterstützung für einen demokratischen Übergang in Cuba« bekannt. Dieses Dokument, »im Umkreis des Helms-Burton-Gesetzes abgefaßt, sollte in großem Ausmaß über die Wellen Radio Martís verbreitet werden«.[132]

Es verspricht den Cubanern massive wirtschaftliche Hilfe von dem Augenblick an, in dem die Brüder Castro und ein Teil der augenblicklichen Führung entweder ihre Macht aufgeben oder sie verlieren. Wenn das geschieht, »fühlt« die Regierung der Vereinigten Staaten »die Verpflichtung« an der Seite der sogenannten Dissidentengruppen zu stehen (oder auch, was das eigentlich heißt, mehr und mehr auf ihrer eigenen Seite).

Sofort beginnt die SINA, zusätzlich zu der materiellen und ökonomischen Unterstützung, die sie sowieso schon gewährt, Seminare einzurichten. In diesem Zusammenhang schlagen wir vor, die Kommuniqués zu lesen, die von zwei Journalisten der unabhängigen Art zu ein und demselben Vorfall herausgegeben wurden.[133]

»Havanna, Februar 1997. BPIC. – Am Mittag des 5. Februar (1997) bot man in der Residenz von Mary (sic) Blocker, erste Sekretärin für Presse und Kultur in der Interessenvertretung der USA in Cuba, ein Fernsehprogramm über zivilen Journalismus an, das von Washington aus geleitet wurde; daran nahmen teil: ein Mitglied des Filadelfia (sic) Square (sic) und William Harrys (sic) von der Abteilung der Politischen Wissenschaften an der Universität von Pennsylvania.«

»Die Agenturen APIC, Havanna Press, BPIC und Centro Norte Press aus Villa Clara waren anwesend (...). Von Seiten der ausländischen Presse waren nur die Agaencia (sic) Espanola, EFE, die *Financial Times* und die BBC London durch ihre Leute vor Ort vertreten.«

Der zweite Text erweitert und vervollständigt den vorherigen, indem er genaue Details über das Geschehen liefert.

»Havanna, 5. Februar (BPIC) – Journalisten von fünf unabhängigen Presseagenturen wurden am Mittwoch (sic) während eines Fernsehprogramms (sic) über den zivilen und öffentlichen Journalismus in der Residenz von Merrie (sic) Blocker, erste Sekretärin (...) durch ein Filmteam der Nationalen Cubanischen Nachrichten provoziert.

"Ofensiva contra periodistas independientes"

La Habana, Febrero de 1997.BPIC.- Al mediodía del 5 de febrero, en la residencia de la señora Mary Blocker, Primera Secretaria para Asuntos de Prensa y Cultura de la Oficina de Intereses de los Estados Unidos en Cuba, se ofreció un programa televisivo, directo desde Washington, sobre el periodismo cívico, donde participaron un miembro del Filadelfia Square y Willian Harrys del Departamento de Ciencias Políticas de la Universidad de Pennsylvania.

Las Agencias APIC, Habana Press, BPIC y Centro Norte Press de Villa Clara estuvieron presentes. Representantes de los medios de prensa gubernamentales no acudieron a la cita, aunque el Noticiero nacional de Televisión, asesorado por agentes de la Seguridad del Estado, tomaron secuencia fílmicas de los asistentes.

De la prensa extranjera, sólo la Agaencia española, EFE, el Financial Times y la BBC de Londres se personaron en el local.

Reportó: Lázaro Lazo.

"Provocación a periodistas independientes"

(Distribuido por CubaNet)

La Habana, 5 de febrero (BPIC).- Periodistas de cinco agencias de prensa independiente fueron provocados el miércoles por un equipo fílmico del Noticiero Nacional de Televisión durante la transmisión de un programa televisivo sobre periodismo cívico y público en la residencia de Merrie Blocker, primera secretaria de prensa y cultura de la Seccion de Intereses de Estados Unidos.

Un equipo encabezado por el camarógrafo de Cuba Visión, Omar de la Cruz y asesorado públicamente por altos oficiales del Ministerio del Interior, rodeó el inmueble de Séptima y 24 en el reparto Miramar, para graficar a todos los asistentes del encuentro.

"La intención es crear un pánico entre los miembros de la prensa independiente", afirmó Raúl Rivero, presidente de Cuba Press. "No creo que el video lo presenten en los canales de la televisión. Seguro irá para los archivos del Ministerio del Interior".

La reunión consistió en la presentación de un debate sobre las nuevas tendencias de un periodismo democrático, nacido en Estados Unidos y con una amplia participación del hombre común.

La transmisión del programa Periodismo Cívico y Público se realizó a través del canal Worldnet de los servicios públicos del gobierno norteamericano con la participación en Washington de la periodista Jan Schaffer, del Filadelfia Inquirer y del profesor William Harris, del Departamento de Ciencias Politicas de la Universidad de Pennsylvania.

Periodistas de los medios oficiales de comunicación y numerosos corresponsales extranjeros acreditados en La Habana rechazaron las invitaciones, presionados por sus respectivas jefaturas informativas.

"Esperaba este encontronazo entre las principales fuentes de información desde Cuba", dijo Lázaro Lazo, director del Buré de Prensa Independiente de Cuba (BPIC), quien cree que la provocación tiene aspectos coyunturales, relacionados con el informe "Apoyo para una Transición Democrática en Cuba", emitido por el presidente Bill Clinton la semana pasada.

"Es muy significativo que a la prensa oficial le dieran órdenes estrictas de no asistir", dijo Lazo. "Temo a que nuestra presencia sirva para que las autoridades renueven ataques contra los profesionales independientes".

El capitulo II del informe norteamericano puntualiza la necesidad de "fortalecer los medios de comunicación independientes, proporcionando asistencia para capacitar a los periodistas en métodos objetivos y responsables de informar a la ciudadanía".

Informó: Olance Nogueras.

Wie »unabhängige Journalisten« auf Cuba so arbeiten: Das Unabhängige Pressebüro vermeldet, wie seine Leute in der US-Interessenvertretung in Havanna ausgebildet werden – ganz wie es das Helms-Burton-Gesetz »befiehlt«.

Man beabsichtigte damit, unter den Mitgliedern der unabhängigen Presse Panik zu verbreiten«, bekräftigte Raúl Rivero, Präsident von Cuba Press (...).

»Das Treffen bestand in der Präsentation einer Debatte über neue Tendenzen eines demokratischen Journalismus, der unter breiter Teilnahme von gewöhnlichen (sic) Leuten in den Vereinigten Staaten entstanden ist. Die Übertragung des Programms »Periodismo Civico y Poblico« (sic) wurde durch den Kanal Worldnet der öffentlichen (sic) Dienste der nordamerikanischen Regierung durchgeführt und in Washington nahmen daran die Journalistin Jan Schaffer vom Filadelfia (sic) Inquirer und der Professor William Harris teil (...).«

»Man setzte in Cuba Hoffnungen in dieses Aufeinandertreffen (sic) der wichtigsten (sic) Informationsquellen«, sagte Lázaro Lazo, Direktor des Büros der Unabhängigen Presse Cubas (BPIC). Er glaubt, daß die Provokation mit der augenblicklichen Situation zusammenhängt und mit dem Bericht ›Unterstützung für einen demokratischen Übergang in Cuba‹ zu tun hat, den Präsident Clinton vergangene Woche bekannt gegeben hat.«

Anmerkung der Übersetzer: Der häufige Vermerk »(sic)« bezieht sich auf Wort- und Rechtschreibfehler in den Zitaten des Originaltextes. Der Autor hat diese Fehler bewußt übernommen. Einige von ihnen sind in der deutschen Übersetzung nicht wiederzugeben.

»Unterstützung für einen Übergang«, bemüht sich Olance Nogueras, der Redakteur der Nachricht, sofort zu erklären: »Das Kapitel II des Berichts legt im einzelnen die Notwendigkeit (von Seiten der USA) dar, die unabhängigen Kommunikationsmittel zu verstärken, indem man dabei mithilft, die Journalisten darin auszubilden, mit objektiven und verantwortlichen Methoden die Bürger zu informieren.« Wir glauben, daß sich jeglicher Kommentar betreffs des Fehlens von journalistischer Unabhängigkeit, von politischer ganz zu schweigen, erübrigt.

Der Generalsekretär von ›Reporter ohne Grenzen‹ Robert Ménard hat nicht den geringsten Zweifel: Priorität für seine Assoziation in Lateinamerika hat Cuba. Das zeigt sich in der Unterstützung der Arbeit der sogenannten unabhängigen Journalisten. Warum sind diese so wichtig? Warum ist es nach Sichtweise der RSF »gefährlich, Reporter in Kolumbien oder Peru

zu sein, aber es gibt da Pressefreiheit«? In diesen Ländern gibt es »ermor-
dete Journalisten und Journalisten im Gefängnis«, aber die Familien und
Kollegen dürfen durchaus »Anzeige erstatten«.

Das ist besorgniserregend. Diese beiden Länder sind nämlich keine iso-
lierten Fälle. Auf einem Kontinent, auf dem die Analphabetenrate sehr hoch
ist, hat nur ein kleiner Teil der Bewohner Zugang zu den Kommunikationsmedien. Die Pressefreiheit über das Recht auf Leben und auf physische
Unversehrtheit zu setzen, erscheint uns sehr schwerwiegend.

Man kann anführen, daß die wichtige Zeitschrift *The Economist* nicht
Spezialist für dieses Thema ist. Aber sicher ist, daß sie im April 1997 darauf hinwies, daß die zwölf Länder, die am meisten gegen die Pressefreiheit
verstoßen, mit Ausnahme von China alles enge Verbündete der USA und
der Europäischen Union sind. In Lateinamerika stehen Kolumbien und
Mexiko an erster Stelle.

Nun gut, gemäß den Aussagen der Interamerikanischen Pressegesellschaft SIP wurden in den letzten neun Jahren 179 Journalisten auf diesem
Kontinent ermordet, hauptsächlich durch repressive Staatsapparate, ohne
daß irgend jemand strafrechtlich dafür belangt worden wäre. Das sind praktisch 20 tote Journalisten pro Jahr oder anderthalb pro Monat. In Cuba
gibt es nicht einen Journalisten, der physisch angegriffen worden wäre.
Auch ist keiner gefoltert oder ermordet worden oder spurlos verschwunden.

Ohne zu sehen, wem sie damit dienen oder ohne es sehen zu wollen,
übergab die Interamerikanische Pressegesellschaft den unabhängigen Presseagenturen einen Preis für ihren »tapferen« Beitrag zur Informations- »Demokratie«.

Weder Paraguay noch Argentinien stehen im Konflikt mit einem anderen Land, wie das Cuba tut, und trotzdem sagt Raquel Rojas von der Zeitung *La Nación* in Paraguay, daß, »wenn man in meinem Land investiga-
tiven Journalismus macht, dies bedeutet, jeden Tag mit seinem Leben zu
spielen«. Und in demselben Artikel fügt Óscar Cardoso von *El Clarín* aus
Buenos Aires hinzu, daß Präsident Menem »vorgeschlagen hat, die Pressefreiheit durch die Freiheit des Stocks zu ersetzen«.[134]

Das nun folgende Interview wurde am Sitz des Internationalen Sekre-
tariats der RSF in Paris durchgeführt. Wir begannen mit Jacques Perrot und

hörten mit Robert Ménard auf. Der erste – jugendlich, liebenswürdig und gelassen. Der Generalsekretär erschien uns dagegen als impulsiv, und zwar in einem Maße, daß er in seinen Äußerungen nicht die Wut verbergen konnte, die er auf die cubanische Regierung empfindet.

Wir wiederholen es, die Verteidigung, die die RSF jenen angedeihen lassen, die sich unabhängige Journalisten nennen, ist beunruhigend. Denn eine solche professionelle Unabhängigkeit ist bei denen, die international bekannt sind, nicht gegeben. Eines aber ist zweifellos richtig: Die Unabhängigkeit, derer sie sich brüsten, drückt sie in eines der Lager. Denn mit ihrem Herzen und ihrer Feder sind sie darauf aus, direkt oder indirekt jener Macht zu dienen, die Cuba gern als Stern Nummer 51b auf der Flagge der Vereinigten Staaten sehen möchte: ein weiteres Puerto Rico.

In Ihrem Bericht von 1997 sagen Sie, daß es in Cuba fünf unabhängige Presseagenturen gibt. Sie sprechen hierüber, als ob eine große Anzahl von Professionellen aus dem Bereich der Kommunikation daran beteiligt wäre. Aber nach allem, was wir wissen, sind es nicht so viele. Wir glauben, daß es ungefähr zehn sind.

Es gibt schon mehr Journalisten. Aber sicher sind die meisten Zuarbeiter.

Ich würde mich gerne auf die Rolle konzentrieren, die ein Journalist einnehmen soll, wenn sein Land sich, wenn auch nicht militärisch, im Krieg befindet, wie es bei Cuba der Fall ist. Ich möchte gerne, daß Sie sich in die Lage des cubanischen Staates versetzen. Würden Sie es inmitten dieser Aggression, die die Vereinigten Staaten erklärtermaßen seit fast vierzig Jahren gegenüber Cuba ausüben, ich wiederhole, würden Sie es zulassen, daß einige Bürger, weil sie Journalisten sind, Informationen verschicken, die dem Feind dienen?

Ich glaube nicht, daß alle Artikel die cubanische Regierung angreifen. Ich glaube auch nicht, daß sie den Kopf Fidel Castros fordern. Aber warum soll jemand nicht die Regierung und Fidel Castro kritisieren können?

Warum soll ein Cubaner nicht fordern dürfen, daß der Diktator Castro
seine Macht abgibt?

**Aber in der Zeitung *Granma*, in der Zeitung *Trabajadores* und in
der *Juventud Rebelde* kann man regelmäßig Kritiken gegen Institutionen oder Funktionäre des Staates lesen. Ich habe zum Beispiel diverse Artikel gelesen, in denen man korrupte politische
Kader sogar mit Namen nennt.**

Viele eben dieser Journalisten haben bei offiziellen Medien gearbeitet. Sie
wurden wegen Disziplinlosigkeit oder wegen Beleidigung der Behörden
entlassen.

**Aber sehen Sie, als der Cubanische Rat entstand, sagte man auf in-
ternationaler Ebene, daß es sich dabei um eine vom cubanischen
System unabhängige und arbeitsfähige Opposition handle. Es existieren jedoch genügend Dokumente, die beweisen, daß der Rat
nicht nur von der extremen Rechten des Exils, sondern auch von
der US-Regierung organisiert, finanziert und dirigiert wurde. Und
es ist bekannt, daß die sogenannten unabhängigen Journalisten
äußerst aktiv daran beteiligt waren, vor allem die konterrevolutionären journalistischen Medien im Ausland zu informieren – insbesondere Radio Martí.**

Sie wissen sicher besser als ich, daß es im Cubanischen Rat Gruppen gegeben haben muß, die von der CIA finanziert wurden. Niemand bezwei-
felt das. Aber es soll auch solche gegeben haben, die von den staatlichen
cubanischen Sicherheitskräften finanziert wurden. Wir, die RSF, unterstützen konstant die unabhängigen Journalisten. Aber warum wurde Raúl
Rivero bedroht und manchmal in Haft genommen? Weil er für *El Nuevo
Herald* schrieb?

**Aber Sie müssen doch wissen, daß diese Zeitung praktisch von der
extremen Rechten des cubanischen Exils kontrolliert wird. Von**

genau den Leuten, die die Annexion Cubas durch die Vereinigten Staaten wollen. Glauben Sie nicht, daß das schon ausreicht, um deutlich zu machen, daß man für eine der beiden Seiten des Konflikts Position bezieht? Außerdem machen Raúl Rivero und sein Bruder Sendungen für Radio Martí und haben ihre regelmäßigen Programme dort. Und Sie wissen, daß dieses Radio vom State Department kontrolliert wird. Glauben Sie, die französische Regierung würde an der Stelle Cubas so etwas zulassen? Was wiegt im Falle einer imperialistischen Aggression schwerer – das Interesse des Vaterlandes oder des Berufs?

Ich bin mir absolut sicher, daß ein Journalist sich nicht zensieren darf, um das Vaterland um jeden Preis zu verteidigen.

Ich möchte klarstellen, daß ich nicht an journalistische Neutralität glaube. Zum Beispiel beziehen Sie in dem Augenblick bereits politisch Position, in dem sie Fidel Castro als Diktator bezeichnen. Wie man sagt: Wir sind alle nur Menschen. Aber es gibt Journalisten, die einer der Kräfte in diesem Konflikt dienen und mit ihr zusammenarbeiten, und dabei handelt es sich genau um den historischen Feind ihres eigenen Vaterlandes. Ehrlich gesagt, verstehe ich diese Unabhängigkeit und Neutralität nicht. Es scheint, als hätten Sie eine andere Auffassung von Unabhängigkeit und Neutralität, als es Lexika und Enzyklopädien beschreiben.

Hören Sie, diese Journalisten sprechen in ihren Artikeln vom Alltag in Cuba, von den Schwierigkeiten, die es dort gibt.

Das stimmt. Obwohl alles, was wir gelesen haben, nur negativ ist. Sie greifen nur die cubanische Regierung an. Wundert es Sie nicht, daß da nicht das kleinste Bißchen an Positivem vorkommt? Warum, glauben Sie, ist die extreme Rechte des Exils so glücklich mit ihnen? Aber wechseln wir das Thema. Was tun die RSF für diese Leute?

Zunächst einmal nehmen wir Kontakt mit ihnen auf. Wir bemühen uns darum, daß ihre Texte veröffentlicht werden, daß man sie kennen lernt...

Aber ich wüßte gern, woher Sie haben, daß alle von der CIA finanziert oder unterstützt werden...

Das habe ich nicht gesagt. Aber nachdem ich einige Dokumente der US-Regierung und der extremen Rechten des Exils gelesen habe, fällt mir die Feststellung leicht, daß zumindest die Bekanntesten verschiedene Arten von Unterstützung erhalten. Außerdem gibt es diverse aktuelle Berichte der US-Regierung, worin festgelegt wird, wie sie zu finanzieren sind und wie man ihnen das notwenige Inventar zukommen lassen kann.

Gut, ich glaube, das sind Dinge, die man beweisen muß.

Wir haben keine konkreten Beweise, daß sie bezahlt werden auch wenn sie nichts tun. Aber Sie wissen, daß sie für die Artikel, die sie schreiben und die durch die Medien der extremen Rechten in Miami und Radio Martí veröffentlicht werden, Geld bekommen. Da ist es doch ein Leichtes festzustellen, daß sie freiwillig oder unfreiwillig Teil der konterrevolutionären Strategie sind. Und es fällt uns schwer zu glauben, daß Personen mit dieser Intelligenz nicht wissen, wie ihre Arbeit im Ausland benutzt wird. Aber sagen Sie uns, wie gelangen die Texte dieser Journalisten nach draußen?

Sie geben ihre Artikel telefonisch an jemanden in Miami weiter. Und diese Person speist sie ins Internet ein. Aber es ist sicher, daß in Europa eine positive Einstellung zum Castro-Regime besteht. Im Augenblick erzeugen diese Journalisten noch wenig Wirkung. Ein wenig in Spanien. Und in Frankreich fast gar keine ... Manchmal im *Courrier International* ...

Wie reagieren die Leute in Cuba auf diese Journalisten?

Sie tun regelmäßig ihre Ablehnung kund. Nach Aussagen der Journalisten sind die betreffenden Leute Mitglieder der Kommunistischen Partei, die im selben Viertel wohnen. Sie kommen zu deren Haus und rufen ihnen »Vaterlandsverräter« etc. entgegen. Sie sind als Feinde des Volkes gezeichnet. Ihr Leben ist schwierig. Manchmal halten die Kräfte der Staatssicherheit sie Stunden oder Tage fest.

Und haben Sie mit den Leuten der cubanischen Regierung gesprochen, warum sie das tun?

Nein, eigentlich nicht. Aber das sollte man machen.

An diesem Punkt gingen wir in das Büro von Robert Ménard, dem Generalsekretär der RSF hinüber. An dem großen runden Tisch dort versuchten wir, das Thema zu behandeln, das uns am meisten interessierte.

Monsieur Ménard, soll ein Journalist zuerst an sein Vaterland, seine Nation denken oder an seinen Beruf?

Das ist keine Debatte, die nur Cuba angeht. Sie betrifft auch die Demokratien. Erinnern Sie sich an den Golfkrieg. Da war die Frage: Sind Sie Journalist oder französischer Staatsbürger? Das war ganz das Gegenteil beim Vietnamkrieg. In Vietnam übte ein Journalist seinen Beruf in völliger Freiheit aus. Aber im Golfkrieg sagten die Amerikaner der Presse - nicht ausdrücklich, aber sie erinnerten sich an den Vietnamkrieg - , ihr seid amerikanische Staatsbürger. Ihr könnt euch nicht außerhalb der Staatsinteressen stellen. Ihr könnt nicht so informieren, wie Ihr es gerne möchtet. Sie haben dann einige Journalisten ausgewählt und sie dort hin gebracht, wo sie haben wollten. Und die Weltpresse akzeptierte diesen Grundsatz, obwohl es einige Proteste gab.
Gibt es also eine Beschränkung für einen Journalisten, wenn sich sein Land im Krieg befindet? Ich erkenne die Beschränkung an, wenn das Leben der Soldaten davon abhängt. Aber in Cuba ist die Regierung ein bißchen weiter gegangen. Man darf nicht ein Wort sagen, das den Amerikanern nützen könnte in diesem Krieg, von dem die Behörden in Havanna

sagen, daß er schon fast vierzig Jahre dauere. Und das ist unzulässig. Unzulässig! Ich glaube, daß den Journalisten eine Rolle zufällt, auch wenn sich das, was sie schreiben, gegen das eigene Land richtet. Die Information kann den Interessen ihres eigenen Landes widersprechen.

Im Golfkrieg gab es keine Freiheit, aber Cuba, das ist etwas anderes.

Sie glauben also, daß die cubanische Regierung mit verschränkten Armen zusehen soll, wie ihre Feinde diese Leute finanzieren, denen, wie es scheint, die Souveränität ihrer Nation gleichgültig ist.

Das ist das Problem. Warum, glauben Sie, unterstützen die RSF diese unabhängigen Journalisten finanziell? Genau aus diesem Grund. Man muß sicherstellen, daß einige von ihnen ohne das Geld der cubanischen Regierung leben können, denn weil sie kritisch sind, bekommen sie kein Geld. Und man muß sicherstellen, daß sie überleben können ohne Miami und die CIA. Wenn man erwartet, daß sich morgen eine Alternative zu Castro ergibt, die sich von den Rachsüchtigen in Miami unterscheidet, so wird sie durch die Mithilfe europäischer Organisationen wie der unseren erreicht. Deswegen behaupten wir, wenn die Behörden der Europäischen Union sagen, man müsse das Embargo verschärfen, daß man in Cuba selbst Dinge im Positiven tun muß – nämlich jenen im Innern des Landes helfen, die eine Alternative zu Castro darstellen.

Wenn wir den unabhängigen Journalisten in Cuba helfen, erinnern wir sie daran, daß dieses Geld nicht von den Amerikanern, nicht einmal von der Europäischen Union kommt. Wir geben 50 Dollar monatlich an ungefähr 20 Journalisten, damit sie überleben können, damit sie im Land bleiben, denn jedes Mal, wenn wir sie treffen, wollen sie als erstes, daß wir ihnen helfen, Cuba zu verlassen – wegen der wirtschaftlichen Probleme. Aber so können sie dem Druck widerstehen und brauchen Radio Martí nicht.

Die RSF nahmen an dem Treffen teil, zu dem der US-Sonderbotschafter Eizenstat einlud...

Ja, ja.

Gut, dann wissen Sie ja, daß er durch Europa gereist ist, um sich mit einigen NGOs zu treffen, die sich mit Cuba befassen. Sie wissen, daß er vorschlug, die sogenannte innere Dissidenz zu unterstützen. Wir gehen davon aus, daß die RSF wissen, daß dies eine der wichtigsten Taktiken ist, die von Washington ausgearbeitet wurden, um die cubanische Regierung zu destabilisieren. In diesem Zusammenhang sind die europäischen NGOs sehr wichtig, weil sie nicht so viel Mißtrauen hervorrufen wie die meisten US-amerikanischen. Welche Position bezogen die RSF bei diesem Treffen?

(Monsieur Perrot antwortet) Wir haben gesagt, daß wir diese Unterstützung bereits seit September 1995 geben.

Wir wissen, daß einige NGOs in anderen Ländern diesen Plan akzeptiert haben. Und wir versuchen herauszubekommen, obwohl das sehr schwierig sein wird, welche NGOs bereits die Tausende von Dollar, die die US-Regierung angeboten hat, genommen haben oder bereit sind, es noch zu tun.

(Es antwortet Monsieur Ménard) Die RSF nehmen es mit dem Geld sehr genau. Sie sind supersauber.

In keinem Augenblick habe ich gesagt, daß die RSF Geld von der US-Regierung erhalten haben...

Aber es ist wichtig, dies klarzustellen.

Es scheint, daß Botschafter Eizenstat den NGOs in Frankreich kein Geld anbot, damit sie seinen Plan unterstützen. Aber für ihn ist das wichtigste, daß die innere Dissidenz unterstützt wird. Der Plan besteht darin, daß sich eine Gruppe von NGOs in Europa zusammenfindet, die Druck auf die cubanische Regierung ausüben und die Dissidenz unterstützen, und uns scheint es, daß die RSF, ohne es zu wissen, auf dieser Linie liegen.

Ah, aber wir haben sie schon vorher unterstützt und wir werden es weiter
tun!!

**Macht es Ihnen nichts aus, daß Sie damit direkter Teil der Desta-
bilisierungsstrategie Washingtons gegenüber Cuba werden?**

Unabhängig von der Strategie der USA oder der Europäischen Union
machen wir weiter wie bisher. Für die RSF hat Cuba Priorität in Lateinamerika. Und die drei Gründe, in Cuba einzugreifen sind folgende:

Erstens, anzuklagen, was in Cuba vor sich geht. Denn in Europa, besonders in Frankreich, glaubt man, daß Castro kein Diktator ist wie alle
andern. Und das ist absurd. Zweitens, den Journalisten materielle Hilfe zu
leisten und drittens, ihre Arbeit bekannt zu machen.

**Und warum hat Cuba Priorität, wenn es doch Länder gibt, wo es
sehr gefährlich ist Journalist zu sein, ein ehrlicher Journalist zu
sein. Ich habe nie gehört, daß man in Cuba die sogenannten unabhängigen Journalisten gefoltert oder ermordet hätte.**

Warum? Weil es das einzige Land Lateinamerikas ist, in dem es keine Pressefreiheit gibt. Es ist gefährlich, Journalist in Kolumbien oder Peru zu sein,
aber es gibt Pressefreiheit!!

**Entschuldigen Sie, aber darüber, ob Pressefreiheit in Kolumbien
oder Peru existiert, läßt sich streiten...**

Ja, darüber kann man streiten. In Peru und in Kolumbien gibt es Be-
schränkungen in der Pressefreiheit, es gibt Journalisten, die ermordet wurden und welche im Gefängnis, aber man kann Anzeige erstatten. Aber in
Cuba kann man keine Dissidentenstimme finden!

Es gibt weder ein unabhängiges Radio, noch ein unabhängiges Fernsehen, noch eine unabhängige Zeitung. Alles wird von diesem Staat kontrolliert! Das einzige, was nicht kontrolliert wird, ist das Bulletin der katholischen Kirche!

Lidwien Zumpolle

Koordinatorin der Lateinamerika-Abteilung von
Pax Christi Holland

> »Natürlich freuen sich die Amerikaner über unsere
> Bewegung, die wir ›Plattform für die Menschenrech-
> te und die Demokratie in Cuba‹ genannt haben.«

Als ich Lidwien Zumpolle anrief und sie um eine Verabredung bat, stellte
sie eine Menge Fragen. Diese drehten sich hauptsächlich darum, von wem
wir erfahren hätten, daß Pax Christi die sogenannte cubanische Dissidenz
unterstützt. Als wir das Inkognito unserer Informanten lüfteten, lachte sie
aus vollem Halse und meinte, daß die Europäer nie gelernt hätten, den
Mund zu halten. Um unsere Informationsquellen etwas vielfältiger erscheinen zu lassen, erzählten wir ihr von einem Artikel in der US-Presse,
der die Ziele ihrer Institution als eng verwandt mit der Strategie der Clinton-Administration einordnete.[135]

Da lachte sie wieder und war nun davon überzeugt, daß alle Schritte,
die sie unternahm, öffentlich bekannt seien.

Im Dezember 1996 rief Pax Christi Holland verschiedene europäische
NGOs, die auf dem Gebiet der Menschenrechte oder der Entwicklungs-
politik arbeiteten, zu einem Treffen zusammen. Man lud sie ein, die »Europäische Plattform für die Demokratie und die Menschenrechte in Cuba«
mitzugestalten. Politisch unabhängig sollte sie sein, so hieß es. Am 21.
Februar 1997 schließlich fand in Den Haag (Holland) das erste Treffen statt.
Ein großer Teil der angeschriebenen Organisationen nahm nicht teil, weil
ihre Vorstellungen nicht denen entsprachen, die Pax Christi Holland über
den cubanischen Prozeß hat.

Da das Programm des Treffens einen nichtöffentlichen Charakter hatte, erfuhr man nur, daß ›Reporter ohne Grenzen‹, ›Gerechtigkeit und Frieden‹ aus Italien und Spanien sowie die Heinrich-Böll-Stiftung aus Deutsch-

land zu den Teilnehmern gehörten. Auch die Abschlußverlautbarungen sind uns nicht bekannt geworden.

Als wir die jüngste Geschichte dieser Plattform etwas näher untersuchten, kamen wir zu dem Schluß, daß sie das weiterführt, was die US-Regierung bereits 1995 projektiert hatte.

Richard Nuccio, zu diesem Zeitpunkt Berater Präsident Clintons für Lateinamerika, wurde damals damit beauftragt, das Projekt voranzutreiben. Es hatte zum Ziel, diejenigen NGOs der USA einzubeziehen, die Kontakte mit Organisationen auf der Insel unterhielten. Sie sollten mit diesen zusammen auf die Destabilisierung der cubanischen Regierung hinarbeiten. Die Initiative sollte sich solcher Mittel bedienen, mit denen nicht nur Einfluß auf die Bevölkerung ausgeübt werden konnte, sondern auch auf die »gemäßigten« Mitglieder der Regierung, der Kommunistischen Partei und der Streitkräfte. Sie sollte diese Instanzen nach und nach überzeugen, daß es keine Alternative zum Übergang in den Kapitalismus gebe.

Aber fast alle NGOs in den Vereinigten Staaten wiesen den Plan Nuccios zurück. Auf ›Freedom House‹ konnte man zählen und denen überreichte man im Oktober 1995 auch die erste halbe Million Dollar. Einen großen Teil des Geldes verwandte man dazu, Reisen ehemaliger Funktionäre oder Bürger aus Westeuropa und dem früheren Ostblock zu bezahlen, vorzugsweise solcher, die schon einmal auf der Insel gewohnt hatten. Sie sollten als Touristen einreisen. Ihre Hauptaufgabe war es, alte Freundschaften wiederzubeleben und Dissidentengruppen zu organisieren.[136]

Als 1996 das Helms-Burton-Gesetz verkündete wurde, trat Nuccio zurück und wurde durch Stuart Eizenstat ersetzt. Wie sein Vorgänger war auch dieser beauftragt, mit NGOs zusammenzutreffen. Nur sollten diese Operationen jetzt in Kanada und Europa stattfinden.

Aus Erklärungen Eizenstats vor dem Auswärtigen Ausschuß des US-Kongresses im Januar 1997 kann man schließen, daß Pax Christi Holland nicht die erste Organisation in Holland und noch weniger in Europa war, der ein solches Angebot unterbreitet wurde, daß es aber die erste war, die sich bereit fand, sich auf ein Projekt einzulassen, das nichts mit ihren humanitären Zielen gemein hatte. Auch öffentlich bestätigte Stuart Eizenstat ohne Bedenken: »Es wurden bereits verschiedene positive Schritte unternommen, um die unabhängige zivile Gesellschaft in Cuba zu fördern (...). Nichtregierungsorganisationen unter der Führung von Pax Christi (mit Sitz in Holland) haben ihre Anstrengungen verstärkt, den unabhängigen Sektor zu ermutigen (...)«.[137]

Nicht umsonst haben also Janiset Rivero vom ›Directorio Revolucionario Democrático Cubano‹ oder Humberto Esteve, Generalsekretär der Christlich Demokratischen Partei, beide Miami, dieser katholischen Organisation ihr Lob ausgesprochen.

Im Interview mit Frau Zumpolle wird deutlich, daß Pax Christi Holland das Ziel verfolgt, bei der Zerstörung des jetzigen Systems in Cuba mitzuhelfen. Nicht von ungefähr hat sich Holland – hinter Spanien – in einen Brückenkopf für die extrem rechten Gruppen verwandelt, die geführt werden von der ›Fundacion Nacional Cubano Americana‹, Hubert Matos, Carlos Alberto Montaner und Ignacio Rasco und die Europa infiltrieren.

Mit welcher Verbissenheit Pax Christi Holland der inneren Dissidenz und der Destabilisierung des cubanischen Staates anhängt, wurde zwischen dem 28. und 29. November 1997 deutlich.

In dieser Zeit organisierte man in Rom das zweite Treffen der ›Europäischen Plattform für Menschenrechte und Demokratie in Cuba‹.

Die Tagesordnung bestand aus nur drei Punkten: gegenüber dem Vatikan darauf zu bestehen, der Papst solle Druck auf die cubanische Regierung bezüglich der »Menschenrechte und der Demokratie« ausüben; gegenüber den Unternehmen, die in Cuba investieren, darauf zu bestehen, daß sie sich an den »Verhaltenskodex« halten, wie er in den sogenannten »Arcos-Prinzipien«[138] vorgeschlagen wird; dritter Punkt waren »die Kinderprostitution und der Sextourismus in Cuba«.

Von den ersten Oktobertagen an, als es die Einladungen verschickte, sah sich Pax Christi Holland den Reaktionen von Pax-Christi-Gruppen anderer Länder gegenüber. Die Sektionen Lateinamerikas, Italiens und der Vereinigten Staaten, die eine der stärksten ist, lehnten die Tagesordnung genauso wie den gesamten komplottartigen Charakter der Veranstaltung rundweg ab.

Demzufolge, was uns Frau Zumpolle telefonisch mitteilte, nahmen fünfzehn europäische NGOs an der Veranstaltung teil. Deren Namen »kann

ich dir nicht sagen. Sie sind nicht für die Öffentlichkeit bestimmt. Diese
NGOs wollen nämlich keine Spannungen mit den andern«. Frau Zumpolle
bestätigte uns, daß darunter keine auf Kinderprostitution spezialisierte Organisation war, sondern daß die Diskussion zu diesem Punkt nur auf einem Dokument aus England beruhte, dessen Herkunft sie uns auch nicht
verraten wollte.

Später erfuhren wir, daß es sich um ein Dokument handelte, das von
zwei englischen Soziologen im Auftrag der Institution ECPAT International, einer weltweiten Organisation gegen Kinderprostitution, im Jahre 1996
erarbeitet wurde. Obwohl sich diese Untersuchung hauptsächlich mit dem
Sexualverhalten einer bestimmten Art Männer beschäftigt, die nach Cuba
fahren (wobei ihr Verhalten ganz dem entspricht, das sie auch in andern
Ländern der Dritten Welt an den Tag legen), so bekommt man bei den
Berichten von Pax Christi Holland den Eindruck, daß Kinderprostitution und Sextourismus für Cuba so typisch sind wie der Wein für Frankreich
und der Tequila für Mexiko.

Die einzige öffentliche Veranstaltung der ›Plattform‹ war eine Pressekon-
ferenz mit Dariel Alarcón »Benigno« und dem Geistlichen Miguel Loredo. Ersterer war mit dem Che in Bolivien und wandte sich vor einigen
Jahren gegen die Revolution. Bei dieser Gelegenheit sagte Benigno allerdings nicht, daß er seit September 1996 eine feste persönliche Beziehung
mit »einem alten Haudegen der CIA, Félix Rodríguez, unterhält, auf dessen Konto in den letzten dreißig Jahren eine beeindruckende Anzahl von
Einsätzen auf allen Kontinenten gegangen ist«. So *Le Monde*. Die französische Tageszeitung führte am 10. 10. 1998 weiter aus, daß Benigno sogar
vierzehn Tage mit Rodríguez in dessen Bunker in Miami verbracht hat. Das
zeigt, welch vertraulichen Umgang er mit einem der schrecklichsten Menschen pflegt, die die CIA je hervorgebracht hat. Es ist schwer vorstellbar,
daß Pax Christi Holland davon nichts wußte, denn bereits Ende 1996 hatte
eine Fernsehstation in Miami das mutmaßlich erste Treffen vom September gefilmt und ausgestrahlt. Später wurde es von Medien überall auf der
Welt aufgegriffen. Loredo, ein Ehrengast von Pax Christi Holland, wurde
als Beweis für »die Repression der cubanischen Regierung gegen die Kirche« präsentiert. Es trifft zu, daß der Geistliche zehn Jahre im Gefängnis

verbrachte. Er wurde dafür verurteilt, Angel Betancourt zwei Wochen in seinem Kloster versteckt zu haben und dann versucht zu haben, ihn heimlich aus Cuba zu schaffen. Betancourt hatte zwei Besatzungsmitglieder getötet und eine weitere Person verletzt, als er versuchte, ein Flugzeug der Cubana de Aviación zu entführen. Der Vorfall ereignete sich im März 1966. Als Loredo aus dem Gefängnis entlassen wurde, ging er nach New York, wo er sich der extremen Rechten des Exils anschloß.

Ein Jahr später wurde unter dem Titel »Cuba, la realtà dietro il símbolo« ein Buch herausgegeben, das die Berichte des zweiten Treffens der Plattform zusammenfaßte. Als Autor wird nur Pax Christi genannt, was den Eindruck erweckt, daß automatisch auch alle anderen Pax Christi Sektionen der Welt für diese Veröffentlichung verantwortlich zeichnen. Mit Ausnahme des Dokumentes der englischen Soziologen und der Ausführungen von Frau Lidwien Zumpolle sind die anderen dreizehn Texte ausschließlich von sogenannten cubanischen Dissidenten, darunter auch Frank Calzón. Auf der zweiten Seite wird der Organisation ›Of Human Rights‹ »für die wertvolle Zusammenarbeit« gedankt.

Am Nachmittag des 3. Dezember 1998 lud Pax Christi Holland zu einer Gesprächsrunde in Räumen des Europäischen Parlaments in Brüssel ein. Das Thema lautete: »Foreign Investments in Cuba and Human and Labor Rights«. Es standen nur vier Stunden Zeit zur Verfügung, um ein so wichtiges und komplexes Thema zu studieren, zu analysieren und zu diskutieren. Obwohl Amnesty International schon seit Jahren auf globaler Ebene zu diesem Thema arbeitet, war bei dieser Veranstaltung nur seine holländische Sektion vertreten. Wie bereits bei vorherigen Treffen blieb auch in diesem Falle fast die Gesamtheit der teilnehmenden Organisationen unbekannt.

Ein Exponent war der Cubaner Ernesto Díaz Rodríguez. Pax Christi Holland stellte ihn als Vertreter der unabhängigen Gewerkschaften in Cuba vor und als jemanden, der die Arbeitsrechtsverletzungen in seinem Land aufdeckt. Aber man vergaß etwas Wesentliches hinzuzufügen: Ernesto Díaz Rodríguez wurde 1967 in Cuba inhaftiert, weil er der terroristischen Gruppierung Alpha 66 angehörte und jahrelang für sie aktiv war. Als er frei kam, ging er nach Miami, wo er sich weiter für diese Organisation betätigte. In einem Buch, das die »weniger schmutzigen« Teile der Geschichte von Alpha 66 beschreibt, ist sein Foto enthalten. Aus dem Flaggenaufnäher, den er an seiner Schulter trägt, kann man schließen, daß dieses Foto aufgenommen wurde, als die Gruppe Alpha 66 der polnischen Gewerkschaft »Solidarnosc« ihre Unterstützung gewährte. Das Buch wurde aber erst Anfang 1995 herausgegeben. Wenn man den Grad der Treue und Hingabe kennt, den ein Mitglied von Alpha 66 beweisen muß, damit diese Organisation ihn mit einer derartigen Anerkennung ehrt, kann man davon ausgehen, daß Díaz Rodríguez zu diesem Zeitpunkt noch ein vollwertiges Mitglied war.

Zum vereinbarten Termin klopften wir an die Tür. Frau Lidwien erschien und nach einer kurzen Begrüßung ließen wir uns in dem kleinen Hof hinter ihrem Haus nieder. Dort blieben wir fast drei Stunden. Als das Thema Cuba erschöpft war, begannen wir über Kolumbien zu sprechen. Als gute »Eurozentristin«, die sie ist, glaubt sie den Schlüssel zum Frieden in diesem Land zu besitzen.

Bei all dem, was sie erzählte, waren wir am meisten entsetzt, als wir erkannten, welch große Bewunderung sie für den Drogenhändler und Chef der kolumbianischen Paramilitärs Carlos Castaño empfand. Dieser Mann ist als rechte Hand der Armee bei ihrer Strategie gegen die Volks- und Guerillabewegung dafür verantwortlich, daß Uraba, die Bananenzone, die an Panama grenzt, mit Leichen übersät ist.

Sie sagte uns mit leuchtenden Augen, sie »könnte uns viel über all das Gute erzählen, das Castaño beim Prozeß der Wiedereingliederung der Bauern bewirkt«.

Frau Lidwien, warum begann Pax Christi Holland sich für Cuba zu interessieren?

Du weißt, daß sich bereits um 1990 die UdSSR zurückzog. Daraufhin begann es der Wirtschaft schlecht zu gehen. Und auf mehr Armut reagierte die Castro-Regierung mit mehr politischer Repression. Und nichts von Öffnung. Deswegen beschlossen wir 1991 eine kleine Delegation zu schikken. Aber zuerst haben sie uns das Visum verweigert. Wir erfuhren, daß die Regierung gesagt hatte: »Sollen sie doch zum Teufel gehen...«

Das haben sie so gesagt?

Nein, nein, nein. Wir wußten, daß sie in Havanna nicht gut darauf reagieren würden, wenn sie erfahren, daß wir vorhatten mit der Dissidenz zu sprechen. Was sie damals sagten, war nicht, daß wir zum Teufel, sondern nach Miami gehen sollten. Aber da es zum Golfkrieg kam, mußten wir die Reise um sechs Monate verschieben, gerade bis zu dem Zeitpunkt, als Castro und seine Verbündeten sich zum IV Kongreß der Kommunistischen Partei versammelten. Und dann begann uns dort klar zu werden, was Cuba doch für eine Lüge ist.

Was war das für eine Lüge?

Die, daß Cuba ein sozialistisches Paradies sei. Wir sahen, daß es dort weder Erziehung noch Gesundheit gab. Daß diese Gesellschaft eine Diktatur war. Wir sprachen mit vielen Leuten, aber eingesperrt in den Häusern hinter verschlossenen Fenstern, damit die Nachbarn es nicht merkten.

Ich kenne viele Leute, die regelmäßig in Cuba sind und so etwas noch nie erlebt haben. Und dabei handelt es sich um Leute, die nicht immer mit dem cubanischen System einverstanden sind. Außerdem bin ich selbst in Cuba gewesen und habe mit vielen Leuten gesprochen, aber ich habe mich nie verfolgt gesehen. Glauben Sie, es könnte daran gelegen haben, daß Sie sich als Verschwörer fühlten?

Nein, nein, unsere Arbeit war bekannt.

Und wie gelang es Ihnen, mit der sogenannten Dissidenz Kontakt aufzunehmen?

Durch Vermittler von Kontakten. Und durch Leute, die man dort trifft, gewöhnliche Durchschnittsmenschen. Damals war der einzige Dissident, den wir trafen, Osvaldo Payá von der Christlichen Bewegung. Und alles,

---

Van-Pax Christi Nederland   +31-33-2585199

Tentative Program Round Table Meeting 'Foreign investments in Cuba and Human and Labor Rights'.

13.00   Welcome, coffee.

13.15   Opening of the meeting by the chairman, Aart van Bochoven, and explanation of the goals of the meeting.

          Part one: presentation of the Cuban case

13.30   Prof. Willem van Genugten. Presentation of the report *'Multinational enterprises and human rights'*, (Dutch Sections of Pax Christi and Amnesty International).

13.45   Ernesto Díaz Rodríguez (spokesman of independent trade unions in Cuba); *case studies of violations of ILO-conventions in todays Cuba and the position of the independent Cuban trade unions on best business practices.*

14.00   Jesús Duran Rodriguez, former Cuban official (currently in exile) in charge of promoting foreign investments. *'Foreign investments in Cuba; human and labor rights'*

14.15   Reaction by Prof. Van Genugten: a first effort to apply the findings of the AI/PC report to the case of Cuba.

14.20   Informative questions

14.30   Coffee break

          Part two: Which best business practices could contribute to respect for human and labor rights in Cuba and how can they be promoted?

14.50   Open panel discussion on this question lead by the chairman with contributions of:
          - Kim Healey (senior director North America Committee NAC): US experiences with promoting best business practices in Cuba.
          - Reaction by a representative of an employers organization or possibly of a European company investing or willing to invest in Cuba.
          - Reaction by a representative of the International Confederation Free Trade Unions (ICFTU) and the World Confederation of Labor (WCL).

16.00   Coffee Break

16.20   Conclusions and recommendations: plenary debate.

17.30   End of the meeting

Evening: Dinner

Tagesordnung einer Veranstaltung von Pax Christi Holland *im Europäischen Parlament am 3. Dezember 1998 (Foto: Ernesto Díaz Rodríguez)*

was er uns erzählte, war erschreckend. Ich kenne die Lage in Kolumbien
und die ist schrecklich. Dort werden jedes Jahr 30.000 ermordet durch
politisch motivierte Gewalt ... Aber in Cuba!

Und in Cuba, wie viele politische Morde gibt es dort?

In Cuba gibt es keine Morde. Aber es herrscht eine psychologisch schi-
zophrene Diktatur. Ich gestehe Ihnen, daß ich lieber in Kolumbien als in
Cuba leben würde.

**Aber in Cuba gibt es keine politischen Morde. In Kolumbien sind
es 30.000 pro Jahr, die Tausende von Verhafteten, die spurlos verschwunden sind, nicht mitgerechnet ...**

Sieh mal, es ist sehr schwierig, das zu erklären. In Cuba herrscht eine raf-
finierte Repression. Es ist etwas, das von den Komitees in den Vierteln ausgeht, von der Kommunistischen Partei, von den regierungstreuen Gewerkschaften, denn unabhängige gibt es nicht. Es gibt so viele Arten von öffentlicher Kontrolle über das Individuum, daß man verrückt wird. Ich
habe viele Gesellschaften in Lateinamerika kennengelernt und da bemerkt
man, daß die cubanische ganz anders ist.

**Darin bin ich vollkommen mit Ihnen einverstanden. Es ist ein an-
deres politisches System.**

Natürlich hat das System Verbesserungen auf dem Gebiet der Erziehung
gebracht, auch ein paar auf dem Gebiet der Gesundheit und des Sports.
Deshalb sage ich, daß es ein anderes System ist. Aber das zählt nicht angesichts der Repression. Für mich sind diese sozialen Verbesserungen nur
kosmetischer Natur, die nach außen hin wirken sollen.

**Da Sie die Armut in Lateinamerika kennen, müßten Sie wissen,
wie viele hundert Millionen Menschen gerne Zugang zu dieser
»Kosmetik« hätten. Doch abgesehen davon gibt es in ganz Latein-**

**amerika zwar diese »Kosmetik« nicht, die Repression aber sehr
wohl.**

Aber es ist doch so, daß zum Beispiel in Kolumbien die Menschen die
Initiative ergreifen können. Sie können etwas versuchen, um dem Elend
zu entkommen. Gewiß, danach werden sie umgebracht, aber sie können
es wenigstens versuchen. In Cuba ist alles paralysiert. Und es ist eine Lüge
zu behaupten, es sei so, weil die Russen nicht mehr helfen. Auch die Blok-
kade der Amerikaner ist nicht der Grund. Die Lage war schon immer
schlimm. Ich habe Tausende und Abertausende von Stunden mit Cubanern gesprochen. Sagen wir mal Hunderte von Stunden. Das waren Leute, die man so eingeschlossen, so unterdrückt hat, daß sie nicht mehr aufhören, wenn sie erst einmal reden können. Sie reden und reden.

**Aber der Cubaner redet immer zuviel; das ist seine Natur. Ich
glaube, das ist eine Eigenschaft, die fast alle Latinos haben. Obwohl ich finde, die Cubaner schlagen in der Beziehung alle.**

Ja, ja. Die Kolumbianer reden auch viel. Aber dort in Cuba haben wir in
meiner Unterkunft mit einigen Leuten eine Therapie gemacht. Sie haben
es geschafft, aus dem Fenster hinauszurufen: »Nieder mit Fidel!« Dort in
Cuba nämlich müssen die Leute leise sprechen, denn sie fühlen sich vom
cubanischen Geheimdienst verfolgt. Das macht krank. Ich habe noch nie
ein Land gesehen, in dem die Leute so starre, deformierte Gesichtszüge
haben, weil sie aus Angst leise sprechen müssen, so von der Seite ...

**Ich habe noch nie einen Cubaner oder eine Cubanerin mit defor-
miertem Mund oder deformierten Wangenknochen gesehen, noch
nicht einmal auf Grund von Krankheit. Überhaupt sagen das nicht
einmal die Dissidenten. Ich habe noch nie gesehen, daß irgendje-
mand beim Sprechen Grimassen schneidet. Und in Kolumbien?
Merkt man da nicht, was für ein Gesicht die Millionen von Bauern oder auch die Stadtbewohner machen, wenn sie das Militär
sehen? Und in Peru? Und in Guatemala? Und in El Salvador? Und**

die Straßenkinder in Brasilien? Soll ich weitermachen? Entschuldigen Sie, wenn ich das sagen muß, aber es interviewt Sie jemand, der die politische und soziale Problematik Lateinamerikas kennt.

Aber alle Cubaner leiden an einer Neurose, weil sie sich nicht äußern dürfen ... Um wieder zum Thema zurückzukommen: Ich bin sicher, daß es nur eine Entschuldigung des cubanischen Regimes ist, daß an dem ganzen inneren Chaos die Amerikaner schuld sein sollen. Das ist lächerlich. Und ich bin sicher, daß Castro weder an der Aufhebung des Embargos noch an der des Helms-Burton-Gesetzes interessiert ist. Das Embargo gibt es gar nicht, das Regime kann in jedem Land kaufen.

Aber soweit ich das verstehe, ist das Problem des cubanischen Staates nicht, daß er nicht kaufen kann. Er kann nicht mit Devisen rechnen. Die cubanische Währung, der Peso, wird auf dem internationalen Markt nicht anerkannt.

Ja, das kann sein, sicher seit '89. Aber da existierte der Boykott schon.

Ja, aber Cuba hatte gleichberechtigte Handelsbeziehungen mit den Ländern des ehemaligen Ostblocks.

Als Castro diese Hilfe hatte, sagte er, daß er über den Boykott nur lache. Warum macht er das jetzt nicht?

Ja wie soll ein Land ohne Devisen denn überleben? Man kann nicht abstreiten, daß man Cuba im internationalen Handel immer Fesseln anlegt. Man kann nicht abstreiten, daß die Vereinigten Staaten alle Staaten und alle Leute unter Druck setzen, die Geschäfte mit Cuba machen wollen.

Wir haben mit vielen Regierungen gesprochen, auch mit der US-Regierung. Der haben wir vorgeschlagen, daß sie die Radikalen in Miami bremsen soll, damit sie keinen Druck mehr machen, um die Anwendung des

Helms-Burton-Gesetzes durchzusetzen, denn das hilft Castro. Für ihn ist das Embargo nur ein Vorwand, diesem Volk nichts zu essen zu geben.

Frau Lidwien, was waren das für Aktivitäten, die Sie durchgeführt haben, als Sie von jenem ersten Besuch in Cuba zurückkamen?

Wir verfaßten einen Bericht in verschiedenen Sprachen und verbreiteten ihn. Wir begannen mit den Vereinten Nationen und dem Europäischen Parlament zu arbeiten.

Und wir initiierten eine Unterstützungskampagne für die Leute ohne Stimme, für die innere Dissidenz wie Osvaldo Payá. Das war eine diplomatische Arbeit.

Am Anfang signalisierte man uns, daß wir Teil der amerikanischen Politik seien. Aber wir sagten ihnen, daß wir für die Menschenrechte arbeiteten und daß der cubanische Staat kriminell sei. Das sage ich ebenso, wie ich es von der kolumbianischen Regierung auch gesagt habe...

Ich bin Kolumbianer, aber ich bestehe darauf, daß ich es für völlig übertrieben halte, wenn Sie den kolumbianischen Staat, der allgemein als mörderisch und terroristisch bekannt ist, mit dem cubanischen vergleichen.

Ich betrachte Castro als Kriminellen. Und ich habe kein Problem damit, dies auszusprechen.

Er hat ein ganzes Volk unterdrückt. Sieh mal, die Erziehung in Cuba – die ist militärisch! Er ist ein Verrückter. Und ich habe keine Angst, das zu sagen.

Soll in mein Haus kommen, wer will! Ich habe keine Angst!

Frau Lidwien, ist die Menschenrechtsarbeit neutral oder ist sie Teil des weltpolitischen Spiels?

Natürlich ist sie neutral! Warum fragst du mich das? Weil ich das über Fidel Castro gesagt habe?

Kann sein. Aber es überrascht mich, daß eine Person mit so hoher Verantwortung in dieser katholischen Organisation sich so ausdrückt...

Aber es ist Fidel Castro, der dieses Volk eingesperrt hat. Seht doch, noch nicht einmal die Sowjets wußten, was auf der Straße vor sich ging. Als sie schon dabei waren, Cuba zu verlassen, unterhielten wir uns mit ihnen – ganz geheim.

Sie wollten wissen, ob die Leute bereit wären, sich gegen Castro zu erheben. Denn diese Sowjets wollten, daß es in Cuba die gleiche Öffnung gäbe wie in ihrem Land. Cuba ist ein feudales, mittelalterliches Land, was die Arbeitsverhältnisse angeht. Wir wollen, daß es in Cuba unabhängige Gewerkschaften gibt.

Deswegen sind wir jetzt dabei, eine Kampagne zum »Verhaltenskodex« zu machen, die an Investoren in Cuba gerichtet ist. Denn diese internationalen Unternehmen sollen den cubanischen Arbeiter unterstützen, damit er sich unabhängig von der Regierung organisiert.

Und haben Sie die Unterstützung anderer europäischer NGOs für diese Kampagne bekommen?

Es ist nicht so einfach, internationale europäische Organisationen gegen die cubanische Regierung zu mobilisieren. Aber wir kämpfen, damit man wenigstens weiß, daß eine innere Dissidenz existiert, und wir glauben an sie.

Wenn ich mich nicht irre, ist Pax Christi Holland dreimal nach Cuba zurückgegangen. Ist es Ihnen dabei gelungen, andere Dissidentenorganisationen ausfindig zu machen? Und hat die cubanische Regierung Ihnen dabei Hindernisse in den Weg gelegt?

Wir sind zurückgegangen, aber mit Touristenvisa. Aber wie sollte uns die cubanische Regierung behindern? Vielleicht daß man nicht mit den Leuten reden konnte?

Wir haben nicht so viele Gruppen gefunden. Aber das war nicht nötig.
Jede Person auf der Straße erzählt dir alles. Außerdem ist es schwierig, Leute
aus organisierten Gruppen zu treffen, weil es weder Transportmöglichkeiten noch Telefon gibt. Und soviel Repression!

**Aber obwohl Sie sagen, daß es so viel Repression gibt, konnten Sie
mit vielen Leuten reden. Mir scheint es, daß Sie dann auch mit
den sogenannten Dissidenten hätten Kontakt aufnehmen können,
da es doch, wie Sie sagen, so viele davon gibt. Außerdem gibt es
schon Telefon und auch Transportmöglichkeiten, nicht wie in
Europa, aber sie existieren.**

Es ist aber so, daß dort jeder jeden bewacht.

**Wissen Sie, daß die sogenannten Dissidentengruppen Geld oder
andere Unterstützung von der US-Regierung und der extremen
Rechten des Exils erhalten haben?**

Welche?

**Zum Beispiel Gustavo Arcos, der auf internationaler Ebene so
gelobt wird. Außerdem gibt es offizielle US-Regierungsdokumen-
te, in denen die Gruppen aufgelistet sind, die man finanziert hat.
Den Cubanischen Rat eingeschlossen, der Anweisungen und Geld
von der extremen Rechten des Exils erhielt.**

Aber es gibt auch andere Gruppen, wie die von Elizardo Sánchez, der,
wenn auch in sehr bescheidenem Umfang, von einer europäischen Regierung unterstützt wird. Aber wo ist das Problem? Das ist keine Rechtferti-
gung, sie zu unterdrücken.
  Ich wußte nichts von dem, was du mir gesagt hast, aber ich glaube es.
Und was ist das Problem? Diese Dollar helfen diesen Leuten zu leben. Und
wenn sie ihnen andere Arten von Unterstützung zukommen lassen, was
ist das Problem?

Nehmen wir einmal an, Sie wären die cubanische Regierung. Und ich als Dissident würde von US-amerikanischen Stellen finanziert. Wie würden Sie sich verhalten?

Ich glaube, ich würde dich ins Gefängnis werfen. Ich würde das machen, was die cubanische Regierung macht.

Wo ist dann der Unterschied?

Aber dort gibt es Leute, die bekommen Geld von der französischen, belgischen, holländischen Regierung ... Was ist das Problem? Ich bin für eine Öffnung.

Und da ist es egal, ob diese Art Öffnung nur dazu dient, die Nation zu destabilisieren?

Warte mal. Der Cubanische Rat hatte etwas Grundsätzliches. Er war gegen Gewalt ... Natürlich hat die cubanische Regierung auch einige dieser Gruppen finanziert ... Aber ich glaube, daß die Amerikaner sich nicht intelligent verhalten haben.

Die Dokumente und die Praxis beweisen, daß die Regierung der Vereinigten Staaten seit einigen Jahren ihre Taktik geändert hat. Der kriegerische Ton in der Sprache hat sich verändert, bis in die Reihen der Führer der extremen Rechten des Exils hinein. Clinton hat Sonderbotschafter ernannt, die sich mit den cubanischen Angelegenheiten beschäftigen...

Wir haben mit Eizenstat gesprochen. Es schlägt vor, die friedliche Dissidenz zu unterstützen. Aber wir auch. Und ich glaube, daß das sehr gut, sehr intelligent ist.

Denn außerdem ist es das erste Mal, daß man auf europäische Organisationen hört, und Clinton macht das, weil er keine Probleme mit den europäischen Unternehmern will. Clinton weiß, daß man das Helms-Burton-

Gesetz nicht braucht, um die Castro-Regierung zu stürzen. Ich hoffe, daß sie so weitermachen.

Man hat uns erklärt, daß Stuart Eizenstat den europäischen NGOs Geld angeboten hat, die sich seinen Plänen fügen.

Welchen Organisationen? Uns hat er nichts gesagt. Denn als er anfing, von der Finanzierung zu sprechen, haben wir ihm gesagt, daß die Vereinigten Staaten unter keinen Umständen die europäischen Menschenrechtsgruppen ökonomisch unterstützen dürften, denn dann würde man uns mit den Leuten in Miami vergleichen.

Aber Eizenstat hat gesagt, daß man das wohl durch die europäischen Organe in Brüssel erreichen könnte. Ich habe ihm gesagt, daß Geld nicht das Problem sei, denn wenn man eine Überzeugung hat, kommt das Geld von selbst. Ich habe immer noch Geld für das bekommen, was ich machen wollte.

Und ist man in Europa der Überzeugung, daß man den sogenannten Dissidenten helfen sollte?

Langsam erreicht man etwas. Anfang 1997 haben sich ungefähr fünfzehn europäische NGOs und Organe getroffen, die auf irgendeine Art und Weise etwas mit Menschenrechten zu tun haben, um eine Plattform zu bilden...

Entschuldigen Sie, daß ich Sie unterbreche, aber warum sind nicht mehr gekommen, wenn es so viele davon in Europa gibt?

Wir verschickten viele Einladungen, aber nur so viele haben die Einladung angenommen. Auf einmal haben es solche wie Terre des Hommes-Frankreich oder Oxfam-Belgien nicht gewagt zu kommen, weil sie Projekte in Cuba haben, die sie nicht verlieren wollen. Und Oxfam-Belgien unterstützt sowieso eher die Regierung ... Ich weiß nicht. Sie wollen die cubanische Regierung nicht anklagen.

Wir führten das Treffen dann durch, um zu sehen, was wir zusammen für Cuba tun könnten. Und wir werden für die Dissidenz Unterstützung suchen. Aber nicht so sehr finanzielle, die ist zweitrangig. Es geht darum, ihr internationale Anerkennung zu verschaffen, damit sie spürt, daß sie einen politischen und moralischen Rückhalt hat. Die Leute in Miami rufen mich an, um zu protestieren, daß man sie nicht berücksichtigt habe, und weil sie glauben, wir bekämen viele Dollar. Dollar, die wir natürlich einsetzen würden, ohne dafür Rechenschaft ablegen zu müssen. Aber hier in Holland sagten die pro-cubanischen Gruppen auch, daß die Plattform von den Amerikanern geplant, geleitet und finanziert werde ...

Ich glaube, man kommt leicht zu dem Schluß, daß dieses Treffen von der Regierung der Vereinigten Staaten finanziert oder unterstützt wurde, wo doch einige Tage zuvor Stuart Eizenstat dort auf der Durchreise vorbeikam. Ein bißchen viel Zufall, finden Sie nicht?

Mit Eizenstat haben wir uns im November getroffen. Aber da gab es schon einige NGOs, die wir zu koordinieren versuchten. Ich glaube jedoch, daß dieses Treffen nützlich für Clinton war, um im Januar den nordamerikanischen Kongreß zu überzeugen, das Inkrafttreten des Helms-Burton-Gesetzes zu verschieben. Clinton konnte angesichts der kurz bevorstehenden Reise Eizenstats vor dem Kongreß argumentieren, daß in Europa eine Bewegung zugunsten der Menschenrechte und der Demokratisierung in Cuba beginnen würde. Daß die Europäer nicht mehr bereit seien, Fidel Castro so viel Unterstützung zu gewähren. Unser Treffen war ein Faktor, der das beeinflußte. Aber die Erklärung der Europäischen Union, die von der spanischen Regierung vorangetrieben wurde, war auch äußerst nützlich. Kennst du die Erklärung? Die ist wirklich stark! Sehr gut! Das alles passierte um Eizenstats Rundreise herum. Aber es war nicht das Ergebnis der Rundreise. Und ich bin glücklich.

Also stimmt die neue Taktik des Weißen Hauses, die Sie als intelligent betrachten, mit der Unterstützung der inneren Dissidenz

**überein, die Pax Christi Holland und andere europäische NGOs
vorantreiben?**

Natürlich sind die Amerikaner auch glücklich über unsere Bewegung ...
also mit dem, was wir ›Plattform für die Menschenrechte und die Demokratie in Cuba‹ genannt haben. Sie haben nämlich gesehen, daß jetzt einige NGOs anfangen, sich darüber klar zu werden, was in Cuba passiert.
Denn sie sehen, daß viele von jenen Personen, die als progressiv bekannt
sind, sich auch für die Menschenrechte und die Demokratie in Cuba aus-
sprechen ...

**Bei dem Treffen, das hier in Holland im April 1997 stattfand,
waren Sie da auch unter den Organisatoren?**

Nein. Die Organisation wurde von drei holländische Parteien übernommen, aber die Idee dafür ging von der Liberalen Partei aus. Wahrscheinlich, weil Carlos Alberto Montaner aus Madrid der Liberalen Internationalen angehört.

Die holländischen Parteien allein könnten das nicht organisieren. Die
haben keine Ahnung von dem, was in Cuba geschieht. Zu diesem Treffen
kamen vier Parteien der Exilcubaner. In dem Saal waren noch andere Politiker und verschiedene holländische Unternehmer.

Ich bat um das Wort; ich wandte mich an die Unternehmer, um sie
wegen ihrer Investitionen in Cuba zu kritisieren. Ich bat sie, ihre wirtschaftliche Macht zu benutzen, um von der cubanischen Regierung demokratische Veränderungen zu fordern.

Montaner und die anderen Cubaner waren mit meiner Zwischenrede
sehr zufrieden.

**Man rechnet damit, daß der neue cubanische Präsident aus Mi-
ami kommen wird, wenn die augenblickliche Regierung fällt. Und
wenn es nicht einer von jenen ist, dann wird es einer nach dem
Geschmack der US-Regierung sein. Das steht im Helms-Burton-
Gesetz.**

Ja, ja. So sehe ich das auch. Deswegen muß sich Europa in Cuba einmischen. Aber ich weiß nicht ... Ich glaube, die Vereinigten Staaten haben sich sehr verändert. Es ist nicht mehr wie früher, als die USA alles manipulieren konnten. Europa muß sich in Cuba einmischen, damit dort nicht nur einer handelt.

Glauben Sie, daß Europa die Möglichkeit hat, in Lateinamerika ein Gegengewicht zu den USA zu bilden? Schauen Sie doch mal, wie es sogar aus Afrika hinausgedrängt wird. Glauben Sie nicht, daß die Regierungen der EU genauso wie Pax Christi Holland und die anderen NGOs, die Teil des Planes zur Unterstützung der sogenannten Dissidenz sind, der aggressiven Politik der Vereinigten Staaten einen großen Gefallen tun?

Das weiß ich nicht. Aber man muß versuchen, in Cuba Präsenz zu zeigen.
Weißt du, was wir Eizenstat vorschlugen? Daß sie sich militärisch aus Guantánamo zurückziehen sollen, damit die internationale Gemeinschaft, die Vereinten Nationen, dort als Friedensgarant hingehen könnten.

Aber die UNO wird von den USA gesteuert. Das ist spätestens seit der Wahl des letzten Generalsekretärs jedem klargeworden.

Na ja, die UNO würde es auch nicht machen, weil sie kein Geld hat. Aber was die internationale Gemeinschaft dann machen würde, diejenigen, die für einen demokratischen Ausweg für Cuba sind ...

Frau Lidwien, wußten Sie, daß die cubano-US-amerikanischen Kongreßabgeordneten Ileana Ros-Lethinen, Díaz-Balart und Bob Menéndez darauf aus sind, sich Europa anzunähern, um die Destabilisierung Cubas zu erreichen? Wußten Sie, daß diese mit Eizenstat zusammenarbeiten? Daß sie Politiker der extremen Rechten sind, die der FNCA nahestehen? Und ist Ihnen bekannt, daß die ›Fundación‹ vorhat, ein PR-Büro in Brüssel zu eröffnen?

Nein, das wußte ich nicht, aber es erstaunt mich nicht.

Ich halte es für sehr wichtig, daß die Exilierten sich näher kommen. Da bin ich sehr dafür. Das ist sehr gut. Es ist notwendig, daß die Exilierten auch hier in Europa sprechen und nicht nur in Miami. Ich würde sehr gern in die USA gehen, um mich mit diesen Kongreßabgeordneten und den Exilierten zu unterhalten. Ich glaube, daß ich das bald tun werde.

Noch eine Frage zum Schluß, Frau Lidwien. Sie haben gesagt, daß die Regierung der Vereinigten Staaten glücklich über die Plattform der NGOs ist, die von Pax Christi Holland geleitet wird, und daß sie auch glücklich über die EU ist. Kennen Sie einen Fall, in dem Washington sich je für etwas eingesetzt hat, das nicht seinen Interessen entsprach?

Es stimmt, daß sie mit Aznars Position glücklich sind, auch mit den Erklärungen der EU, und daß sie europäische NGOs gefunden haben, die wie wir die Dissidenz unterstützen.

Francisco Aruca
Unternehmer, Direktor und Radiokommentator

»Dissident zu sein, ist zu einem Geschäft geworden,
wegen der Dollars, die von außen kommen.«

Kaum hatte Francisco Aruca seine Karriere als Konterrevolutionär begonnen, da wurde er auch schon verhaftet und zu 30 Jahren Gefängnis verurteilt. Er hatte gerade angefangen, seine Strafe abzusitzen, da gelang es ihm zu entkommen und Cuba 1961 zu verlassen. 1978 kam er in sein Land zurück im Rahmen der Initiative der cubanischen Regierung, die als »Dialog« bekannt ist. Bei seiner Rückkehr nach New York, wo er wohnte und Wurzeln gefaßt hatte, tut er sich mit Freunden zusammen und mit sechstausend Dollar gründen sie die Gesellschaft »Marazul«, spezialisiert auf Charterflüge nach Cuba. »Die Nachfrage war so gewaltig, daß wir drei Monate im voraus ausgebucht waren.« 1986 zieht »Marazul« nach Miami und bemerkt dort, daß ihre Art Werbung von den hispano-amerikanischen Kommunikationsmedien nicht angenommen wird. Deswegen beschließen sie, Sendezeit bei Radio Unión zu mieten. Und so verwandelt sich der Unternehmer Aruca zusätzlich in einen politischen Kommentator. »Es war nicht nur wegen Marazul. Es war auch, weil wir die Notwendigkeit sahen, öffentliche Meinung zu schaffen; damit die Leute eine andere Botschaft als die des Hasses erhielten.«

Ihn erreichen alle Arten von Beleidigungen und Drohungen. »Unbekannte« überfallen den Sender und verprügeln einen Techniker. Auf alle vier Büros, die »Marazul« heute besitzt, werden Anschläge verübt. Aruca läßt sich nicht einschüchtern. Im Gegenteil. Er beginnt eine weitere Sendung in ›Radio Progreso‹. Tatsache ist, daß er sich die Zuneigung und den Respekt eines Teils der Einwanderer erworben hat, und nicht nur der cubanischen. Es gab eine Zeit, als er nur mit Leibwächtern ausging. Jetzt begleitet ihn nur noch eine Pistole. »Ich kann nicht sagen, daß sie mir etwas getan haben. Ah, nur einmal stieß ein Mann absichtlich mit mir zusam-

men und beschüttete mich mit Bier. Ich dachte nur daran, wie sich meine Frau beschweren würde, wenn ich mit diesem Geruch nach Hause
käme.«

**Señor Aruca, obwohl die Frage für uns schon ein Klischee gewor-
den ist, möchten wir Sie doch gerne fragen, was Sie vom cubanischen Exil halten.**

Das cubanische Exil ist fiktiv und antipatriotisch, denn seit wir hier ankamen, warten wir darauf, daß die Amerikaner uns die Lösung liefern. Wenn
es sich auch in einzelnen Punkten unterscheidet, so ist doch sein gemeinsames Geschichtsbild, daß die Amerikaner uns nicht allein lassen sollen.
Sehen Sie, die Absicht, die sie mit den Embargo-Gesetzen verbinden, besteht darin, es in Cuba zu einer sozialen Explosion kommen zu lassen.
Damit, wenn diese stattfindet oder kurz bevorsteht, ein Offizier des Hee-
res kommt und einen Staatsstreich macht.

Aber was dieser Militär dann in den Händen hält, ist eine heiße Kartof-
fel. Schlimmer noch, ein Dampfkochtopf mit verschlossenem Deckel. Er
wird nicht wissen, wie zum Teufel das Problem zu lösen sein wird. An dieser Stelle werden dann diese Mächtigen aus Miami kommen mit der ganzen Unterstützung der amerikanischen Regierung. Da er keine Alternative hat, wird er diese fragen, was er machen muß, damit die Amerikaner ihre
Gesetze aufheben, damit die Hilfsprogramme in Gang kommen und der
Handel normalisiert wird. Der Militär weiß nämlich ganz genau, daß er
sich sonst nicht lange an der Macht halten kann. Und er wird zur Antwort
bekommen: »Praktiziere Demokratie! Du mußt ein paar Wahlen abhalten,
die wir gewinnen.« So ist es geplant – auf Kosten des Volkes und der Souveränität Cubas. Sehr hübsch, nicht wahr?

**Señor Aruca, in Europa hat die sogenannte innere Opposition
eine gewisse Resonanz. Sogar Amnesty International bezeichnete
den Cubanischen Rat als »ernsthafte organisierte Opposition«.**

Ich weiß nicht, woher Amnesty die cubanische Realität kennt. Aber wir kennen sie und wir sagen, daß der Cubanische Rat ein Nichts bleiben wird, weil er von diesem Exil beeinflußt wird, das nicht von den amerikanischen Plänen isoliert gesehen werden kann. Bedauerlicherweise sind die aus dem Rat und die sogenannte Dissidenz allgemein sehr früh zu dem Schluß gekommen, daß sie ohne Miami nicht überleben können, vor allem wirtschaftlich nicht.

Aber der Rat ist bereits Geschichte. Sie haben sich gegenseitig verschlungen, weil jeder seinen eigenen Appetit hatte ... Sehen Sie, Dissident zu sein, ist zu einem Geschäft geworden. Es sind viele, die jeden Tag bei den Radiosendern anrufen und sagen, sie hätten Menschenrechtsgruppen organisiert.

Warum das? Sie wollen den Boden bereiten, daß man ihnen hilft, außer Landes zu kommen, um dann in Miami oder Spanien als Helden empfangen zu werden. Anders gesagt, das Dissidentsein hat sich zu einer Form der Ausreise gewandelt, bei der man nicht auf ein Floß klettern muß. Es mag ehrliche Oppositionelle geben: Das Problem ist, sie zu finden. Denn alles, was es bis jetzt gibt, sind Leute, die ihr persönliches Problem lösen wollen, und das tun sie, indem sie mit dem Feind ihrer Nation gemeinsame Sache machen. Und ich weiß nicht, ob Amnesty International das alles bekannt ist.

Señor Aruca, geben Sie uns Ihre Version, warum es den Vereinigten Staaten und ihren Verbündeten nicht gelungen ist, die cubanische Revolution in die Knie zu zwingen.

Weil sie ignoriert haben, weil sie die Augen davor verschlossen haben, daß die cubanische Revolution mit all ihren Fehlern ein eigenständiger Prozeß war, der sich in Cuba entwickelt hat, weil die Cubaner es so wollten. Eine Revolution, die wirklich ein tiefgehendes soziales Werk zustande gebracht hat. Und das hat ihr die Loyalität eines großen Teiles der Bevölkerung verschafft.

Das System hat dem Cubaner in Cuba in seiner Geschichte das Gefühl vermittelt, daß dort wirklich die Cubaner regieren. Das ist etwas, das sehr viel Gewicht hat.

Nun gut, aber man sagt, daß in Cuba nur Fidel und die Kommunistische Partei regieren...

Aber es sind Cubaner, die regieren. Ich spreche von Nationalgefühl, nicht davon, ob das Volk regiert oder nicht. Ich kenne aber auch noch kein Land, wo das Volk regiert.

Aber betrachten wir die anderen Errungenschaften des Systems. Die Bildung ist auf das ganze Volk ausgedehnt worden. Das Recht auf Arbeit – auch wenn es jetzt wegen der wirtschaftlichen Situation Arbeitslosigkeit gibt –, aber es gibt, zumindest gab es bis vor kurzem für jeden Arbeit. Und auch wenn es immer mal zu Diskriminierungen kommt, ist der Rassismus kein soziales Problem mehr. In Cuba versuchte man, manchmal zu exzessiv – meiner Meinung nach ein Fehler des Systems – zuviel Gleichheit zu erreichen. Es kam der Moment, in dem die Gleichheit ein Ziel war, das über allem stand. Ich bin nicht der Meinung, daß das richtig funktionieren kann. Und wo führte das hin? Daß die Cubaner sich wirklich gleich fühlen, der eine mit dem andern. Sogar hier in Miami. Ein paar Monate, nachdem er hier in Miami mit einem Floß gelandet ist, beginnt ein Cubaner schon, sich an seinem Arbeitsplatz zu beschweren, daß man ihn nicht als Gleichen unter Gleichen behandelt. In Cuba kann der Verwalter einer Fabrik mit dem Arbeiter nicht umspringen, wie er Lust hat, denn damit würde er sich Probleme einhandeln.

Wir sind der Ansicht, daß dies eine Revolution ist, die von Männern und Frauen und nicht von Göttern aufgebaut wurde und folglich Irrtümer enthalten muß. Welche sind das Ihrer Meinung nach?

Nun, ich glaube, daß die Meinungsfreiheit verlorengegangen ist. Natürlich verstehe ich, daß man diese Freiheit abwägen muß unter den Bedingungen, unter denen Cuba lebt, wo der Feind keine Gelegenheit ausläßt zu manipulieren und auf die soziale Explosion hinarbeitet. Und man will uns auch vergessen machen, daß die Bürger der USA und in Europa ihre Meinung auch nicht wie in Friedenszeiten äußern durften, als diese sich im Krieg befanden. Der Golfkrieg war da nur das letzte Beispiel. Auch im ökonomischen Bereich wurden in Cuba schwere Irrtümer begangen, die Rückwirkungen auf die Politik hatten. Einer bestand darin, daß der Staat alles zentralisiert hat. Ich glaube, man muß kleine Privatunternehmen schaffen, damit sich ein autonomer Sektor der Bevölkerung entwickelt, der mit dem Staat im Wettbewerb steht. Ich betone, und das gefällt vielen Leuten hier nicht, daß man zwar Irrtümer begangen hat, die man korrigieren muß, man aber nicht verlangen kann, daß man ein paar sogenannte Dissidenten machen läßt, was ihnen paßt. Denn die warten nur darauf, daß das cubanische System ausrutscht, um ihm dann den Todesstoß zu versetzen.

Sprechen wir von Francisco Aruca. Sie sind eine Ausnahme unter den Dissidentenstimmen in der cubanischen Gemeinde in Miami. Wie ist es gekommen, daß Sie Cuba anders sehen?

In Cuba war ich ein Konterrevolutionär der Linken. Wir glaubten, daß Cuba eine Revolution brauchte, die tiefgreifende Umwandlungen durchführen müßte. Aber ich habe dann in Washington Ökonomie studiert und dort habe ich festgestellt, daß der cubanischen Revolution während der ersten vier Jahre nicht viele Alternativen blieben. Sie hat einfach das gemacht, was sie machen mußte. Cuba war ein Land, das in jenem Augenblick von den Amerikanern und diesem Exil belagert wurde. Mit einer Revolution, die dem Volk auf allen Gebieten Fortschritte versprochen hatte, die sie nun auch erfüllen mußte. So gesehen kann man sagen: Wenn die Sowjets nicht geholfen hätten, wäre der Prozeß gescheitert. So bin ich zu dem Schluß gekommen, daß ich nie hätte konspirieren, sondern dableiben sollen. Und heute wäre ich sicher in der Gruppe der Reformer.

Wofür kamen Sie in der Anfangszeit der Revolution ins Gefängnis?

Weil ich gegen den Kommunismus konspirierte. Ich gehörte zur Linken, aber ich war ein Produkt der katholischen Erziehung. Uns haben die Jesuiten beigebracht, daß der Kommunismus durch und durch pervers sei.

Genauso haben sie das gesagt. Und ich werde Ihnen eine Anekdote erzählen, damit es Ihnen klarer wird. Eines Tages, als ich in Cuba konspirierte, unterhielt ich mich mit einem Freund. Und dies war so ungefähr der Dialog. Ich fragte ihn:

»Hör mal, sind wir gegen die Agrarreform?«

»Nein, auch wenn uns im Einzelnen nicht alles gefällt, ist es doch notwendig, daß der Bauer Land bekommt.«

»Sind wir gegen die Nationalisierung der amerikanischen Unternehmen?«

»Nein, die Amerikaner hatten viel Einfluß hier. Das muß aufhören.«

»Sind wir gegen die städtischen Reformen?«

»Nein, die Mieten müssen bezahlbar sein.«

»Also ... warum konspirieren wir dann?«

»Weil das Kommunismus ist, Junge!«

»Scheiße, wirklich, wenn es keine Kommunisten wären, würden wir mit diesen Leuten zusammengehen!«

Stellen Sie sich vor, das hat uns fast den Kopf gekostet!

Eine andere Frage, die zum Klischee geworden ist: Was passierte wohl in Cuba, wenn heute Fidel Castro verschwinden würde?

Ich weiß nicht, was passieren kann. Er ist jemand, der sehr schwer zu ersetzen ist. Das ist das Problem mit den großen Führern, die die Menschheit hervorgebracht hat. Er hat eine derartige Autorität, daß alles, was er sagt, Gewicht hat. Und das hat dem Ganzen eine bestimmte Ordnung gegeben. Keiner möchte, daß die Amerikaner oder die Mafia sich des Landes bemächtigen. Keiner möchte, daß das passiert, was mit den Ländern des ehemaligen Ostblocks passiert ist.

Aber gibt es niemanden, der die Macht übernehmen könnte? Gibt es keine gut ausgebildeten Kader?

Im Gegenteil, es gibt eine ganze junge Generation, gut ausgebildet und strukturiert, die auch immer mehr Entscheidungen trifft. Denn schon seit einiger Zeit trifft Castros Generation nicht mehr alle Entscheidungen in

Cuba. Außerdem ist die Struktur der Macht nicht so, wie sie normalerweise für Lateinamerika typisch ist, wo es einen Diktator oder einen Zivilisten an der Spitze gibt, die Politiker, die Generäle und die Truppe. Die cubanische Struktur gleicht der europäischen, denn sie ist sehr integrativ und entwickelt. Und es gibt eine wirkliche Beteiligung des Volkes bei der Entscheidungsfindung. In Cuba wird alles diskutiert, in jedem Häuserblock, in jedem Viertel, manchmal übertrieben.

Willem C. van t'Wout

Direktor der Nickel-Importgesellschaft
FONDEL, Holland

> *»Die europäischen Länder haben Angst vor einem*
> *freundschaftlichen Verhältnis zu Cuba, weil sie ih-*
> *ren Beziehungen zu den USA nicht schaden*
> *wollen.«*

Seit 1959 ist die Hauptstrategie der USA, Cuba ökonomisch zu strangu-
lieren. Die meisten Staaten der Welt sind dabei ihre willigen Komplizen gewesen. Als es zum Zusammenbruch des sogenannten Ostblocks kommt
und Cuba nicht ebenfalls fällt, zieht Washington den Strick noch enger –
und viele Staaten klatschen sadistisch Beifall oder bleiben weiter unbetei-
ligte Zuschauer, was auf das gleiche hinausläuft.

Aber es gibt ein paar Investoren, die das Risiko eingegangen sind, von den
Vereinigten Staaten dafür »bestraft« zu werden, daß sie die Konditionen
der cubanischen Regierung für die Gründung von »joint ventures« akzeptiert haben.

Außerdem sind sie den Plänen der Konterrevolution ausgesetzt, die in
ihrem »Offenen Brief an ausländische Investoren« im Mai 1992 ausführte: »Wir vertreten die Auffassung, daß jede Investition, die in Cuba unter
den gegenwärtigen Bedingungen getätigt wird, nicht die Unterstützung
durch Gesetze verdient, die eine zukünftige cubanische Regierung zum
Schutz des Privateigentums erlassen wird. Wir sind der Meinung, daß diese Investitionen als Teil des nationalen Vermögens zu betrachten sind, über
das frei verfügt werden kann...«[139]

Wir nahmen mit fünf europäischen Investoren Verbindung auf. Zwei sagten, daß sie keine politischen Themen behandeln wollten. Und von den
restlichen wählten wir Willem C. van t'Wout aus, Holländer, Importeur von
Nickel und anderen cubanischen Produkten. Wie die anderen sind er und
seine Gesellschaft auf der »schwarzen Liste« der US-Regierung.

Ihre Gesellschaft investiert seit vielen Jahren in Cuba. War das nicht schwierig aufgrund des Embargos der Vereinigten Staaten?

Zu Beginn unserer Zusammenarbeit mit Cuba trafen uns die Konsequenzen des nordamerikanischen Embargos hart. Aber im Laufe der Jahre haben wir Möglichkeiten gefunden, es zu umgehen.

Ich werde Ihnen nicht erzählen, welche, weil ich denke, daß die Nordamerikaner wissen wollen, wie wir das machen. Aber das Embargo hat ein Klima der Angst in der Welt des Handels hervorgerufen wegen der Rückwirkungen und der Sanktionen, die die Amerikaner verhängen können. Und das ist in all den Jahren nicht besser geworden. Im Gegenteil: Es ist schlimmer geworden. Und das Helms-Burton-Gesetz ist das letzte Manöver, das sie ersonnen haben, um an dieser unnachgiebigen Haltung gegenüber Cuba festzuhalten.

Vor ein paar Jahren hat die cubanische Regierung damit begonnen, ihre Politik bei ausländischen Investitionen durch Varianten zu ergänzen. Was halten Sie davon?

Seit dem Fall der Berliner Mauer hat man mit einigen Veränderungen in Cuba begonnen, die wir als positiv betrachten, auch wenn sie uns nicht schnell genug gehen. Die cubanischen Behörden haben gute Gründe, warum sie so handeln. Sie wollen keinesfalls in eine Lage geraten wie die ehemaligen sozialistischen Länder, wo jetzt die Mafia regiert.

Die cubanische Regierung hat ihre eigene Sicht der Dinge, die im Widerspruch zu dem steht, was die Europäer Cuba auferlegen wollen. Aber ich glaube, daß die Cubaner sehr gut wissen, was sie wollen und wie sie es erreichen können.

Was auch immer die anderen sagen mögen, unserer Erfahrung nach ist Cuba auf jeden Fall eines der ehrlichsten Länder, mit denen man Geschäfte machen kann.

Welche Haltung nimmt Ihrer Meinung nach die Europäische Union ein?

In Wahrheit sieht es so aus, daß die Europäische Union keinen Dialog mit Cuba will: Nur Druck und viele Bedingungen. Denn die europäischen Länder haben Angst vor einem freundschaftlichen Verhältnis zu Cuba, weil sie ihren Beziehungen zu den USA nicht schaden wollen. Aus diesem Grund haben sie dieses Land unglücklicherweise sehr schändlich behandelt. Sie respektieren es nicht.

Cuba muß nicht nur versuchen, dem Handelsembargo auszuweichen, sondern auch dem Druck wegen angeblicher Menschenrechtsverletzungen...

Das ist richtig. In Holland und in der Europäischen Union allgemein benutzt man dieses Menschenrechtsargument, um jegliche Beziehung zu Cuba von Bedingungen abhängig zu machen. Man respektiert Cuba nicht.

Wie es gerade paßt, vergißt man, daß die Vereinigten Staaten ihm einen Krieg erklärt haben, den sie seit vierzig Jahren aufrecht erhalten. Cuba wird von außen bedroht. Ich bin kein Experte beim Thema Menschenrechte, aber ich glaube, und das müssen auch die europäischen Regierungen wissen, daß die meisten politischen Gefangenen in Cuba Agenten der CIA sind.

Das führt manchmal auch zu absurden Situationen. So organisierten zum Beispiel im April 1997 die vier holländischen Regierungsparteien eine Konferenz mit dem Titel »Kooperation oder Konfrontation. Wie kann man die Demokratie in Cuba fördern?«

Die Mehrheit der geladenen Gäste war gegen die cubanische Regierung. Aber was das schlimmste ist: Man mußte kein Kenner Cubas sein, um nach all diesen Debatten zu dem Schluß zu kommen, daß sie allesamt schlecht informiert waren. Daß alles, worauf sie sich beriefen, aus den typischen Quellen des Exils stammte. Absurd.

Wo Sie vom Exil sprechen – scheint es Ihnen nicht so, daß die reaktionärsten Sektoren dieses Exils dabei sind, sich Raum in Europa zu erschließen?

Da gibt es keinen Zweifel. Mit der Menschenrechtsargumentation werden in Europa Leute akzeptiert, die der Fundación Nacional Cubano Americana sehr nahestehen. Zu der erwähnten Konferenz im April 1997 waren Carlos Alberto Montaner und andere Cubaner aus Miami eingeladen, was politisch soviel bedeutet, daß man dabei ist, ihnen gegenüber die Arme zu öffnen. Sie versuchen, alle Beziehungen, die die cubanische Regierung hat oder haben könnte, zu blockieren. Obwohl ich sicher bin, daß die, die mit Cuba Geschäfte machen, sich davon nicht beeinflussen lassen.

Aber die Miami-Leute und die amerikanische Regierung sind in Europa in der Offensive. So hat mich zum Beispiel der nordamerikanische Sonderbotschafter Eizenstat aufgesucht, weil er wollte, daß ich meine Position gegenüber Cuba ändere. Ich weiß, daß er auch andere Unternehmer besucht hat. Es ist ihnen bereits gelungen, einige Organisationen wie Pax Christi Holland zu beeinflussen. Denn Ende 1996 schrieb mir Frau Zumpolle einen Brief, in dem sie mir vorschlug, ich sollte doch einige cubanische Dissidenten empfangen, die sich gerade auf einer Rundreise befänden.

Sie versuchen, politisch Wirkung zu erzielen, und für mich ist es klar, daß die Menschenrechte das letzte Argument sind, das ihnen bleibt, um Cuba anzugreifen.

Xavier Declercq

Verantwortlicher für Mobilisierung und politische Aktionen der *Oxfam-Solidarität*, Belgien

> *»In dem Krieg, den sie gegen Cuba führen, ist die Miteinbeziehung der NGOs bei der Infiltration des historischen Prozesses und der Spaltung der Gesellschaft für die Vereinigten Staaten ein wichtiger Teil ihrer Strategie.«*

Am 4. und 5. März 1996 wurde in Brüssel die Dritte Konferenz über die Zusammenarbeit der NGOs Europa/Cuba veranstaltet. Daran nahmen 47 NGOs aus zwölf europäischen Ländern teil. Von cubanischer Seite waren 9 NGOs anwesend, außerdem Vertreter der Nationalversammlung des Poder Popular, des Investitions- und Außenministeriums.

Ziel der Konferenz war es, »den Austausch unter den teilnehmenden Organisationen im Hinblick auf die Dynamik, die Methodik und die Konzeption der Arbeit zu erleichtern, aber auch eine noch stärkere Präsenz von cubanischen NGOs im europäischen Raum zu ermöglichen«. Das Ereignis fand im Rahmen des Europäischen Parlaments statt, auf Initiative einer parlamentarischen Untergruppe, die sich »Gegen die Blockade« nennt. Diese hatte ihrerseits als Hauptziel, den Institutionen und Repräsentanten des Europäischen Parlaments »die Existenz der immer dynamischer werdenden sozialen Wirklichkeit der Bewegung der cubanischen NGOs« zu zeigen und auch deutlich zu machen, welche Unterstützung sie von den so wichtigen europäischen Partnerorganisationen bekommen.

In der Abschlußerklärung der Konferenz heißt es: »Es ist hauptsächlich die Suche nach einer neuen Vision der Welt, verankert in der Ethik der Solidarität, die die europäischen und die cubanischen NGOs eint. Wie kann man Gesellschaften aufbauen mit einem politischen System, das partizipativ ist, mit einem demokratischen Wirtschaftsmodell, in dem sich außerdem noch befreiende und ökumenische Kulturen entwickeln und die einen Lebensstil fördern, der ökologisch verträglich ist; das sind die wahren Herausforderungen, die uns alle einen müssen, unabhängig davon, auf welchem geographischen Breitengrad wir unsere Aktivität entwickeln.

Gemeinsam erklären wir unsere Ablehnung gegenüber jedem Versuch, Cuba oder irgendeinem anderen Land Modelle aufzuerlegen, die sich bereits am Ende des Jahrhunderts als unbrauchbar erwiesen haben, während überall im Norden und im Süden nach alternativen Wegen gesucht wird.«

In Übereinstimmung damit heißt es etwas weiter: »Für die europäischen NGOs bedeutet die Stärkung des Handlungsspielraums der Nicht-Regierungs-Organisationen nicht, daß wir dadurch eine Gegenkraft innerhalb des cubanischen Staates konsolidieren, welche ihn von innen aushöhlen soll, wie es die gegenwärtige Politik der USA proklamiert (...). Wir sind überzeugt, daß das nicht die Art und Weise ist, wie man soziale und politische Veränderungen unterstützt, die ja vom Staat selbst ausgehen. Und noch weniger ist es ein Weg, die Initiativen der sozialen Organisationen zu beleben, die darauf gerichtet sind, die Lebensbedingungen des cubanischen Volkes strukturell zu verbessern (...).«

Oxfam-Belgien war eine der ersten europäischen NGOs, die nach Cuba gingen, um sich an Entwicklungsprojekten zu beteiligen. Das führte zu Problemen, da sie sich einer Politik der Europäischen Union gegenübersahen, die sich gegen eine ökonomische Unterstützung der Projekte wandte – und nicht nur in diesem karibischen Land.

Monsieur Declercq, wie nimmt man im Kreis der europäischen NGOs die Zusammenarbeit mit Cuba wahr?

Obwohl sich die Bedingungen seit ungefähr acht Jahren verändert haben, sind die internationalen NGOs in Cuba in der Vergangenheit wenig präsent gewesen. Ein Teil hat geglaubt, daß es schwierig sei, dort zu arbeiten, weil einem der örtliche Gegenpart fehle. Andere waren der Auffassung, daß der Entwicklungsstand in Cuba so hoch sei, daß keine Unterstützung nötig sei. Einige haben über Jahre hinweg geprüft, ob sie nun unterstützen sollen oder nicht. Viele, die vergessen haben, welche Rolle dem Staat zukommt, glauben, daß alles von der sogenannten »Zivilgesellschaft« organisiert werden müsse. Sie glauben, daß diese Gesellschaft sozusagen den Staat ersetzen müsse; sie vergessen, daß der Staat dazu da ist, die Verteilung und die Investition des Reichtums zu garantieren. Sie wollen, daß fast alles in den Händen von privaten Unternehmen bleibt. Für diese NGOs, und davon gibt es viele, ist die Zivilgesellschaft eine magische Formel. Und wenn sie dieses Konzept vertreten, geraten sie in Widerspruch zur cubanischen Regierung, was die Arbeit in Cuba schwierig, wenn nicht unmöglich macht.

Warum also hat Oxfam-Belgien sich entschlossen in diesem Land zu arbeiten?

Die Vorstellung von Entwicklungszusammenarbeit, die wir vertreten, unterscheidet sich etwas von der vieler anderer NGOs. Deswegen haben wir vor kurzem unseren Namen in Oxfam-Solidarität umgewandelt. Man muß den Akzent auf die Solidarität setzen, um die Gerechtigkeit betonen zu können. Es geht nicht darum, feuchte Umschläge über die Armut zu legen; das ist nämlich das, worauf viele NGOs ihre Anstrengungen konzentrieren. Es gibt viele NGOs, die ihre Vision verloren haben und nicht mehr sehen, daß die politischen Strukturen, die die Armut schaffen, die gleichen sind, die die Ungerechtigkeit immer stärker werden lassen. Man hat einfach vergessen, sich über die Ursprünge der Armut Gedanken zu machen. Zu viele NGOs beschränken sich auf ihr kleines Projekt, das auch ganz gut und nutzbringend für die Leute sein mag, für die es gedacht ist, aber nicht dazu beiträgt, die soziale und ökonomische Ungerechtigkeit bei der Wurzel zu packen.

Wir wenden die Konzepte der Solidarität auf die gegenwärtige cubanische Situation an; wir stellen fest, daß es viel Gerechtigkeit in diesem Land gibt, was sich in einem sehr hohen Grad an Gesundheit ausdrückt, an Bildung und politischer Mitsprache des ganzen Volkes. Und diese Gerechtigkeit hat der Staat organisiert und verwirklicht. Oxfam-Solidarität Belgien ist sich sicher, daß man die Fortsetzung dieser Gerechtigkeit unterstützen muß.

Monsieur Declercq, aber das heißt ein bißchen gegen den Strom schwimmen. Wenn es eine Kritik am cubanischen Prozeß gibt, dann ist es die, daß der Staat alles zentralisiert hat.

Es ist richtig, daß viele NGOs nicht akzeptieren, daß der cubanische Staat alle Verantwortung für die Sorge um die Gesellschaft übernommen hat. Sie sehen nicht, daß der Staat anders als andere angesichts der Krise reagiert hat.

In den übrigen Ländern entsprechen die Rezepte, die angewendet werden, den neoliberalen Empfehlungen der Weltbank und des Internationalen Währungsfonds. Und wir konnten alle feststellen, daß die wirtschaftlichen Angleichungen, die durchgeführt wurden, die Mehrheit des jeweiligen Volkes betroffen und in größere Armut gestürzt haben. Die mächtige Minderheit ist davon nicht betroffen.

Anders als in Cuba sind in diesen Ländern die politischen Interessen der Mächtigen eng mit deren ökonomischen Interessen verbunden. In Cuba versucht die Regierung den Reichtum und die Armut zu verteilen, und das gelingt ihr vergleichsweise gut. Es ist eine ziemlich egalitäre Gesellschaft, in der der Staat auf die Befriedigung der Grundbedürfnisse der Bevölkerung größten Wert legt.

Also lohnt es sich nicht, diesem zur Zeit einzigartigen Experiment auf der Welt mit etwas Sauerstoff zu helfen?

Unsere Absicht und die einiger weniger NGOs ist es, die Anstrengungen der Cubaner zu unterstützen, damit die Errungenschaften ihres historischen Prozesses erhalten werden können. Und deshalb arbeiten wir mit lokalen NGOs zusammen, aber auch mit Massenorganisationen; und warum eigentlich nicht mit Regierungsinstanzen! Vielen erscheint es nicht logisch, daß man mit staatlichen Instanzen zusammenarbeitet. Aber wenn diese doch den Interessen der Mehrheit dienen, warum soll man sie dann nicht als Gegenüber haben?

Aber nach dem, was wir von anderen NGOs gehört haben...

Es gibt viele NGOs, die nicht die Ungerechtigkeiten zu sehen scheinen, die diesem Land gegenüber begangen werden. Die größte ist die Absicht der Nordamerikaner, die ganze Welt in die Blockade einzubeziehen, die sie über Cuba verhängt haben. Und es scheint, daß die anderen Staaten der Welt nicht bemerken oder nicht bemerken wollen, daß diese Blockade direkt die Lebensbedingungen des cubanischen Volkes beeinträchtigt. Wenn wir außerdem etwas über Cuba hinausblicken, so ist sehr leicht festzustellen, daß sich in den gegenwärtigen internationalen Beziehungen eine sehr gefährliche Tendenz entwickelt. Die Vereinigten Staaten verneinen die Existenz des internationalen Rechts. Das Neue daran ist, daß diese Tendenz institutionalisiert werden soll. Cuba ist ein Beispiel, das anschaulich zeigt, wie die Supermacht beschlossen hat, ihre Interessen zu konsolidieren: das Recht des Stärksten. Ich glaube, man benötigt mehr Ethik in der internationalen Politik. Das muß auch eine Aufgabe für die NGOs sein. Und sich dem historischen Prozeß in Cuba zu verpflichten, ist ein guter Anfang.

Oxfam-Belgien hat eine große Erfahrung in der Zusammenarbeit mit verschiedenen Ländern auf der Welt. Ist die Beziehung zu Cuba anders?

In gewisser Hinsicht ist sie anders. Internationale Entwicklungszusammenarbeit ist etwas Neues für die Cubaner. Sie haben wenig Erfahrung sammeln können, und das erschwert die Beziehungen manchmal ein bißchen. Mit ihnen zusammenzuarbeiten ist auch anders, weil sie sehr stolz sind. Treffender gesagt, sind sie sich ihres historischen Prozesses sehr bewußt; deswegen haben die Regierung und das Volk viel Würde und sie akzeptieren nicht, wenn man ihnen etwas vorschreibt.

Für einige internationale NGOs waren das Respektieren von Prioritäten und die Kooperationsverträge nur Worte, die auf dem Papier standen. Aber in Cuba muß man die Bedingungen einhalten, die die Cubaner selbst aufgestellt haben, weil sie sehr darauf bedacht sind, daß man lernt ihren politischen Prozeß zu würdigen. Das macht die Beziehungen mit den Cubanern transparent.

Es ist wichtig zu erwähnen, daß die Gemeinschaft der internationalen NGOs bei drei Zusammenkünften[140] mit ihren cubanischen Gegenparts sich auf Grundlagen der Zusammenarbeit einigen konnte. Das Wichtigste ist meiner Meinung nach, daß die internationalen NGOs die Initiativen unterstützen, die von ihren cubanischen Partnern kommen. Denn es sind nicht wir, die Europäer, die herauszufinden haben, welches Projekt die Cubaner brauchen.

Entschuldigen Sie, daß wir Sie unterbrechen. Wie ist Ihre Version des Vorfalls von 1993 zwischen den ›Ärzten ohne Grenzen‹ und der cubanischen Regierung?

Es ist so, daß es ein sehr großes Problem mit den NGOs in den entwickelten Ländern gibt, und so war es auch bei den ›Ärzten ohne Grenzen‹. Wir meinen, wir könnten alle Probleme der Dritten Welt regeln und unsere Art von Organisation wäre die beste und einzig mögliche. Hatte das cubanische Gesundheitsministerium vielleicht nicht recht, als es den ›Ärzten ohne Grenzen‹ verbot, ihre eigene Niederlassung in Cuba zur Verteilung von Medikamenten zu eröffnen? Wenn es den Cubanern gelungen ist, eines der besten Gesundheitssysteme der Welt aufzubauen, das noch über dem nordamerikanischen und dem europäischen steht, warum sollte man denn versuchen, das zu ändern?

Es sind die Cubaner, die entscheiden, wo die medizinische Hilfe hingeht, die wir übergeben. Und ich versichere Ihnen, wir haben immer die Möglichkeit zu kontrollieren, ob sie richtig ankommt. Dort kann nämlich nicht eine Institution allein die Dinge nach ihrem Gusto entscheiden. Aber das mit den ›Ärzten ohne Grenzen‹ war, glaube ich, nicht so schlimm.

Es gab den Fall einer nordamerikanischen NGO, die einer cubanischen zwei Millionen Dollar anbot. Die einzige Bedingung dafür war, daß ihre eigenen Leute mit einreisen durften, um dort persönlich gratis Bibeln zu verteilen. Das scheint auf den ersten Blick harmlos, ist es aber nicht. Das sind Organisationen, die eine sehr subtile Arbeit machen auf der Basis von Plänen, die nicht offengelegt werden. Man darf nicht vergessen, daß sehr viele NGOs dazu benutzt werden, die politischen Interessen der reichen

Länder durchzusetzen. Und im Falle Cubas wollen die Vereinigten Staaten, daß diese Organisationen ihren Interessen dienen.

Das ist eine sehr heikle Behauptung. Können Sie darauf noch etwas näher eingehen? Glauben Sie nicht, die cubanische Regierung leidet an einer Paranoia infiltriert zu werden?

Die Miteinbeziehung von NGOs zur Infiltration des historischen Prozesses und der Spaltung der Gesellschaft ist ein wichtiger Teil der Strategie der USA bei ihrer Aggression gegen Cuba. Und von Infiltration verstehen die Cubaner mehr als genug; denn seit 1959 waren sie jeden Tag Versuchen ausgesetzt, die von den USA ausgingen und für die diese jetzt, wie es scheint, manche europäische NGOs einspannen wollen.

Man muß wissen, daß die nordamerikanische Regierung von zwei Schienen spricht. Schiene eins ist die Blockade. Und die zweite Schiene ist die Infiltration mittels der NGOs. Ich erfinde das nicht. Das steht in offiziellen Texten, und viele Experten haben das Thema gründlich analysiert. Seit einigen Jahren lancieren die Vereinigten Staaten eine Kooperationspolitik, die ihre NGOs gegenüber der Dissidenz in Cuba praktizieren sollen. Und wir sehen, daß sich dies auf Europa ausdehnt. Der Sonderbeauftragte Clintons für Cuba, Eizenstat, hat sich in Europa mit verschiedenen NGOs getroffen. Und in einigen Fällen hat er angeboten, einen Fond über Millionen von Dollar zur Verfügung zu stellen, wenn diese damit einverstanden wären, mit der Dissidenz zusammenzuarbeiten. Bis jetzt weiß ich von keiner NGO, die dieses Geld angenommen hat. Das wäre auch dumm von ihr. Aber in einigen Fällen hat das Verwirrung gestiftet.

Gibt es Ihrer Kenntnis nach europäische NGOs, die bereit sind, sich der Strategie, die vom Weißen Haus angestrebt wird, unterzuordnen?

Zum Glück für die Clinton-Administration gibt es einige europäische NGOs, die dazu bereit sind, die Dissidenz zu unterstützen, ohne dafür Dollar zu bekommen.

Aber im Augenblick gibt es, soviel ich weiß, nur eine NGO, die gemäß den nordamerikanischen Weisungen arbeitet. Es handelt sich um Pax Christi Holland. Und sie tut das, obwohl sie bei den anderen Pax-Christi-Organisationen auf der ganzen Welt heftigen Widerspruch erntet. Obwohl diese NGO mit ihren Plänen in Bezug auf Cuba erst begonnen hat, muß man in Europa sehr aufpassen, denn es ist ihr hier gelungen mit anderen NGOs zu kokettieren. Das Unglaubliche ist, daß man in den Dokumenten dieser NGO viele Aussagen der Clinton-Administration wörtlich übernommen hat, zum Beispiel was die Forderungen an die privaten europäischen Unternehmen angeht.

Außerdem weiß ich von einem offiziellen Text der nordamerikanischen Regierung, in dem diese holländische NGO für ihre Initiative, der cubanischen Dissidenz Stimme und Unterstützung gegeben zu haben, beglückwünscht wird. Ich glaube, daß die europäischen NGOs über diese Tatsachen informiert sein müssen. Wenn man nicht den vollen Überblick hat, ist es schwierig, die einzelnen Initiativen zu bewerten, die wirklichen Absichten zu erkennen, die dahinterstecken. Und das Thema der Menschenrechte ist ein heikles Thema, das von den Nordamerikanern in großem Rahmen ausgebeutet wird, um die europäischen NGOs zu überzeugen.

Wer ist nicht damit einverstanden, daß man die Menschenrechte respektiert! Aber in dem Augenblick, da man dieses Thema als Waffe im Feldzug gegen das cubanische System benutzt, erscheint es mir sehr verdächtig.

Wayne Smith
Ehemaliger Chef der Interessenvertretung der
USA in Havanna, *SINA*

> *»Die Dissidenten und Menschenrechtsgruppen in
> Cuba sind einfach ein paar Leute, die nur so lan-
> ge wichtig für uns sind, wie sie dem einen Zweck
> dienen: der Destabilisierung des Regimes von Fidel
> Castro.«*

Bei der innenpolitischen Opposition, die sich gegen die Strategie der USA
in Bezug auf Cuba richtet, fallen besonders zwei Politiker mit ihren Positionen auf, auch wenn sie das cubanische politische System nicht unein-
geschränkt gutheißen. Einer davon ist der ehemalige Justizminister Ramsey Clark. Dieser hat bei vielen Gelegenheiten wiederholt, daß »die USA
mit ihrer gewaltigen wirtschaftlichen und militärischen Macht vier Jahrzehnte lang versucht haben, die Regierung des benachbarten Cuba, eines
kleinen und viel ärmeren Landes, zu stürzen (...).

Cuba, das noch vor nur vierzig Jahren unter extremer Armut, Analphabetismus, Krankheiten, Gewalt, Korruption und fremder Ausbeutung litt,
hat sich dieser beeindruckenden Macht und den dauernden Drohungen
widersetzt und ist auf internationaler Ebene führend auf fast allen Gebieten der menschlichen Entwicklung geworden. Der Analphabetismus ist wir-
kungsvoll ausgerottet worden. Es entstand ein ausgezeichnetes System der
höheren Bildung, das ein enormes Kapital an hochqualifizierten Technikern und Fachleuten geschaffen hat, die ihre Dienste armen Ländern anbieten. Das cubanische Gesundheitssystem findet in der Dritten Welt nicht
seinesgleichen, was die Vorsorge, Behandlung, Beratung und Forschung
angeht und es hat sich in ein Modell für alle Nationen verwandelt.

Innerhalb von dreißig Jahren hat Cuba die Kindersterblichkeit von ungefähr 90 auf 1000 Lebendgeborene auf ein Niveau gesenkt, das niedriger
als das in den USA und in der Mehrzahl der reichsten Länder der Welt ist.

Es hat Impfstoffe entwickelt, die sich mit internationalen Maßstäben messen lassen können. Die cubanischen Ärzte, Krankenschwestern, Arbeiter im Gesundheitswesen und die cubanische Medizin haben das Leben von Millionen in Dutzenden von armen Ländern gerettet. In Cuba gibt es keine Obdachlosen. Es gibt anständige Arbeit für jeden. Die Kunst, die Musik, der Tanz, das Kino, die Poesie und die Literatur entwickeln sich überall in Cuba. Die physische Verfassung seines Volkes hat sich in Atlanta bewiesen, wo die Cubaner Goldmedaillen im Boxen und im Baseball gewannen, in weit größerem Umfang als ihn Nationen unter ähnlichen wirtschaftlichen Bedingungen und mit einer ähnlichen Anzahl von Einwohnern erreicht haben ...

Die nordamerikanische Blockade gegen Cuba ist ein Verbrechen gegen die Menschheit. Die Vereinigten Staaten haben die Absicht, dem cubanischen Volk zu schaden und treffen dabei notwendigerweise die Schwächsten und Verletzlichsten, also die Kinder, die alten Leute und die chronisch Kranken. Die Vereinigten Staaten wissen, was mit den fast 200.000 Diabetikern passieren kann, die es in Cuba gibt, wenn sie keine Möglichkeit haben, an Insulin zu kommen (...).«[141]

Der andere Politiker ist Wayne Smith, Hochschulprofessor und ehemaliger Chef der Interessenvertretung der Vereinigten Staaten in Havanna. Er hat auf seinem Kreuzzug einige Schlachten verloren. Zum Beispiel, als die von der extremen Rechten in Miami und New Jersey beeinflußten Kongreßabgeordneten »Tele Martí« durchsetzten. Smith war absolut dagegen. Zum einen, weil es gegen jedes internationale Abkommen verstieß und zum andern, weil es eine millionenschwere Investition war, die die cubanische Regierung sowieso blockieren würde, was auch geschah. Zu dieser Zeit führten beide Regierungen gerade Dialoge über Migration und andere wichtige Themen von beiderseitigem Interesse. Und Smith wußte, daß Cuba sich vom Verhandlungstisch zurückziehen würde, wenn »Tele Martí« seine Übertragungen aufnähme.

So geschah es und Smith trat zurück. Smith ist auch gegen das Helms-Burton-Gesetz. Er ist sich sicher, daß es als Methode für einen schnellen Übergang zum Kapitalismus wirkungslos ist. In seinen Schriften und Konferenzenbeiträgen läßt er seine Option für die Länder des ehemaligen

Ostblocks durchscheinen, wo es seiner Meinung nach einer größeren Aggression gar nicht erst bedurfte, um wieder den Kapitalismus einzuführen.

Unglücklicherweise hatte er nicht viel Zeit für das Interview. Aber was er uns in diesen wenigen Minuten sagte, halten wir für sehr wichtig. Smith gibt Dinge zu, die ein US-Politiker nur ungern öffentlich ausspricht.

Mr. Smith, erklären Sie uns, warum Sie mit dem Helms-Burton-Gesetz nicht einverstanden sind.

Weil die USA mit der Anwendung dieses Gesetzes einen Irrtum begehen. Wenn der Druck gegenüber Cuba zunimmt, wird das Regime mit einer stärkeren inneren Disziplin reagieren und das Volk um die Fahne und die Souveränität vereinen. International betrachtet hat das Gesetz, wenn man es ausgehend von unseren Interessen analysiert, wenig Sinn. Während Cuba für uns keine Bedrohung darstellt, verschlechtern wir die Handelsbeziehungen mit den Kanadiern und den Europäern, weil es internationale Gesetze verletzt.

Doch obwohl die Europäer und die Kanadier auf dieses Gesetz richtig reagiert haben, indem sie die USA wissen ließen, daß diese Politik einen von ihnen zu bezahlenden Preis fordert, sind ihre Möglichkeiten begrenzt. Europa ist sehr legalistisch und denkt, daß wenn man den Vereinigten Staaten sagt, sie müßten sich an internationale Vereinbarungen halten, sie das dann auch tun würden.

Vergessen Sie das! Die Vereinigten Staaten akzeptieren noch nicht einmal die Rechtsprechung eines internationalen Gerichtshofs. Die Initiative für dieses Gesetz ging von einer Gruppe von Personen aus, die davon überzeugt sind, daß die Vereinigten Staaten nicht durch Internationales Recht beeinträchtigt werden können, da sie als einzige Weltmacht übrig geblieben sind.

Das Gefährliche ist, daß das Helms-Burton-Gesetz ein erster Schritt sein kann, nicht nur gegen Cuba, sondern auch auf einem Weg, der damit endet, daß die Vereinigten Staaten der ganzen internationalen Gemeinschaft ihre Interessen aufzwingen, um dem Rest der Welt eine Pax Americana aufzuerlegen.

Uns scheint es so, daß die Regierung der USA mit der Unterstützung dieses Gesetzes die Europäische Union verpflichtet hat, ihren Beitrag zur Destabilisierung des cubanischen Staates zu leisten. Und mehr noch, auf eine sehr taktische und subtile Art und Weise ist es ihr gelungen, einige europäische NGOs dazu zu bringen, die sogenannte Dissidenz zu unterstützen.

Ja, das ist richtig. Dafür gibt es nicht nur einen Sonderbeauftragten, sondern dafür hat man auch die Unterstützung von bestimmten Organisationen des Exils. Denn dieses Exil ist nicht autonom. Es funktioniert als Instrument der nordamerikanischen Regierung.

Die Fundación Nacional Cubano Americana FNCA, die Demokratische Cubanische Plattform, die von Montaner in Spanien angeführt wird, und andere Pressure Groups des Exils arbeiten schon in Richtung Europa. Und sie werden wie in den USA vorgehen, um zu erreichen, daß Europa eine unnachgiebige Haltung gegenüber Cuba einnimmt. Sie können auf viel Geld zugreifen; sie sind mächtig und aggressiv. Und ich sehe nicht, daß man ihnen in diesen Ländern viel Widerstand entgegensetzt. Die spanische Regierung ist bereits von der FNCA und der Demokratischen Plattform beeinflußt. Dort haben sie schon einen großen Teil ihrer Ziele erreicht. Und sie werden in anderen Ländern weitermachen. Sie sind Meister in der Kunst des Infiltrierens und sie wissen, wie das jeweilige politische System funktioniert. Sie studieren es, verschaffen sich Informationen, um herauszubekommen, welche Politiker käuflich sind. Bei denjenigen, die nicht mit ihnen zusammenarbeiten wollen, stellen sie Nachforschungen über ihr Privatleben an, um sie einschüchtern und erpressen zu können.

Bis jetzt ist das der modus operandi, der ihnen in den Vereinigten Staaten zum Erfolg verholfen hat.

Die Cubano-Amerikaner...

Lassen Sie mich Ihnen etwas sagen. Die Cubano-Amerikaner hatten und haben nur dann viel Einfluß, wenn ihre Interessen mit denen der US-Regierungen zusammenlaufen. Während der Carter-Regierung habe ich im Außenministerium gearbeitet. Damals gab es viele Exilorganisationen, aber noch nicht die FNCA. Zu jener Zeit hatten wir alle ganz gut im Griff. Ich mußte einige Male nach Miami gehen, um den Führern dort zu erklären, daß es in unserem Interesse lag, die Beziehungen mit Cuba zu normalisieren. Sie verstanden das. Aber als Reagan und Bush Präsident wurden, die eine harte Linie gegenüber Cuba verfolgen wollten, gründete man die FNCA. Clinton machte sich zum Freund der Cubano-Amerikaner, aß mit Canosa und bot ihm eine harte Cuba-Politik an. So hat er eine ganze Menge Dollar für seinen ersten Wahlkampf bekommen. Und 1996 war es genau das gleiche.

Heute unterstützt Clinton weiterhin den konservativsten Sektor der Cubano-Amerikaner. Die Haltung des Präsidenten diesen gegenüber hat nichts mit amerikanischer Außenpolitik zu tun, auch nichts mit Menschenrechten oder mit Demokratie: Es interessieren nur die Wahlen und das Geld.

Mr. Smith, nach fast vierzig Jahren Krieg gegen die cubanische Revolution – was will Ihre Regierung am Ende erreichen?

Die Ziele der Vereinigten Staaten haben sich im Laufe der Jahre geändert. Während des Kalten Krieges war das Hauptziel die Änderung von Cubas Außenpolitik. Von 1975 an bedrängten sie Cuba, seine Truppen aus Afrika zurückzuziehen und den Revolutionsbewegungen in Lateinamerika nicht zu helfen. Auch sollte Cuba seine militärischen Beziehungen zur UdSSR reduzieren. Offensichtlich interessierte sie das politische System Cubas zu Zeiten des Kalten Krieges nicht. Cuba durfte seine sozialistische Regierung haben, wenn es sich international angemessen verhielt.

1988 zog Cuba seine Truppen aus Afrika zurück. Und seit 1990 hat es aufgehört, die revolutionären Bewegungen zu unterstützen. 1992 brach die UdSSR zusammen und damit hörte auch die cubanisch-sowjetische Militärallianz auf.

Die Ziele der nordamerikanischen Außenpolitik hatten sich erfüllt, aber das brachte keine Verbesserung der Beziehungen zu der Insel mit sich. Denn in Wirklichkeit war unser Hauptziel immer der Sturz des Castro-

Regimes gewesen. Und warum – wo doch Cuba nur eine kleine Insel ohne größere wirtschaftliche Ressourcen ist? Weil Cuba bei nordamerikanischen Regierungen den gleichen Effekt erzeugt wie der Vollmond bei den Wölfen: Es ist eine Obsession.

Zuerst einmal die Persönlichkeit Fidel Castros: Er forderte die größte Macht der Welt heraus und gewann. Er ist dabei, neun unserer Präsidenten zu überleben.[142] Er ist auf allen internationalen Foren akzeptiert und angesehen. Während des Kalten Krieges glaubten wir nicht, daß es möglich wäre, dieses Steinchen im Schuh loszuwerden. Aber jetzt schon. Deswegen üben wir Druck aus, durch das Helms-Burton-Gesetz und über die Demokratie und die Menschenrechte.

Und wie entwickelt sich Ihrer Meinung nach der politische Druck gegen Cuba, der von der Menschenrechtsfrage ausgeht?

Die Demokratie und die Menschenrechte interessieren uns wenig. Wir benutzen diese Worte nur, um den wirklichen Grund zu verschleiern. Wenn Demokratie und Menschenrechte uns interessierten, wären Indonesien, die Türkei, Mexiko, Peru oder Kolumbien zum Beispiel unsere Feinde. Denn verglichen mit diesen Ländern, verglichen mit den meisten Ländern auf der Welt, ist Cuba ein Paradies.

Und wenn wir seit 1985 öffentlich verkünden, daß wir ganz offen die Dissidenten und Menschenrechtsgruppen in Cuba stimulieren und finanzieren, so geschieht auch das nur in unserem eigenen Interesse. Aber die Vereinigten Staaten finanzieren auch nicht jeden, sondern nur jene, die international die größte Wirkung erzielen können. Deswegen sind die Dissidenten- und Menschenrechtsgruppen einfach ein paar Leute, die nur so lange wichtig für uns sind, wie sie dem einen Zweck dienen: der Destabilisierung des Regimes von Fidel Castro.

Durch diese zwei politischen Mittel – den ökonomischen Druck und die Menschenrechte – wollen wir den Sturz von Fidel Castro erzwingen, um eine Übergangsregierung nach unseren Vorstellungen zu installieren. Um jene Leute wiedereinzusetzen, die uns gefallen, um so erneut die Kontrolle über die Insel zu erlangen.

Einige Worte zum Schluß

A

In der Welt von heute ist das Gestern schon keine Nachricht mehr wert. Aber es gibt historische Prozesse, die man nicht vergessen sollte, denn es gibt Menschen, die glauben, daß sie sich wiederholen lassen.

B

1979 übernahmen in Nicaragua die Sandinisten die Macht. Sofort behauptete die US-Regierung, daß es sich um eine kommunistische Revolution handele und die wichtigsten Kommunikationsmedien wiederholten es so lange, bis man es glaubte. Waren die Beweise nicht konkret und unmöglich zu widerlegen? War man nicht zum Beispiel dabei, den Analphabetismus auszurotten, das Gesundheitssystem auf die ganze Bevölkerung auszudehnen und den Grundbesitz, der in den Händen einiger weniger Familien war, Bauernkooperativen zu übergeben: Man verstaatlichte einige Unternehmen und das Volk begann sich an den Entscheidungsfindungen zu beteiligen.

Was Nicaragua zum Feind der USA werden ließ, war das schlechte Beispiel, das diese Revolution mit ihren fröhlichen, zärtlichen und träumenden Menschen abgab. Sie bewies anderen unterdrückten Völkern, daß es möglich war zu kämpfen, zu gewinnen und ein Leben in Würde zu beginnen. Äußerst gefährlich! Denn das Imperium wußte, daß seit der Epoche der spanischen Kolonialzeit Lateinamerika eine Besonderheit aufweist: Gleichgültig, wo sich die Flammen entzünden, sie werden sich wie im trockenen Gras, angefacht durch den Wind, weiterverbreiten. Das sandinistische Modell mußte ausgemerzt und wenn möglich sogar aus der kollektiven Erinnerung gelöscht werden.

Und wie schon in Cuba war dazu keine Invasion von »Marines« nötig. Wie in Cuba brauchte man nur jene zu bezahlen, die abdrückten, die

Bomben warfen, die Massaker anrichteten, die Gewalt und Terror ausübten. Für eine Handvoll Dollar verpflichteten sich einige Nicaraguaner, von Washington geleitet und cubanischen Konterrevolutionären unterstützt, dazu dieses Licht auszulöschen, das schönste, das das lateinamerikanische Volk in den 80er Jahren besaß.

Aber neben den Söldnern, die durch ihre terroristischen Aktionen Verwüstungen anrichteten, gab es andere, die mit Reden und Schriften ihren Teil zum Kollaps des Projektes beitrugen. Die Regierung der Vereinigten Staaten reichte Nicaragua in Komplizenschaft mit einigen Regierungen in Europa und unter der Deckung gewisser NGOs auf allen möglichen internationalen Menschenrechtsforen herum. Letztere gingen soweit Texte vorzulesen, zu denen sie kein Komma beigetragen hatten, die aber Zeugnis ablegen sollten von der »Monstrosität« der Sandinisten: der Unterdrückung der Massen, der Einkerkerung von Tausenden, Folter, Mord, Drogenhandel, Export von Terrorismus, Aushungern des eigenen Volkes etc.

Was für Lügen sie nicht alle erfanden! Und mit welcher Bereitwilligkeit die große Weltpresse sie verbreitete!

Und als die sandinistische Regierung schließlich versuchte, diejenigen zur Ordnung zu rufen, die im Innern des Landes ohne Kugeln und Gewehre daran arbeiteten, die Revolution zu vernichten, schrien das Imperium und seine Alliierten vor Schmerz auf, weil man die Meinungs- und Versammlungsfreiheit angegriffen sah. Die Allgemeine Erklärung der Menschenrechte wurde deren Bedürfnissen angepaßt und diente als Beweismittel – Richter und Henker zugleich.

Die europäischen Regierungen ließen Nicaragua nicht nur allein, damit die Geier es weiter Stück für Stück auffressen konnten, sondern sie drängten es auch noch, die von Washington geforderten Wahlen zu akzeptieren. Und die Sandinisten sollten dazu und zu vielem anderen ja sagen. So gaben sie der Forderung nach einem »Mehrparteiensystem« nach: Die Contras, mit Dollars überhäuft, teilten sich in verschiedene Parteien auf und traten gegen die sandinistische Regierung an. Europa unterstützte einige Gruppen mit Geld und wartete im übrigen auf das Finale, das es bereits kannte. Und selbst der dümmste Politiker des Planeten wußte, daß die Aggression weitergegangen wäre, wenn die Sandinisten gewonnen hätten.

Wir wissen ja, daß die »Kämpfer für die Freiheit und die Demokratie«, wie Ronald Reagan sie nannte, gesiegt haben. Sie hatten Frieden, Glück und den Himmel auf Erden versprochen. Ihnen verdankt Nicaragua, daß es heute wieder eines der Länder mit den größten sozialen, wirtschaftlichen und politischen Ungleichheiten auf der ganzen Welt ist. Und was noch schlimmer ist: Es hat die Würde verloren, ein souveräner Staat zu sein.

Nachdem sie einmal mehr »ihre« Form von Demokratie durchgesetzt hatte, konnte die US-Regierung wieder ruhig schlafen.

C

Oder wenigstens fast ruhig. In ihrer Hemisphäre, in ihrem Territorium, in ihrem Hof gibt es ein Heimchen, das sie in ihrem Schlaf stört. Seit fast 40 Jahren ist da ein kleines Land ohne größeres strategisches Potential, das nicht nachgibt, sich nicht demütigen läßt, nicht in die Knie geht. Beinahe allein leistet es Widerstand. Sein Name ist Cuba.

Was haben sich die Vereinigten Staaten nicht alles ausgedacht, um dieses arbeitsame, Rum trinkende, tanzende und solidarische Volk auf die Knie zu zwingen. Über militärische Invasionen bis zu chemischen und wirtschaftlichen Aggressionen, ohne auch nur einen einzigen Tag mit der größten Propagandaschlacht auszusetzen, die jemals in der Geschichte der Kriege stattfand, egal, ob es sich um erklärte oder nicht erklärte handelte. Und wie im Falle Nicaraguas mit der offenen oder versteckten Komplizenschaft bestimmter Individuen.

Ein Volk, das auf diese Weise belagert wird, sieht sich bedauerlicherweise in einigen seiner Rechte eingeschränkt, wenn es seine Unabhängigkeit und Selbstbestimmung erhalten will. Es kann nicht die Zukunft der Mehrheit aufs Spiel setzen, indem es einigen wenigen Seelenverkäufern erlaubt, an der Destabilisierung der Nation mitzuarbeiten. Und das alles zum Vorteil einer Macht, die ihm den gleichen Weg auferlegen will, der bereits in so vielen Ländern ins Unheil geführt hat. Es ist das gleiche Mittel, das die Europäer in Afrika angewandt haben, das heute im Sterben liegt.

Wer das bestehende cubanische Wahlsystem kennt, weiß, daß diejenigen, die nicht mit der Revolution einverstanden sind, aber für die Souveränität ihres Landes einstehen und eine wirkliche politische Opposition sein möchten, sich nur an der Basis engagieren müssen. Wenn sie dies tun, können sie gewählt werden, denn man muß nicht Mitglied der kommunistischen Partei sein, um in die Nationalversammlung zu gelangen. In Cuba benötigt man kein Geld für Wahlkampagnen, man muß nur die Leute durch seine Fähigkeiten und seinen Einsatz überzeugen: Das aber ruft keine Begeisterung im Ausland hervor, es qualifiziert auch niemanden zum Dissidenten und bringt somit auch keine Dollars ein.

Wie einige Medien erkannt haben, waren während des Papstbesuchs in Cuba alle Voraussetzungen für einen Umsturz gegeben: Allen Mitgliedern der Polizei und der Sicherheitsorgane war das Tragen von Waffen verboten. Die Leute auf den Straßen waren in einem Erregungszustand und alle Arten von Reden wurden über Radio und Fernsehen übertragen. Außerdem waren mehr als 3000 Journalisten aus aller Welt anwesend, die in ihrer Mehrheit darauf aus waren, ein unzufriedenes Volk zu suchen, das ihnen die so herbeigesehnte Rebellion auf dem Silbertablett servieren würde. Aus diesem Grund stellten sie den sogenannten Dissidenten auch den größtmöglichen Raum zur Verfügung. Und diese waren nicht in der Lage, auch nur den mindesten Beweis für die Zustimmung zu erbringen, die sie, wie international verbreitet wird, im Volk genießen. Ihnen nutzte auch nicht, was Giulio Girardi am 16. Februar 1998 in der spanischen Zeitung *El País* beschrieb: »die Anwesenheit von 16 Funktionären des US-Außenministeriums, die eine Woche vor dem Papst in Havanna angekommen waren und eine Woche danach wieder abfuhren: bereit, den »demokratischen Übergang« sicherzustellen.«

D

Frei Betto, ein angesehener katholischer Theologe aus Brasilien schickte uns einen Text, aus dem wir folgende Ausschnitte zitieren: »Eine Gesellschaft ist schlecht, wenn sie nicht allen ihren Menschen das Leben garantiert. So ist die cubanische Gesellschaft gut im Sinne des christlichen Glaubens und der Kriterien des Evangeliums, weil sie die einzige in ganz Lateinamerika ist, die ihrem Volk das Leben garantiert. Cuba stellt eine große Bedrohung für die USA dar, weil es den ausgebeuteten Völkern der Dritten Welt einen Weg zum Leben gezeigt hat. Und die Vereinigten Staaten, mit Europa als ihrem treuen Schatten, machen auf dem Planeten weiter mit der Politik des Todes.

Einmal fragte mich ein nordamerikanischer Journalist, warum es in Cuba keine Demokratie gebe. Und ich antwortete ihm: Kennst du ein demokratisches Land? Er sagte: Ja, mein Land. Und ich fragte ihn: Wie viele Millionäre gibt es in den USA und wie viele in Cuba? Wie viele Arme ohne Essen, ohne Kleidung, ohne Heim gibt es in den USA und wie viele in Cuba? Wie viele Kinder ohne medizinische Hilfe, ohne Ausbildung gibt es in den USA und wie viele in Cuba? Und wie viele Menschen beleidigt man in ihrer Menschenwürde in den USA und wie viele in Cuba? Und dann sagte ich ihm: In welchem von den beiden gibt es mehr Demokratie? Für mich gibt es darauf nur eine einzige Antwort: In Cuba.

Ein Chor von Leuten sagt, daß man in Cuba die Menschenrechte nicht respektiere. Ich frage mich: Warum spricht man nicht von Menschenrechten in Lateinamerika, ganz zu schweigen von denen in der Dritten Welt? Denn noch sind uns, der Mehrheit der 500 Millionen Bewohner Lateinamerikas, noch nicht einmal die Rechte garantiert, die in Europa die Tiere genießen. Wenn die ehemalige Schauspielerin Brigitte Bardot nicht der extremen Rechten angehörte, wäre es das beste, sie als Präsidentin für Brasilien, Honduras, Argentinien, Chile oder irgendein anderes Land Lateinamerikas aufzustellen. Vielleicht würde sie für uns das Gesetz zum Schutz der Tiere, für das sie in Frankreich kämpft, in die Tat umsetzen. Und uns ginge es viel besser.

Dann müssen wir uns fragen: Was meinen wir, wenn wir von Demokratie sprechen? Was meinen wir, wenn wir von Menschenrechten sprechen.«

E

Am 30. Oktober 1996 schrieb der cubano-amerikanische Journalist Luis Ortega in der Zeitung *La Prensa*, die in New York herausgegeben wird: »Ich respektiere die einfachen Leute, die Aversionen gegen Fidel Castro oder gegen die Revolution haben. Das ist eine persönliche, ganz natürliche Reaktion. Das Schlimme ist, wenn sich ein Individuum zum Komplizen einer üblen Politik macht, die darauf aus ist, unter dem Vorwand, Fidel Castro ein Ende zu setzen, das cubanische Volk zu zerstören. Das Schlimme ist, wenn dieses Gefühl sich in ein Geschäft verwandelt. Das Schlimme ist, wenn jemand wohlüberlegt an einer Kampagne mitarbeitet, die die Vernichtung Cubas zum Ziel hat.«

F

Was sind also solche Individuen: Dissidenten?

Oder Söldner, die in einem großen Komplott zu Dissidenten geadelt werden?

*****

Anmerkungen

1 Encinosa, Enrique: »Cuba en guerra. Historia de la oposición anticastrista, 1959 – 1993« (ed. El Fondo de Estudios Cubanos de la Fundación Nacional Cubano Americana, Miami 1995)

2 ebda.

3 Amerika ist ein Kontinent, kein Land. Es ist ein Irrtum, die Bürger der Nation, deren Name Vereinigte Staaten ist, als Amerikaner zu bezeichnen. Deswegen benutzen wir immer »US-amerikanisch« für alles, was sich auf dieses Land und seine Einwohner bezieht. Wir respektieren aber die Terminologie unserer Interview-Partner und auch die der Zitate. (Anmerkung des Autors)

4 »Cuba en guerra...«, ebda.

5 ebda.

6 ebda.

7 Johnson, Hayes: »La Baie des Cochons. L'invasion manqueé de Cuba«, Ed. Robert Laffont, Paris 1965

8 Auf Grund der Untersuchungen über die unrechtmäßige Finanzierung der nicaraguanischen Contra mußte das FBI diese Dokumente 1988 veröffentlichen.

9 Lee, Martin/Shlain, Bruce: »LSD et CIA. Quand l'Amérique était sous acide«, Les Editions du Lézard, Paris 1994. Das »goldene Dreieck« ist ein riesiges Territorium zwischen Laos, Birma und Thailand.

10 »Cuba en guerra...«, ebda.

11 ebda.

12 ebda.

13 Baez, Luis: »Los que se fueron«, Editora Politica, La Habana 1994

14 Claude Julien: »L'empire Américain«, Ed. Le livre de Poche, Paris 1972

15 Bericht der Sonderkommision des Senats der Vereinigten Staaten über Konspiration zur Ermordung von Führern anderer Länder (»Alleged Assassination Plots Involving Foreign Leaders«), Washington, November 1975. Am Montag, 17. November 1997 gab das Pentagon 1500 Seiten über Cuba frei. Darin befinden sich viele Anregungen, die die verschiedenen Organe der US-Spionage und der Staatssicherheit Präsident Kennedy vorschlugen, um die Revolutionsregierung zu stürzen oder zu diskreditieren – Anregungen, die die spanische Tageszeitung El País als »surrealistisch« bezeichnete. Wenn zum Beispiel das Mercury-Raumschiff nach seinem ersten Weltraumflug nicht am 20. Februar 1962 zur Erde zurückgekehrt wäre, dann hätte Präsident Kennedy »den Kommunisten in Cuba« die Schuld dafür gegeben, weil diese »elektronische Interferenzen« provoziert hätten.

16 Bericht der Sonderkommission des US-Senats, ebda.

17 ebda.

18 Talleda, Miguel: »Alpha 66 y su historica tarea«, Ediciones Universal, Miami 1995

19 »Cuba en guerra...«, ebda.

20 Bye, Vegard: »La paz prohibida. El laberinto centroamericano en la década de los ochenta«, Ed. Departamento Ecuménico de Investigaciones, Costa Rica 1991

21 »Cuba en guerra...«, ebda.

22 ebda. Der Autor dieses Buches, Enrique Encinosa, gibt zu, Mitglied von Abdala gewesen zu sein. Deswegen ist er wie kein anderer in der Lage, darüber zu schreiben, wie die FLNC von »verschiedenen Veteranen der CIA-Operationen in den siebziger Jahren, einigen Mitgliedern der Brigade 2506 und Führern der Gruppierung Abdala« aufgebaut wurde. Die letztere »mit ihren Hunderten von jungen Mitgliedern gab der FLNC eine breitere Unterstützungsbasis als andere, sowohl bei der Beschaffung von Geld als auch auf der Operationsebene«. Zu Abdala vgl. Glossar.

23 Staatlichen Untersuchungen zufolge finanzierten sich in dieser Zeit CORU und Abdala-FLNC teilweise durch Drogenhandel, dem einige Mitglieder nachgingen. Frank Castro (Ex-Brigadist) und René Corvo waren diejenigen, die das meiste illegale Geld für diese Organisationen einbrachten. Beide waren in Iran-Contragate verwickelt.

Scott, Peter Dale/Marshall, Jonathan: »Cocaine Politics. Drugs, Armies, and the CIA in Central America«, Ed. University of California Press, Los Angeles 1991

24 »Cuba en guerra...«, ebda.

25 ebda.

26 ebda.

27 Encinosa, Enrique: »Cuba en guerra. Historia de la oposición anticastrista, 1959 – 1993« (ed. El Fondo de Estudios Cubanos de la Fundación Nacional Cubano Americana, Miami 1995)

28 ebda.

29 *El Nuevo Herald*, Miami, 21. Dezember 1997

30 Aussage von Manuel Artime Buesa in »La Baie des Cochons. L'invasion manquée de Cuba«, Johnson, Haynes, Ed. Robert Laffont, Paris 1965

31 »Cuba en guerra...«, ebda.

32 »Creced. Documento final«, Conclusiones del Encuentro Internacional de las Comunidades de Reflexión Eclesial Cubana en la Diáspora, Ed. Creced, Miami 1993

33 Das Verhältnis zwischen Varona und Trafficante wird deutlich in dem Bericht der Sonderkommißion des US-Senats, »Alleged Assassination Plots Involving Foreign Leaders«, Washington, November 1975

34 Medrano, Mignon: »Todo lo dieron por Cuba«, ed. El Fondo de Estudios Cubanos de la Fundación Nacional Cubano Americana, Miami 1995

35 »Cuba en guerra...«, ebda. »Todo lo dieron por Cuba«, ebda.

36 Bericht der Sonderkommission des US-Senats, ebda.

37 Man hat Monsignore Augustín Román und dem anderen Geistlichen der «Ermita de la Caridad« Francisco Santana die Einreise nach Cuba verweigert wegen der engen Beziehungen, die beide zu der extremen Rechten des cubanischen Exils unterhalten.

Der Prälat Miguel Loredo und der Kardinal von Nicaragua Miguel Obando y Bravo sind die anderen zwei Angehörigen der Kirche, denen es nicht erlaubt ist, cubanisches Territorium zu betreten. Loredo, weil er Komplize bei einem Mord war, dem Kardinal wegen seiner ultra-rechten Positionen und außerdem wegen der Unterstützung, die er den Söldnern der Contra zu teil werden ließ.

38 Als zusätzliche Information über den Papstbesuch glauben wir, daß es wichtig ist, einige Zeilen eines Artikels von Giulio Girardi in der spanischen Tageszeitung *El País* vom 16.2.98 hervorzuheben. Girardi, der zusammen mit drei anderen Theologen ausgiebig mit Fidel Castro über die Bedeutung dieses pastoralen Besuches sprach, schrieb folgendes: Fidel »war überzeugt, daß die Massenorganisationen und seine eigenen Auftritte im Fernsehen der Grund für die Mehrheit der Bevölkerung war, an den Kundgebungen teilzunehmen.«

»Uns (den Theologen) schien es, daß man den Papst nicht über dieses Ausmaß an Überzeugungs- und Organisationsarbeit, das die Revolution geleistet hatte, informierte. Infolgedessen sprach er häufig zu den Leuten, die auf den verschiedenen Plätzen versammelt waren, als ob sie alle Katholiken wären, was bei der Mehrheit in Wirklichkeit nicht der Fall war. Es ist auch gut möglich, daß die örtliche Kirche versucht hat, sich unter den Augen des Papstes das Hauptverdienst an dieser Volksmobilisierung zuzuschreiben...«.

39 Aussage von Enoel Salas in »Nunca fui un traidor: Retrato de un fasante«, Orihuela, Roberto, Ed. Capitán San Luis, La Habana, 1991

40 Talleda, Miguel: »Alpha 66 y su histórica tarea«, Ediciones universal, Miami 1995

41 ebda.

42 ebda.

43 Talleda, Miguel: »Alpha 66 y su histórica tarea«, Ediciones universal, Miami 1995

44 Encinosa, Enrique: »Cuba en guerra. Historia de la oposición anticastrista, 1959 – 1993« (ed. El Fondo de Estudios Cubanos de la Fundación Cubano Americana, Miami 1995)

45 ebda.

46 ebda.

47 ebda.

48 *El País*, Madrid, 1. März 1996

49 *El País*, Madrid, Mai 1995

50 ebda.

51 *El País*, Madrid, 3. März 1996

52 *Le Point*, Paris, 27. Juli 1996

53 Interview mit Luis Manuel Martínez in »Los que se fueron«, Báez, Luis, editora política, Havanna 1994

54 ebda.

55 Pillas, Jean-Marc: »Nos agents à La Havane. Comment les Cubains ont ridiculisé la CIA«, Ed. Albin, Michel, Paris 1995

56 Encinosa, Enrique: »Cuba en guerra. Historia de la Oposición Anti-Castrista 1959-1993«, ed. El Fondo de Estudios Cubanos de la Fundación Nacional Cubano Americana, Miami 1995

57 Im Juni 1991 kehrte der Agent des cubanischen Geheimdienstes José Fernández Bretes wieder nach Cuba zurück. Von 1988 an hatte er das Projekt Tele-Martí infiltriert. Daher kannte er alle Einzelheiten und wußte unter anderem genau über die aufrührerischen Aktivitäten Bescheid, die von Radio Martí ausgehen. Sein Vorgesetzter war Ramón Mestre. Weder die US-Regierung, noch einer der Beschuldigten dementierte die Aussagen von Fernández Bretes.

58 »Cuba en guerra...«, ebda.

59 Ebda.

60 Ebda.

61 Normalerweise wird Präsident Clinton »Bill« genannt. Wir werden aber seinen richtigen Namen benutzen, nämlich »William«.

62 »Los que se fueron«, ebda.

63 Héctor Palacio Ruiz, der Präsident der sogenannten Gruppe »Partido Solidaridad Democrática«, war einer der vier nationalen Vize-Delegierten in der »Struktur« des Cubanischen Rats. Wie aus der »Liste der Organisationen der Dissidenten, Oppositionellen und der Menschenrechte«, die von konterrevolutionären Gruppierungen in Miami herausgegeben und über das Internet verbreitet wird, hervorgeht, sind die sogenannten »Unabhängigen Journalisten« Raúl Rivero und Héctor Peraza Mitglieder besagter Gruppe.

64 Um den Leser nicht durch die große Anzahl von Bezugnahmen zu ermüden und auch um die Lektüre zu erleichtern, haben wir beschlossen, die wichtigsten

Quellen, die für diese Einführung benutzt wurden, in einem Block zusammenzufassen.

Wie die FNCA zu einem Projekt der Reagan-Administration wurde, kann man in einigen Direktiven des Nationalen Sicherheitsrates nachlesen. Wegen des Iran-Contragate-Skandals sind die meisten dieser Direktiven freigegeben worden. Was das »Project Democracy« angeht, so bezieht sich darauf das freigegebene Dokument »Handlungsdirektive Nr. 77: aus dem Jahre 1983.

Andere spezielle Untersuchungen zu diesem Thema sind:

Taladrid, Reinoldo/Barredo, Lázaro: »El chairman soy yo. La ,verdadera' historia de Jorge Mas Canosa«, Ed. Trébol, 1994.

Gaeton Fonzi veröffentlichte in verschiedenen Medien der USA ausführliche Berichte über Canosa und die FNCA. Fonzi arbeitete als Ermittler für Sonderkommissionen des US-Kongresses.

Ann Louise Bardach veröffentlichte eine ausführlich dokumentierte Reportage mit dem Titel: »Wer ist Jorge Mas Canosa?«, *The New Republic*, Washington, Oktober 1994.

Der Journalist José Luis Morales publizierte diverse Reportagen über die FNCA und ihren Führer Mas Canosa in der Zeitschrift *Interviú*, Madrid.

Das wichtigste Dokument, das Aufschluß darüber gibt, daß ein großer Teil des Geldes, das zur Finanzierung der nicaraguanischen Contra benutzt wurde, aus dem Drogenhandel stammte, ist der Untersuchungsbericht der Sonderkommission des Senats (Kerry-Kommission). In diesem Bericht wird außerdem die Rolle vieler Cubano-US-Amerikaner bei der Geheimhaltung dieser Verflechtungen deutlich, aber auch, wie sie diese Aktionen zu ihrer persönlichen Bereicherung nutzten. »Drugs, Law Enforcement and Foreign Policy«, Bericht des »Subcommittee on Terrorism, Narcotics and International Operations of Foreign Relations«, United States Senate, US Government Printing Office, Washington 1989.

Andere spezielle Untersuchungen zu diesem Thema:

Scott, Peter Dale/Marshall, Jonathan: »Cocain Politics. Drugs, Armies, and the CIA in Central America«, Los Angeles 1991.

Marshall/Scott/Hunter: »The Iran Contra Connection. Secret Themes and Covered Operation in the Reagan Era«, Ed. Southend, Boston 1985.

Cockburn, Leslie: »Out of Control. The Story of the Reagan Administration's Secret War in Nicaragua. The Illegal Arms Pipeline, and the Contra Drug Connection«, Ed. Atlantic City Monthly Press, New York 1987.

Bye, Vegard: »La Paz Prohibida. El laberinto centroamericano en la década de los ochenta«, Ed. Departamento Ecuménico de Investigaciones, Costa Rica 1991.

»La Contragate Connection«, Christic Institute, Campagne européenne d'information sur la drogue, Mimeo, Paris 1989.

Gary Webb bewies in einem Bericht, den er im August 1996 für die *Mercury News* schrieb, wie die Armenviertel von Los Angeles und anderer Städte der USA in den 80er Jahren von Crack überschwemmt wurden, das aus dem Kokain stammte, welches zur illegalen Finanzierung der Contra verwandt wurde.

65 Encinosa, Enrique: »Cuba en Guerra. Historia de la Oposición Anti-Castrista 1959-1993«, Hrsg. Fonds für Cubanische Studien der Fundación Nacional Cubano Americana, Miami 1995

66 ebda.

67 ebda.

68 Schultz, Donald E.: »United States and Cuba: from strategy of conflict to constructive engagement.«, Strategy Studies Institute, US Army War College, Carlisle Barracks, PA, 12. Mai 1993

69 Fogel, Jean-Francois/Rosenthal, Bertrand: »Fin de siècle à La Havane. Les secrets du pouvoir cubain«, Editions du Seuil, Paris 1993

70 Chambre des Représentants belges. Questions e Réponses (GZ 1993-1994), question 314, du 23 novembre 1993, DO 939400311.

71 Zeitschrift *Trazos de Cuba,* Nr. 15: Paris, Februar 1997

72 »Cuba, ofensiva del gobierno contra la disidencia«, Amnesty International, spanische Ausgabe, April 1996

73 Montaner, Carlos Alberto: »Cuba hoy. La lenta muerte del castrismo«, Stiftung für Analyse und Soziale Studien, Partido Popular Spaniens, Nr. 27: Madrid 1995
Ebenfalls: »Liste der Organisationen der Dissidenten, Oppositionellen und der Menschenrechte«, am 15. Oktober 1997 im Internet erschienen und im Januar 1998 berichtigt. Darin ist die Gruppe von Elizardo Sánchez als Teil des Vorstandes der Concertación Democrática Cubana angegeben. Zu diesem Zeitpunkt rangierte die Concertación auf Nr. 106 der Liste. Diejenigen, die die Liste in Miami bearbeiten, geben an, daß unter den Quellen, die sie zur Zusammenstellung benutzen, »die Berichte der verschiedenen internationalen Menschenrechtsorganisationen wie America's Watch und Amnesty International (...)« sind.

74 »Cuba hoy. La lenta muerte del castrismo«, ebda. Über das Verhältnis von Matos zur Plataforma siehe vom gleichen Autor: »Víspera del final: Fidel Castro y la revolución cubana«, Ed. Globus, Madrid, 1994

75 Interview der Autoren mit Gutiérrez Menoyo, Miami 1996

76 Mit diesen Zahlen operieren die Mehrzahl der konterrevolutionären Organisationen sowie die verschiedenen internationalen Menschenrechtsinstitutionen. Kurioserweise begann Elizardo Sánchez seit dem Besuch des Papstes in Cuba recht zusammenhanglos andere Zahlenangaben zu verbreiten: »Mehr als 500 Cubaner sind aus politischen Gründen auf der Insel inhaftiert und wenigstens 110.000 Personen wegen allgemeiner Rechtsbrüche«, *Le Monde,* Paris, 27. Januar 1998

77 Fogel, Jean-Francois / Rosenthal, Bertrand: *Fin de siècle à La Havane. Les secrets du pouvoir cubain*, Editions du Seuil, Paris, 1993

78 Encinosa, Enrique: *Cuba en Guerra. Historia de la Oposición Anti-Castrista 1959-1993*, ed. El Fondo de Estudios Cubanos de la Fundación Nacional Cubano Americana, Miami, 1995.

79 ebda.

80 *Fin de siècle à La Havane...*, ebda.

81 *Cuba en guerra...*, ebda.

82 Die »Liste der Organisationen der Dissidenten, Oppositionellen und der Menschenrechte« ist im Oktober 1997 im Internet erschienen und im Januar 1998 berichtigt worden. Gemäß den Verantwortlichen in Miami sind die »Informationsschriften verschiedener internationaler Menschenrechtsorganisationen wie Americas Watch und Amnesty International (...)« als »Quellen« für diese »Zusammenstellung« benutzt worden.

83 ebda.

84 *Fin de siècle à La Havane ...*, ebda.

85 ebda.

86 Mina, Gianni: *Habla Fidel*, Ed. Mondadori España, Madrid, 1988

87 Pillas, Jean-Marc: *Nos agents à La Havane. Comment les Cubains ont ridiculisé la CIA*, Ed. Albin Michel, Paris, 1995

88 *Cuba en guerra ...*, ebda.

89 ebda.

90 *Fin de siècle à La Havane ...*, ebda.

91 *Boletín informativo*, Nr. 1, Fundación Hispano Cubana, Madrid Februar 1997

92 *Fundación. Órgano oficial de la FNCA*, 2. Jahrgang, Nr. 9, Miami, 1993

93 »Liste der Dissidentenorganisationen ...«, ebda. Zu diesem Zeitpunkt war die »Coalición« unter Nummer 81 der Liste vermerkt

94 »Liste der Dissidentenorganisationen ...«, ebda. Zu diesem Zeitpunkt war die »Concertación« unter Nummer 106 der Liste vermerkt. Siehe auch *Cuba en guerra ...*, ebda.

95 Zum Verhältnis zwischen Sánchez und Arcos mit der »Concertación« und der »Plataforma« siehe Montaner, Carlos Alberto: *Cuba hoy. La lenta muerte del castrismo*, Fundación para el Análisis y los Estudios Sociales, Partido Popular español, Nr. 27, Madrid, 1995. Vom selben Autor über das Verhältnis zwischen Matos und der «Plataforma«: *Víspera del final: Fidel Castro y la Revolución cubana*, Ed. Globus, Madrid, 1994

96 *Cuba, ofensiva del gobierno contra la disidencia*, Amnesty International, span. Version, April 1996

97 Ortega, Luis: »El Concilio perdió la virginidad«, *La Prensa*, New York, Februar 1996

98 Interview der Autoren mit Eloy Gutiérrez Menoyo, Miami, November 1996

99 *El Nuevo Herald*, Miami, 28. November 1995

100 ebda.

101 *El País*, Madrid, 2. März 1996

102 »Offener Brief an die ausländischen Investoren«, Mai 1992

103 aus »Liste der Organisationen der Dissidenten, Oppositionellen und der Menschenrechte«. Erschien am 15. Oktober 1997 im Internet und wurde im Januar 1998 überarbeitet. Zu diesem Zeitpunkt wurde Bonne Carcassés als Führer des Grüppchens Corriente Cívica, Nr. 124 der Liste, aufgeführt.

Auch auf der Seite 15 des »Informativo« Nr. 9, 1993, der Fundación Nacional Cubano Americana erscheint Corriente Cívica unter den Gruppierungen, die zur Coalición Democrática Cubana gehören.

104 Wie aus dem Interview hervorgeht, sagte Hubert Matos den Autoren selbst, daß der CID innerhalb Cubas die Partido Solidaridad Democrática organisiert habe. Und Raúl Rivero erscheint als deren Mitglied, wie es aus der »Liste der Organisationen der Dissidenten, Oppositionellen und der Menschenrechte« hervorgeht. Diese Gruppe wird unter der Nummer 276 dort geführt.

105 *El País*, Madrid, 17. November 1996

106 Meldung der EFE vom 21. April 1995

107 Fundación Hispano Cubana, »Boletín informativo«, Nr. 1, Madrid, Februar 1997

108 Schultz, Donald E.: »United States and Cuba: from strategy of conflict to constructive engagement.«, Strategy Studies Institute, US Army War College, Carlisle Barracks, PA, 12. Mai 1993

109 Vorwort von Jean-Pierre Clerc: »L'autre voix cubaine. Des journalistes dissidents témoignent«, Ed. Reporters Sans Frontières, Paris 1997

110 Amnesty International, »Cuba, ofensiva del gobierno contra la disidencia«, spanische Fassung, April 1996. Gemäß den cubanischen Gesetzen wird diese Ausrüstung konfisziert, weil sie dazu benutzt wird, «Feindpropaganda« zu verbreiten. Diese Gesetze wurden neu gefaßt, als die Vereinigten Staaten das Helms-Burton-Gesetz in Kraft setzten.

111 *Le Figaro*, Paris, 2. Februar 1996

112 *Trazos de Cuba*, Paris, Juni 1996

113 ebda.

114 Reporters Sans Frontières, »Rapport 1997«, Paris 1997

115 Wie man in dem Interview mit Hubert Matos lesen kann, sagte dieser den Autoren, daß seine Gruppe sich in Cuba »Partido Solidaridad Democrática« nennt. Dieses Grüppchen findet man unter der Nummer 276 in der »Liste der Organisationen der Dissidenten, Oppositionellen und der Menschenrechte«, im Internet erschienen am 15. Oktober 1997 und aktualisiert im Januar 1998. Rivero ist dort als eines der Mitglieder der PSD vermerkt. Über die politische Annäherung von Hubert Matos an die Plataforma kann man nachlesen bei: Montaner, Carlos Alberto: _Víspera del final: Fidel Castro y la revolución cubana,_ Ed. Globus, Madrid 1994

116 _La Libre Belgique,_ Brüssel, 30. Januar 1998. Die politische Zugehörigkeit dieser Medien ist eine Einordnung der Autoren.

117 _La Libre Belgique,_ Brüssel, 10. Dezember 1998

118 _Le Monde,_ »Supplément«, Paris, 17. Januar 1998

119 »Liste der Dissidentenorganisationen...« op.cit.

120 »Merken Sie sich: In Cuba fliegen auch Avocados in die Luft!« _Trazos de Cuba,_ Paris, September 1997

121 »Rapport 1997«, ebda.

122 Aus »Liste der Dissidentenorganisationen...«, ebda. Zu diesem Zeitpunkt fand sich das sogenannte Comité Martiano unter der Nr. 101 der Liste; Corriente Socialista rangierte unter der Nr. 126. Beide wurden von der Concertación Democrática Cubana übernommen, die unter der Nr. 106 eingetragen war.

Über die politische Annäherung der Concertación an die Plataforma kann man nachlesen in: »Víspera del final: Fidel Castro y la revolución cubana«, ebda.

123 »Zeitschrift für Bildung und Information« der Cubanischen Vertretung im Exil, RECE XXXIV, Nr. 390, Miami, April 1997

124 Seine Zugehörigkeit zu diesem Grüppchen wird bestätigt durch: Reporter Ohne Grenzen »Rapport 1997«; gleichermaßen durch Amnesty International, »Cuba, ofensiva...« und ebenfalls in _Fundación,_ dem offiziellen Organ der FNCA, Nr. 9, zweiter Jahrgang, Miami 1993

125 Sein Name und der des Grüppchens kommen auch in der Liste vor, die von der Fundación Nacional Cubano Americana mit folgender Einführung veröffentlicht wurde: »Die Opposition innerhalb Cubas charakterisiert sich durch ihre Bindung an zwei große organisierende Koalitionen: die Coalición Democrática Cubana und die Concertación Democrática Cubana (...). Im Folgenden stellen wir Ihnen eine Liste der oppositionellen Organisationen innerhalb der Insel zur Verfügung, die von der Voz de la Fundación übermittelt wurde (...).« Das erwähnte Movimiento Armonía erscheint als zur Concertación gehörend auf Seite 16 von »Fundación«, offizielles Organ der FNCA, Nr. 9

126 »Rapport 1997«, ebda.

127 »Desde Cuba: Opiniones sobre el debate«, *Fundación,* offizielles Organ der FNCA, Seite 30, 5. Jahrgang, Nr. 16: Miami 1996

128 »Cuba. Hors du Parti, point de salut«, Reporter Ohne Grenzen, Paris, Oktober 1997

129 In »Liste der Dissidentenorganisationen...«, registriert unter Nr. 77, Wörtlich heißt es: »Nichtregierungszentrum für die Menschenrechte und die Friedenskultur *José de la Luz y Caballero.* Ist Teil der Coalición Democrática Cubana (CDC) (...).« Von zwei Mitgliedern werden die Namen angegeben, und der zweite Name ist Páez Nuñez.

130 *El Nuevo Herald,* Miami, 10. November 1997

131 *Noticias de Cuba,* Bericht der FNCA über Internet, 26. Juli 1997

132 *Le Monde,* 1. Februar 1997

133 Entnommen aus dem Internet. Kommuniqué der BPIC, 4. Juli 1997

134 Felipe Sahagún: »Información veraz«, *El Mundo,* Madrid, 9. November 1997

135 *The Miami Herald,* Miami, 28. Dezember 1996

136 Am 15. August 1997 nahm der cubanische Geheimdienst – offensichtlich im Besitz erdrückender Beweise – den US-amerikanischen Staatsbürger David Norman Dorn fest. Dieser war dabei, in direktem Auftrag von Frank Calzón und finanziert von »Freedom House«, besagte illegale Aktionen durchzuführen. Dorn ist Direktor für Internationale Beziehungen der »American Federation of Teachers (AFT)«, einer Mitgliedsorganisation der »American Federation Labor-Congress of Industrial Organisations (AFL-CIO)«.

137 Stuart Eizenstat »Enfoque multilateral a los derechos de propiedad«, Tageszeitung *Las Americas,* Miami, 27. April 1997

138 Die »Arcos-Prinzipien« sind Forderungen, von denen Gustavo Arcos meint, sie müßten gegenüber Unternehmen angewendet werden, die in Cuba investieren. In der Einführung zum Interview mit Señor Bofill machten wir deutlich, daß diese »Prinzipien« hauptsächlich von den Organisationen unterstützt werden, die Frank Calzón, ehemaliger Agent der CIA und Ex-Mitglied der Terroristenorganisation Abdala, als einen ihrer Führer haben. Wir erinnern daran, daß die NGOs »Freedom House« und »Of Human Rights« von der Regierung der Vereinigten Staaten mittels des »National Endowment for Democracy« großzügig finanziert werden. Im Augenblick jedoch bekommt Calzón, wie er in einem Artikel für den *El Nuevo Herald* vom 31. Oktober 1998 zugab, Geld von der Agencia Norteamericana de Desarrollo Internacional (AID mit ihren englischen Anfangsbuchstaben). Dies geschieht durch die Organisation »Free Cuba Center«, deren leitender Direktor er ebenfalls ist. Seiner Aussage nach erhielt er 1999 400.000 Dollar für diese, hauptsächlich um »Bücher und Videos auf die Insel« zu schicken.

139 Unter den Unterzeichnern dieser Art von Drohung befinden sich: »Coordinadora Social Demócrata de Cuba, Cuba Independiente y Democrática (CID),
Fundación Nacional Cubano Americana (FNCA), Unión Liberal Cubana bis hin
zum Comité Cubano por los Derechos Humanos und dem Partido Pro Derechos Humanos de Cuba.

140 1993 in Havanna, 1995 in Madrid und 1996 im Europäischen Parlament

141 Ausschnitte aus dem Referat »Ein Verbrechen gegen die Menschheit«, gehalten
von M. Ramsey Clark im Seminar »Helms-Burton und Europa«, Stiftung Glo-
bal Reflexion, Amsterdam 1996

142 Die neun Präsidenten waren: Dwight David Eisenhower, 1953-1961, Republikaner; John Fitzgerald Kennedy, 1961-1963, Demokrat; Lyndon Baynes Johnson,
1963-1969, Demokrat; Richard Milhous Nixon, 1969-1974, Republikaner; Gerald
Ford, 1974-1977, Republikaner; James Carter, 1977-1981, Demokrat; Ronald Wil-
son Reagan, 1981-1989, Republikaner; George Bush, 1989-1993, Republikaner;
William Jefferson Clinton, 1993-2001, Demokrat.

Glossar

Abdala (siehe auch Nationale Befreiungsfront Cuba, FLNC): Entstand in New York Ende der 70er Jahre als Studentenorganisation, um gegen Gruppen vorzugehen, die die cubanische Regierung unterstützten. Verwandelte sich in den legalen Arm und die logistische Basis der Nationalen Befreiungsfront Cubas (FLNC) und spielte eine tragende Rolle in der terroristischen Strategie, die unter dem Namen »Krieg auf den Straßen der Welt« bekannt ist. Viele ihrer Aktiven wurden in den USA verhaftet und wegen terroristischer Umtriebe oder Drogenhandels verurteilt. Trotzdem waren sie ironischerweise die erste Organisation des Exils, die begann, Kampagnen für die Menschenrechte in Cuba durchzuführen.

In ihren Reihen waren Leute aktiv, die heute Prestige oder Ansehen in der Welt der Politik, der Intellektuellen und der Menschenrechtler in den USA genießen. So zum Beispiel der gegenwärtige Kongreßabgeordnete Lincoln Díaz-Balart, der Ex-Direktor der Recherche-Abteilung von Radio Martí, Ramón Mestre und der Leiter von Freedom House und Of Human Rights, Frank Calzón. Abdala löste sich in der zweiten Hälfte der 80er Jahre auf.

Allende, Salvador (1908-1973): Gründer der Sozialistischen Partei Chiles. Er wurde am 24. Oktober 1970 zum Präsidenten gewählt. Am 11. September 1973 fiel er im Kampf mit den Putschisten, die von General Augusto Pinochet angeführt wurden.

Annexionismus: US-amerikanische Politik, zu deren ersten Vertretern Thomas Jefferson gehörte, der es seit 1805 als zweckmäßig ansah Cuba zu annektieren. Von diesem Augenblick an haben die Vereinigten Staaten Cuba immer als natürliche Ausweitung ihres Territoriums angesehen. Das Helms-Burton-Gesetz ist der letzte Ausdruck dieser annexionistischen Bestrebungen. Aus politischem Pragmatismus – wenn auch unterschiedlich stark ausgeprägt – akzeptieren die konterrevolutionären cubanischen Führer diese Politik.

Aznar, José María: Chef der spanischen Regierung seit 1996. Führer des rechten Partido Popular. Im November 1995 besuchte er als Präsidentschaftskandidat Miami, wo er mit verschiedenen Organisationen der extremen Rechten des cubanischen Exils zusammenkam. Als Regierungschef förderte er in der Europäischen Union Aktionen, die die US-amerikanische Politik gegen Cuba begünstigten. Seine Partei und die extreme Rechte des cubanischen Exils bilden die Basis für die Fundación Hispano-Cubana.

Balseros (siehe auch Migrationsabkommen): Die drastische Einschränkung von Visa seitens der USA, die Intensivierung der konterrevolutionären Propaganda und die wirtschaftlichen Schwierigkeiten, die zu Beginn der 90er Jahre auftraten, veranlaßten Hunderte von Cubanern, auf wackligen Flößen und auf allem, was schwamm, illegal übers Meer Richtung Miami zu emigrieren.

Batista Zaldívar, Fulgencio (1901-1973): Führte 1952 mit Billigung der US-Regierung einen Staatsstreich durch. Er ist für die Ermordung von 20.000 Cubanern während seiner Regierungszeit (1952-1958) verantwortlich. Im Morgengrauen des 1. Januar 1959 flieht er in die Dominikanische Republik. Von dort geht er nach Spanien, wo er stirbt.

Bermúdez, Enrique: Einer der blutrünstigsten militärischen Befehlshaber während der Diktatur von Anastasio Somoza in Nicaragua. Als die Sandinisten 1979 an die Macht kamen, war Bermúdez schon von der Carter-Regierung damit beauftragt worden, die Söldner-Truppe der Contra zu bilden. Zusätzlich zu den Kriegsverbrechen, die er beging, war er in den Iran-Contragate-Skandal verwickelt.

Bonne, Félix Antonio: Wie aus öffentlichen Dokumenten der Fundación Nacional Cubano Americana hervorgeht, ist Bonne einer der wichtigsten Aktivisten im Innern Cubas und führt die Gruppierung Corriente Cívica an. Als die extreme Rechte des cubanischen Exils mit Unterstützung Washingtons beabsichtigte, den Concilio Cubano zu gründen, war er unter den Führern zu finden und ist weiterhin dessen Mitglied. Seit 1979 gehört er dem Vorstand – Patronat – der Fundación Hispano Cubana an.

Bush, George: Präsident der USA 1989-1993. Als Offizier der CIA war er einer der Verantwortlichen für die Rekrutierung der Söldner der Brigade 2506. 1976 wurde er zum Direktor der CIA ernannt. Als Vizepräsident Ronald Reagans war er in den Iran-Contragate-Skandal verwickelt. Aus den Untersuchungen der Kerry-Kommission des Senats geht klar hervor, daß er von dem Drogenhandel zur Finanzierung der Contra wußte und ihn akzeptierte: Trotzdem war Bush leitender Chef der Task-Force, die damit beauftragt war, den Kampf gegen die Drogen zu führen.

Calle Ocho (Southwest 8th Street): Durchquert den Stadtteil, der als Klein-Havanna bekannt ist. Sie ist das Symbol der cubanischen Gemeinde in Miami.

Calzón, Frank: Ex-Sonderagent der CIA. Bis gegen Ende der 70er war er Leiter der terroristischen Organisationen Abdala und Frente de Liberación Nacional de Cuba. Er war einer der ersten Direktoren der Fundación Nacional Cubano Americana. Gegenwärtig leitet er die Organisationen Freedom House und Of Human Rights, die hauptsächlich von der US-amerikanischen Regierung unterhalten werden, insbesondere vom National Endowment for Democracy. Sie ist eine wichtige Finanzierungsquelle der inneren Konterrevolution in Cuba, vor allem für Gustavo Arcos. Calzón erhält über das »Free Cuba Center«, dem er ebenfalls vorsteht, auch hohe Geldsummen von der »Agency for International Development (AID)«. Calzón und seine konterrevolutionäre Umgebung haben sich zu einem wichtigen Unterstützungsfaktor für Pax Christi Holland entwickelt.

Christdemokratische Internationale (IDC): Im Oktober 1978 legt der Belgier André Louis, Mitglied des Exekutivkomitees der Christdemokratischen Internationalen, ein Dokument mit dem Titel »Für eine weltweite Strategie der Christdemokratie« vor. Der Plan, der angenommen wurde,

zählte zu seinen wichtigsten Punkten die Stärkung der Präsenz in Lateinamerika. Obwohl der Plan utopischerweise vorsah, den politischen Einfluß der USA dort zugunsten der europäischen Interessen zu reduzieren,
endete er schließlich damit, diese mit den US-Interessen zu verbinden.

Am 14. Mai 1984 verkündete die *International Herald Tribune*, daß die
CIA der Christdemokratischen Partei El Salvadors 970.000 Dollar über-
geben habe, um die Präsidentschaftskandidatur von Napoleón Duarte, dem
Mann des Vertrauens der Christdemokratischen Internationalen, zu un-
terstützen. Die Führer dieser Organisation, hauptsächlich die in Belgien,
hatten auch nichts dagegen, den Grüppchen, die im Innern Nicaraguas auf
Seiten der Contra waren, Geld zukommen zu lassen. Zu Beginn der 80er
Jahre gaben sie dem cubanischen Movimiento Demócrata Cristiano in
Miami ihre ganze Unterstützung, um es zu reaktivieren, damit es die Pro-
Menschenrechts-Arbeit auf internationaler Ebene durchführen konnte.
Sein hauptsächlicher Verbündeter, José Ignacio Rasco, ist Vizepräsident der
Christdemokratischen Internationalen.

Chruschtschow, Nikita (1894-1971): Sowjetischer Führer. 1953 Erster
Sekretär des Zentralkomitees der Kommunistischen Partei der UdSSR.
1958 Präsident des Ministerrats. Trat 1964 zurück. Verhandelte mit Kennedy über den Rückzug der Raketen von cubanischem Territorium.

Cienfuegos, Camilo: Guerillero in der Sierra Maestra und Kommandant
im Rebellenheer. Wurde zu einer der beliebtesten Figuren im Kampf gegen Batista. Verschwand 1959, als er mit seinem kleinen Flugzeug nach
Havanna unterwegs war.

Clinton, William »Bill«: US-Präsident seit 1993. Erhielt ungefähr
400.000 Dollar von der FNCA als Unterstützung für seine erste Präsidentschaftskampagne und verpflichtete sich dafür, den Cuban Democracy
Act zu unterstützen, besser bekannt als Torricelli-Gesetz. Um für eine
zweite Amtszeit wiedergewählt zu werden, gab er 1996 seine Zustimmung
zum Helms-Burton-Gesetz. Zu Beginn des Jahres 1997 bot Clinton bis zu
acht Milliarden Dollar an für den Fall, daß das aktuelle cubanische System

verschwände. Im Oktober 1997 erklärte er in Argentinien, daß die FNCA seine Richtschnur beim Thema Cuba sei.

Coalición Democrática Cubana: Im August 1991 beschließt die Fundación Nacional Cubano Americana, im Innern Cubas eine Art föderativen Apparat zu bilden, der alle konterrevolutionären Grüppchen in sich vereinigen sollte und dem sie den Namen Coalición Democrática Cubana gab. Die Regierung der Vereinigten Staaten war durch das National Endowment for Democracy eine der Hauptfinanzierungsquellen der Coalición. Zu den Zielen besagten Apparates gehört: »Verstärken des Drucks der verschiedenen Dissidenten auf Castro, damit er die Macht aufgibt. Die Coalición widersetzt sich jedem Versuch, einen Dialog mit Castro zu initiieren, der einen friedlichen Wechsel zum Ziel hat. Die neue Coalición tritt mit anderen Dissidentengruppen in Verbindung, solange sie das Kontaktverbot zu Castro akzeptieren. Diese Coalición wird (...) durch die Fundación Nacional Cubano Americana unterstützt.« 1995 änderte sich ihr Diskurs dahingehend, daß sie Termini wie »Versöhnung«, »friedlicher Übergang«, »Dialog zwischen allen Dissidenten« etc. hinzufügte.

Concertación Democrática Cubana: Den Spuren der Fundación Nacional Cubano Americana folgend beschließen im September 1991 die Führer der Plataforma Democrática Cubana Carlos Alberto Montaner und Ignacio Rasco, im Innern Cubas einen weiteren föderativen Apparat zu gründen, den sie Concertación Democrática Cubana nennen und zu dem später Hubert Matos hinzukommt, der sich allerdings nicht besonders hervortut. Zu den ersten, die im Innern der Insel für die Organisation verantwortlich waren, gehörten Elizardo Sánchez Santacrúz und die Dichterin María Elena Cruz Varela; später kam noch Gustavo Arcos hinzu. Genauso wie die Plataforma wurde sie gegründet, um Einfluß auf die europäischen Medien auszuüben. Der Diskurs der Concertación Democrática Cubana beinhaltet auch die Begriffe, die bei den Medien am besten ankommen, wie »Dialog«, »Befriedung«, »Versöhnung«, »Menschenrechte«, »friedlicher Übergang« etc. Die Concertación Democrática Cubana stellt sich ebenso wie die Plataforma als die »gemäßigte Opposition« zur cubanischen Regierung dar. Ihr wichtigster Führer im Ausland, Carlos Alberto Montaner, ist einer der expliziten Vorkämpfer einer Annexion Cubas durch die Vereinigten Staaten.

Concilio Cubano (Cubanischer Rat): Koalition von sogenannten Dissidenten- oder unabhängigen Grüppchen, die sich im Oktober 1995 im Innern Cubas bildeten, unterwiesen und finanziert von den Führern der Konterrevolution im Ausland und von Washington unterstützt. Weil internationale Organisationen offensichtlich nicht über seine Herkunft und seine Ziele informiert waren, betrachteten sie den Cubanischen Rat als »geltende, ernstzunehmende Opposition zur cubanischen Regierung«. Angesichts des Todes des reaktionärsten Führers des cubanischen Exils, Mas Canosa, veröffentlichten diejenigen, die noch immer als Führer des Cubanischen Rats fungieren, ein Kommuniqué, in dem sie zum Ausdruck brachten, daß Mas Canosas Tod ein »schwerer Schlag« sei, weil dieser »ein Mann gewesen ist, der sein ganzes Leben dem Freiheitsstreben des cubanischen Volkes widmete«.

Consejo Revolucionario Cubano: Von der CIA kurz vor der Schweinebucht-Invasion gegründet in der Absicht, dieser Söldneroperation internationale Legitimität zu verleihen. Er vereinte verschiedene konterrevolutionäre Gruppen. Seine Aufgabe bestand darin, eine Alternative zur revolutionären Regierung darzustellen und sich selbst zur provisorischen Regierung zu erklären – für den Fall, daß die Invasion erfolgreich gewesen wäre. Er wurde 1964 aufgelöst.

Contra (Nicaraguas): Söldnerapparat, mit dessen Organisierung Ende der 70er Jahre durch die Carter-Regierung begonnen wurde, um die populäre sandinistische Regierung anzugreifen, und der sich mit der Ankunft Ronald Reagans im Weißen Haus konsolidierte. Unter der Kontrolle des National Security Council wurde ein ganzes Versorgungssystem aufgebaut, das von Washington aus durch Oberst Oliver North und in Mittelamerika durch Félix Rodríguez geleitet wurde. Der Bericht der Kerry-

Kommission beweist, daß ein Teil dieses Söldnerkrieges durch Drogenhandel finanziert wurde. Die cubanischen Konterrevolutionäre, die für
die CIA arbeiteten, spielten auf allen Ebenen eine tragende Rolle.

Coordinadora de Organizaciones Revolucionarias Unidas (CORU):
In der zweiten Hälfte der Siebziger in Miami von den reaktionärsten Führern des Exils, angeführt von Orlando Bosch und den Brüdern Novo,
gegründet. In den ersten zehn Monaten ihrer Aktivitäten führte die
CORU mehr als fünfzig terroristische Anschläge gegen cubanische Interessen im Ausland durch, als da wären: Handelsniederlassungen oder diplomatische Vertretungen von Ländern, die Handel mit der Insel trieben. Die
Organisation bekannte sich auch zur Sprengung eines Flugzeuges der
Cubana de Aviación im Oktober 1976 über Barbados. Das FBI bewies,
daß die CORU sich durch Drogenhandel finanzierte.

Corvo, René: Sonderagent der CIA. Vom FBI und der Kerry-Kommission des Waffen- und Drogenhandels für die nicaraguanische Contra angeklagt. Er gestand als erster und seine Erklärung gab den Anlaß für eine
intensive Untersuchung über die Verstrickung der konterrevolutionären
cubanischen Gruppen. Die Brüder Alberto und Pepe Hernández, Direktoren der Fundación Nacional Cubano Americana, nahmen mit Corvo
von Miami, El Salvador und Honduras aus an verschiedenen Aktivitäten
für die Contra teil.

Debray, Régis: Französischer Schriftsteller. In Bolivien gefangengenommen, als er mit der Guerilla von Che Guevara zusammenarbeitete. Er verwandelte sich von einem großen Sympathisanten der cubanischen Revolution zu einem ihrer heftigsten Kritiker. Auf Bitten des ehemaligen französischen Präsidenten Francois Mitterand organisierte er eine Kampagne
zur Befreiung des ehemaligen Polizisten der Batista-Diktatur Armando
Valladares. 1996 klagte ihn die Tochter des Che an, die Informationen
geliefert zu haben, die zur Gefangennahme ihres Vaters führten, ohne
unter dem Druck der Folter gestanden zu haben. Andrés Nazario, Führer
von Alpha 66 und Feind des Che, teilt diese Auffassung.

Dialog: Im November 1978 kamen auf Initiative der cubanischen Regierung fünfundsiebzig Personen als Repräsentanten der cubanischen Gemeinde im Ausland mit leitenden Persönlichkeiten Cubas in Havanna zusammen. Neben dem Beginn einer Annäherung erreichte man die Freilassung von ungefähr 3000 Konterrevolutionären und die Möglichkeit der Familienzusammenführung. Auf diesem letzten Punkt bestand man, weil die cubanische Regierung sie seit 1967 angeboten hatte. Die extreme Rechte des Exils ging mit Gewalt gegen die beteiligten Personen vor. Trotzdem wuchs die Zahl der Dialog-Befürworter, die an verschiedenen Veranstaltungen auf der Insel teilnahmen, in denen ein Austausch von Ideen und Erfahrungen stattfand.

Díaz-Balart, Lincoln: Cubano-US-amerikanischer republikanischer Kongreßabgeordneter. Ehemaliges Mitglied der terroristischen Organisation Abdala. Glühender Verteidiger des Helms-Burton-Gesetzes, an dessen Ausarbeitung er beteiligt war. Seine Wahlkampagne erhielt große Unterstützung von der Fundación Nacional Cubano Americana. Zusammen mit der Kongreßabgeordneten Ileana Ros-Lethinen setzte er sich persönlich dafür ein, daß der Terrorist Orlando Bosch aus der Haft in den USA entlassen wurde.

Direktive Nr. 77: Von Präsident Reagan im Januar 1983 unterzeichnet und intern als »Projekt Demokratie« bekannt. Mit einem legalen Arm, der vom Kongreß gebilligt wurde und »National Endowment for Democracy« heißt, verdrängte man in großem Rahmen die CIA von der Finanzierung der Gewerkschaftsorganisationen, der Presse, Menschenrechtsgruppen etc. in Cuba. Das National Endowment for Democracy hat die cubanische Konterrevolution sowohl von innen als auch von außen mit Millionen von Dollar unterstützt. Der geheime Arm stellte die logistische Unterstützung zur Verfügung, die man der Söldnertruppe der Contra zukommen ließ.

Eisenhower, Dwight David: US-Präsident von 1953 bis 1961. Von 1959 an begann seine Regierung mit der Unterstützung der konterrevolutionä-

ren Gruppen in Cuba. Der ursprüngliche Plan der Eisenhower-Admini-
stration zur Destabilisierung der jungen Revolution bestand nicht in einer konventionellen militärischen Invasion, sondern in der Entsendung
von Infiltrationseinheiten zur Verstärkung der bewaffneten konterrevolutionären Gruppen.

Eizenstat, Stuart: Unterstaatssekretär für Internationalen Handel. Nachdem 1996 das Helms-Burton-Gesetz verkündet worden war, wurde er von
Präsident Clinton zum Sonderbeauftragten für cubanische Angelegenheiten ernannt. Im September jenen Jahres verhandelte er mit der Europäischen Union über die großen Widersprüche, die sich aus diesem Gesetz
ergaben. Zu seinen Aufgaben gehörte es, NGOs zusammenzurufen, um
sie darauf festzulegen, die sogenannte innere Dissidenz in Cuba zu unterstützen. In seinem Bericht an den US-Kongreß und später auch öffentlich
erklärte er, daß Pax Christi Holland in Europa die NGOs anführe, die mit
diesem Plan einverstanden seien.

Estefan, Gloria: Berühmte cubano-amerikanische Sängerin, in Opposition zum politischen System Cubas. Diese Position führte sie dazu, konterrevolutionäre Organisationen wie Hermanos al Rescate zu unterstützen. Trotzdem wendet sie sich gegen die mächtigen Gruppen der extremen Rechten in Miami, die nicht wollen, daß Musikgruppen aus Cuba
dort auftreten. Das hatte zur Folge, daß die extreme Rechte im September
1997 zum Boykott der CDs und Veranstaltungen dieser Sängerin aufrief.

Fort Benning: In Georgia gelegen, Sitz der US-Infanterieschule. Außerdem ist es ein besonderes Zentrum zur Ausbildung in geheimer Kommunikation, Propaganda, verdeckten Operationen, Spionage und Gegenspio-
nage. Nur die Konterrevolutionäre, die das volle Vertrauen der CIA genossen, erhielten dort ihre Instruktionen, unter ihnen Jorge Mas Canosa,
Félix Rodríguez und Luis Posada Carriles. Dorthin wurde die »School of
the Americas« verlegt, die traurigen Ruhm erlangte, weil in ihr viele der militärischen Führer unterwiesen wurden, die für den schmutzigen Krieg in
Lateinamerika verantwortlich sind.

Frayde, Marta: Ehemalige Botschafterin Cubas bei der UNESCO in Paris. Nach Aussage des cubanischen Geheimdienstes wurde sie während der Ausübung dieser Funktion von der CIA rekrutiert und dafür in Cuba zu drei Jahren Gefängnis verurteilt. Neben Elizardo Sánchez, Gustavo Arcos und Ricardo Bofill organisierte sie das erste konterrevolutionäre Grüppchen, das der US-Delegation bei der UNO Informationen über angebliche Menschenrechtsverletzungen zukommen ließ. Sie vertrat Gustavo Arcos bei der Einführung der Fundación Hispano Cubana FHC.

Freedom House: US-Organisation, deren Repräsentant in Washington Frank Calzón ist. Obwohl in der Vergangenheit Rivalitäten zwischen Freedom House und der Fundación Nacional Cubano Americana bestanden, unterhalten beide gegenwärtig gute Beziehungen. Durch Vermittlung von Freedom House hat das National Endowment for Democracy diverse konterrevolutionäre Gruppen innerhalb und außerhalb Cubas finanziert, um die Menschenrechtskampagnen voranzubringen. 1995 übergab ihm die US-Regierung eine halbe Million Dollar mit dem Ziel, die sogenannte innere Dissidenz zu ermutigen. 1998 übergab sie ihm dieselbe Summe für den gleichen Zweck. In der zweiten Hälfte von 1997 verhaftete der cubanische Geheimdienst den US-Staatsbürger David Norman Dorn, Leiter eines Professorenverbandes, der im Namen von Calzón und Freedom House diese Aufgabe ausführte, und verwies ihn des Landes.

Frente de Liberación Nacional de Cuba (Nationale Cubanische Befreiungsfront FLNC): Siehe auch Abdala. Terroristische Gruppe, die in den siebziger Jahren von Ex-Mitgliedern der CIA, der Brigade 2506 und Leitern der Gruppierung Abdala gebildet wurde. Letztere stellte ihre logistische und personelle Unterstützung zur Verfügung.

II. Front des Escambray: Eine der Guerillagruppen der vorrevolutionären Phase. Ihre Führer waren der US-Amerikaner William Morgan, Eloy Gutiérrez Menoyo und die Brüder Sargén. Nach dem Sieg der Revolution widersetzten sie sich der Linie, die die Mehrheit der revolutionären Führung verfolgte. Fast alle Ranghöheren der Gruppe gingen in die USA, wo sie sich konterrevolutionären Organisationen anschlossen, die von der CIA kontrolliert und finanziert wurden.

Grau San Martín, Ramón: Präsident Cubas zwischen 1944 und 1948. Seine Regierung war charakterisiert durch einen hohen Grad an Korruption, das Wuchern der Mafia und die Unterwerfung gegenüber der Politik Washingtons.

Guantánamo (Marinebasis): 1903 unterzeichneten die cubanische Regierung und die Vereinigten Staaten ein Abkommen, durch das letzteren ein Teil des Hafengebietes von Guantánamo verpachtet wurde. Die Vereinigten Staaten machten daraus eine militärische Enklave. Die revolutionäre Regierung Cubas hat die Zahlungen aus dem Pachtvertrag nie angerührt, aber immer gefordert, daß das Territorium zurückgegeben werden müsse. Von dieser Basis aus haben die Vereinigten Staaten Cuba hunderte Male angegriffen und provoziert.

Guevara, Ernesto, »Che«: Argentinischer Arzt, der an der Expedition mit der Jacht »Granma« teilnahm. Er war der erste Mitstreiter, der während des Revolutionskrieges von Fidel Castro zum Kommandanten befördert wurde. Nach dem Triumph der Revolution wurden ihm verschiedene Aufgaben übertragen, wobei er sich besonders durch seine Beiträge zur politischen Ökonomie hervortat. Als überzeugter Praktiker des Internationalismus kämpfte er für die Befreiung mehrerer Völker Afrikas. Am 8. Oktober wurde er in La Higuera, Bolivien, verwundet und gefangen genommen. Auf Befehl der Regierung der Vereinigten Staaten wurde er am folgenden Tag unter Aufsicht von Félix Rodríguez ermordet.

Gutiérrez Menoyo, Eloy: Ehemaliger Kommandant der Revolution, der in Opposition zu den Leitlinien der Mehrheit in der revolutionären Führung trat. Arbeitete als Doppelagent in der Trujillo- Verschwörung. 1961 findet er politisches Asyl in den USA und tritt der terroristischen Gruppe Alpha 66 bei. Im Januar 1965 wurde er bei dem Versuch gefaßt, heimlich nach Cuba einzureisen mit der Absicht konterrevolutionäre Gruppen zu

organisieren. Auf Betreiben der spanischen Regierung wird er 1986 freigelassen. Von seiner ersten Rede an thematisierte er danach die Notwendigkeit, mit der cubanischen Regierung in einen Dialog zu treten. Zu diesem
Zweck gründete er in Miami eine Gruppe namens Cambio Cubano. Auf
Einladung der cubanischen Regierung ist er zu verschiedenen Gelegenheiten nach Cuba zurückgekehrt, um an politischen Debatten teilzunehmen.

Helms, Jesse: Republikanischer Senator, bekannt durch seine Beziehungen zur extremen Rechten. Unterhielt gute Kontakte mit den diktatori-
schen Regimen Lateinamerikas. Die Fundación Nacional Cubano Americana trug zur Finanzierung seiner Wahlkampagne bei. Er ist Hauptrefe-
rent des Helms-Burton-Gesetzes.

Helms-Burton-Gesetz: Offizieller Name: »Cuban Liberty and Democratic Solidarity Act«. 1996 durch den Kongreß verabschiedet. US-ameri-
kanisches Gesetz, das das Handelsembargo gegen Cuba verschärft. Dieses Gesetz bedroht mit mannigfachen Sanktionen Länder, Personen oder
Unternehmen – US-amerikanischer oder ausländischer Herkunft – , die
Wirtschaftsbeziehungen zu Cuba pflegen. Mit diesem Gesetz etabliert die
Regierung der Vereinigten Staaten Mechanismen, die den Rest der Welt
verpflichten, ihren Krieg gegen Cuba zu unterstützen. Das Gesetz beinhaltet sogar die ersten notwendigen Schritte, die Cuba machen muß,
wenn es will, daß das Embargo und die übrigen Sanktionen aufgehoben
werden: Die aktuelle Regierung muß sich in eine Übergangsregierung verwandeln; innerhalb des ersten Jahres müssen die Armee, das Innenministerium, die Komitees zur Verteidigung der Revolution (CDR) und alle
anderen Institutionen, die unter staatlicher Kontrolle stehen, demontiert
werden; Privatisierung des öffentlichen Sektors und Einführung der
Marktwirtschaft; Organisation von Wahlen, an denen die Cubaner von
innerhalb und außerhalb der Insel teilnehmen können mit Ausnahme der
derzeitigen Führer der Regierung. Und außerdem und vor allem werden
diejenigen, die schließlich gewählt werden, die Zustimmung des US-amerikanischen Präsidenten haben müssen, um mit den Verhandlungen über
eine mögliche Aufhebung des Embargos beginnen zu können.

Iran-Contragate: So nannte man den Skandal, der 1986 hochging, als die Verantwortung der Reagan-Administration für die logistische und militärische Unterstützung der nicaraguanischen Contra öffentlich wurde, die vom Kongreß verboten worden war. Außerdem entdeckte man, daß diese Regierung über Israel Waffen an den Iran geliefert hatte und daß die Gewinne aus diesen Waffenverkäufen zur Finanzierung der Contra dienten. Dies alles geschah, während gleichzeitig Reagan öffentlich die Regierung des Iran verteufelte und alle Nationen aufrief, jegliche Beziehungen mit dieser Regierung abzubrechen. Dadurch gelang es größtenteils, den heikelsten Teil der Angelegenheit zu tarnen, der darin bestand, Millionen von Dollar, die aus dem Drogenhandel stammten, für die Contra abzuzweigen. Wie aus den Untersuchungen, die von der Kerry-Kommission im US-Senat durchgeführt wurden, hervorgeht, akzeptierten die höchsten Regierungsinstanzen direkt oder indirekt ein solches Vorgehen. Das geschah, während gleichzeitig Präsident Reagan dem Drogenhandel, den »totalen Krieg« erklärt hatte. Die Beweise sind so offensichtlich, daß nur ein »geheimer« Pakt zwischen der Demokratischen und der Republikanischen Partei eine Erklärung dafür liefern kann, warum Reagan oder wenigstens Vizepräsident Bush nicht zurücktraten.

Kennedy, John Fitzgerald (1917-1963): Wurde 1961 Präsident der Vereinigten Staaten. In seine Administration fiel die Söldner-Invasion in der Schweinebucht. Er mußte mit Nikita Chruschtschow über den Rückzug der Raketen verhandeln, die die UdSSR in Cuba installiert hatte. Ein großer Sektor der Konterrevolution ist der Auffassung, daß Kennedy ihnen die Möglichkeit verweigert hat, Cuba zu »befreien«, weswegen er der meistgehaßte Mann nach Fidel Castro ist. Einige offizielle Untersuchungen schließen die Teilnahme von konterrevolutionären Cubanern an der Ermordung des Präsidenten nicht aus.

Kennedy, Robert: Justizminister während der Amtszeit seines Bruders John. Nach dem Desaster in der Schweinebucht ernannte ihn der Präsident zum politisch Verantwortlichen der Operation »Mongoose«. Er wurde 1968 während seiner Präsidentschaftswahlkampagne ermordet. Es ist sehr wahrscheinlich, daß cubanische Konterrevolutionäre an dem Verbrechen beteiligt waren.

Kerry-Kommission: Sonderkommission des US-Senats. Bekannt unter diesem Namen, weil von Senator John Kerry angeführt. Sie gab ihre Resultate 1989 bekannt, nachdem sie zwei Jahre lang den sogenannten Iran-Contragate-Skandal untersucht hatte. Darin werden die geheimen Operationen der CIA dokumentiert, die vom National Security Council ausgingen, um der Contra hinter dem Rücken des Kongresses logistische und finanzielle Unterstützung zu geben. Die Untersuchung beweist auch die tragenden Rolle, die viele Cubano-Amerikaner darin spielten.

Letelier, Orlando: Ehemaliger Außenminister der Regierung von Salvador Allende. Er wurde in Washington zusammen mit seinem Mitarbeiter ermordet, indem man sein Auto in die Luft sprengte. Diese Aktion wurde von den Brüdern Novo im Namen der CORU durchgeführt.

Llama, José Antonio: US-Cubaner. Mitglied des Vorstands der Fundación Nacional Cubano Americana in Miami und des Patronats der Fundación Hispano Americana in Madrid. Die spanische Partei Izquierda Unida (Vereinigte Linke) klagte ihn vor dem Deputiertenkongreß an, an einem Komplott zur Ermordung des Präsidenten Fidel Castro teilgenommen zu haben. Das Verbrechen sollte nach Angaben des FBI während des ibero-amerikanischen Treffens, das im November 1997 in Venezuela stattfand, ausgeführt werden.

Loredo, Miguel: Franziskanerpater, der im März 1966 Ángel Betancourt Cueto zwei Wochen lang in einem Kloster versteckt hielt. Betancourt hatte zwei Besatzungsmitglieder eines Flugzeugs der cubanischen Fluggesellschaft Cubana de Aviación ermordet und ein weiteres verletzt, als diese sich der Entführung der Maschine widersetzten. Nachdem er eine zehnjährige Gefängnisstrafe abgesessen hatte, ging er in die Vereinigten Staaten. In New York war er in den Gruppen der extremen cubanischen Rechten aktiv. In Rom wurde er am 28. November 1997 von Pax Christi Holland als Beispiel für die Repression aufgeführt, der die Kirche in Cuba ausgesetzt ist.

Mas Canosa, Jorge (1940-1997): War Mitglied der Brigade 2506, obwohl er nicht mit ihr an Land ging. Erhielt in Fort Benning eine besondere Ausbildung. Wie aus Dokumenten des FBI hervorgeht, wurde er 1964 von der CIA in die Gesamtleitung der Representación Cubana en el Exilio aufgenommen. Gemeinsam mit Pepe Hernández und anderen bat er das Exil um Geld, um weitere Invasionen in Cuba vorzubereiten. Obwohl er nur Kommando-Attacken gegen leicht zu erreichende zivile Ziele an der Küste durchführte, waren die gesammelten Millionen bald aufgebraucht. Auch wenn er selbst immer wieder versicherte, daß sein Vermögen von Tellerwaschen und Milchverkauf stamme, sind es nicht wenige, die behaupten, daß er von dem damals gesammelten Geld 1968 ein Bauunternehmen kaufte. 1980, als er Telefonkabel verlegte, besaß er bereits ein großes Vermögen. Seine Nähe zur Republikanischen Partei und mehr noch die engen Beziehungen, die er zu den geheimdienstlichen Stellen der USA unterhielt, eröffneten ihm einen großen unternehmerischen und politischen Spielraum, der noch gewaltig anwuchs, als Ronald Reagan Präsident wurde. Angetan von Mas Canosas konterrevolutionärem Aktivismus drängte Reagan den Nationalen Sicherheitsrat, dessen Einsetzung als Präsident der Fundación Nacional Cubano Americana zu fördern. Sein unermüdlicher Einsatz für die Interessen der Vereinigten Staaten verschaffte ihm die Unterstützung für seine konterrevolutionären Pläne. Er starb im November 1997, und von Präsident Clinton bis zum Außenministerium erging man sich in gefühlvollen Kondolenzbotschaften.

Montaner, Carlos Alberto: Er wurde 1961 in Cuba wegen Teilnahme an einer terroristischen Organisation der CIA verurteilt, die Explosivstoffe in Zigarettenpackungen versteckte. Er wurde in ein Zentrum für Minderjährige gebracht, von wo es ihm gelang zu fliehen. Er verließ Cuba 1962. Während der Raketenkrise schrieb er sich bei der US-Armee für die cubanischen Sondereinheiten ein. Später war er Student. Nach Aussagen des cubanischen Geheimdienstes wurde er von der CIA rekrutiert. 1970 läßt er sich in Spanien nieder, wo er den Playor-Verlag gründete, der auf konterrevolutionäre Schriften spezialisiert ist. Er rief auch die Presseagentur Firmas Press ins Leben, um den europäischen und amerikanischen Medien anticubanische Informationen zukommen zu lassen.

Wie dies alles finanziert wurde, ist nie klar geworden, auch wenn die cubanische Regierung immer wieder versichert hat, daß das Geld dafür von der CIA stamme. Aus der gleichen Quelle geht auch hervor, daß Montaner den Auftrag hatte, dem Terroristen Juan Felipe de la Cruz die Einreise nach Frankreich zu ermöglichen, der später bei der Explosion einer von ihm selbst deponierten Bombe starb. In den 80er Jahren organisierte Montaner in Europa und Lateinamerika viele Kongresse, von denen einige vom National Endowment for Democracy finanziert wurden. Sein Verlag publizierte Arbeiten von Armando Valladares, von denen aber viele behaupten, Montaner habe sie selber geschrieben. Er gab auch ein Werk von Ricardo Bofill heraus, das sich als Plagiat herausstellte, was vom wirklichen Autor öffentlich bewiesen wurde. Zusammen mit Ignacio Rasco war Montaner sehr aktiv an der Kampagne für die Freilassung von Valladares beteiligt, die ihm zur Erweiterung seiner Kontakte diente. Gemeinsam mit einigen Freunden baute er die Unión Liberal Cubana auf und mit anderen Konterrevolutionären aus Miami organisierte er die Plataforma Democrática Cubana. Hauptziel dieser Plattform ist es gewesen, für internationalen Druck auf die cubanische Regierung zu sorgen, damit sie mit den Repräsentanten der Plattform verhandle. Den Spuren der FNCA folgend erreichte sie, daß Elizardo Sánchez und andere sogenannte Dissidenten ihr halfen im Innern Cubas die Concertación Democrática Cubana aufzubauen.

Montaner hat immer versucht, sich das Image eines Gemäßigten des Exils zu geben. Obwohl er in seinen Schriften und in Konferenzen darauf besteht, daß er für einen friedlichen Übergang und für den Dialog sei, so ist doch der Kern seiner Botschaft die Eliminierung der cubanischen Führung, insbesondere die von Fidel Castro. Wie aus Dokumenten hervorgeht, die er und andere Mitglieder der extremen Rechten unterzeichnet haben, versichert er denen, die heute in Cuba investieren, daß sie Repressalien erleiden werden, wenn das aktuelle cubanische System fällt, da er dessen ökonomische und politische Isolation für unerläßlich hält. In seinen Texten läßt er Bewunderung für den Neoliberalismus durchscheinen. Er ist voll des Lobes für die Regierung der USA und betrachtet die Mehrheit der Lateinamerikaner als dumm und unfähig, ihr eigenes Schicksal zu bestimmen. Er war Gründungsmitglied der Fundación Hispano Cubana, zog sich aber einige Monate später wegen Machtstreitigkeiten mit Mas Canosa zurück. Seit einigen Jahren kann er in Spanien auf die volle Unterstützung des rechten Partido Popular zählen und er erreichte, daß der gegenwärtige spanische Staatspräsident José María Aznar das Vorwort zu einem seiner Bücher schrieb. Aber auch einige Politiker der Sozialistischen Partei haben offene Ohren für seine Vorschläge.

Nationaler Sicherheitsrat (National Security Council, NSC): Gremium von hohen Verantwortlichen zu Themen der nationalen und internationalen Sicherheit, das sich wöchentlich mit dem Präsidenten der Vereinigten Staaten trifft. Zu seinen permanenten Mitgliedern gehören: der Außenminister, der Verteidigungsminister und der Direktor der CIA. Hinter dem Rücken der Mehrheit des US-Kongresses und mit Oberst Oliver North als Mittelsmann leitete er die nicaraguanische Contra.

North, Oliver: Ehemaliger Oberstleutnant der US-Armee. Veteran von geheimen Operationen in den Kriegen in Südostasien. Vom Nationalen Sicherheitsrat aus half er, die nicaraguanische Contra zu organisieren und zu führen. Um Reagan und Bush zu retten, übernahm er die Verantwortung für den heikelsten Teil des Iran-Contragate-Skandals, welches der Drogenhandel war. Seine Strafe bestand darin, »soziale Dienste« in den Armenvierteln von Washington durchzuführen. Aber diese Strafe erhielt er dafür, daß er den Kongreß belogen und Informationen vor ihm versteckt hatte. Weihnachten 1992 gewährte Präsident Bush North und anderen Beteiligten eine Amnestie; dabei sagte er über sie: »Der gemeinsame Nenner ihrer Motivation, egal, ob sie richtig oder falsch handelten, war der Patriotismus.«

Of Human Rights: Eine der ersten Menschenrechtsgruppen, die von der terroristischen Organisation Abdala und der Nationalen Befreiungs-

front Cubas gegründet wurde. Von Beginn an ist der ehemalige Agent der
CIA Frank Calzón ihr Direktor. Sie stellt eine wichtige ökonomische Unterstützung für die subversiven Aktionen dar, die Ricardo Bofill in Miami
und Gustavo Arcos in Cuba durchführen. Monsignore Augustín Román
gehört ihrem Vorstand an.

Pérez Roura, Armando: Leiter und Sprecher von Radio Mambí in Miami. Wegen der Art von Botschaften, die er täglich übermittelt, gilt er als
der wichtigste »Radioterrorist«. Noch bis vor wenigen Jahren gelang es
ihm, seine Zuhörer dazu anzustiften, Attentate gegen Personen zu begehen, die die US-Politik gegenüber Cuba nicht guthießen. Man kann ihn
immer sagen hören, daß wenn die aktuelle cubanische Regierung fällt,
»wir da sein werden, um mit anzusehen, wie das Volk den Körper des
Diktators und die seiner elenden Kamarilla durch die Straßen zerrt. Ich
weiß es. Blut wird fließen! Seien wir bereit!« Er ist Führer der paramilitärischen Gruppe Unidad Cubana.

Pinochet, Augusto: Chilenischer General, der 1973 nach einem von der
CIA unterstützten Staatsstreich gegen die sozialistische Regierung des Präsidenten Salvador Allende an die Macht kam. Er unterstützte die terroristischen Aktivitäten der cubanischen Konterrevolution, die die Novo-Brü-
der und Orlando Bosch durchführten. Seine Diktatur war eine der blutig-
sten des Kontinents.

Plataforma Democrática Cubana (Demokratische Cubanische Plattform): Ohne grundsätzlich andere Inhalte zu vertreten als die übrigen Organisationen der extremen Rechten des Exils, unterscheidet sich die Plattform durch die Art und Weise, wie sie ihre konterrevolutionäre Arbeit
angeht, indem sie eine Sprache benutzt, die den augenblicklichen Zeiten
der weltweiten »Entspannung« entgegenkommt. Sie vertritt die »süße«
Option für den Niedergang des cubanischen Systems und greift jene Praktiken auf, die in den Ländern des ehemaligen sozialistischen Blocks angewandt wurden. Deshalb ist es das Rezept Washingtons, in Europa präsent
zu sein und dort etwas aufzubauen, um so leichter die Unterstützung der

Europäer zu erlangen. Verantwortlich für die Schaffung dieser »gemäßigten Opposition« zur cubanischen Regierung ist Carlos Alberto Montaner, der in Spanien wohnt und auch andere Konterrevolutionäre an sich gebunden hat. Ihnen allen ist gemeinsam, daß sie der CIA nahestehen oder nahegestanden und Gruppen angeführt haben, Parteien genannt, denen man Bindungen an internationale ideologische Strömungen nachsagt wie die Sozialdemokratie, die Christdemokratie und die Liberalen. Der wichtigste von ihnen war José Ignacio Rasco.

So konstituierte sich die Plattform im August 1990. Wie aus dem Aufruf zur konstituierenden Sitzung in Madrid hervorgeht, soll die Plataforma die Regierung Cubas darauf festlegen, sich einem Wahlprozeß zu unterwerfen »ähnlich dem, der die Diktaturen Südamerikas, Nicaraguas und Osteuropas beseitigte«. Sicherlich werde im Falle von Wahlen »der Kommunismus hinweggefegt«. Die Plattform lud die cubanische Regierung zu einem Dialog mit der »Opposition« ein, um Blutvergießen zu verhindern und einen friedlichen Übergang zu organisieren. Der Vorschlag nimmt die seit vierzig Jahren andauernde Aggression der US-Regierung gegen die Insel nicht zur Kenntnis. Nach Gründung der Plattform widmeten sich deren Mitglieder der Suche nach Verbündeten im Innern Cubas. Elizardo Sánchez und die Schriftstellerin María Elena Cruz Varela gehörten zu den ersten; später gesellte sich noch Gustavo Arcos hinzu. Diese organisierten unter Anleitung der Plataforma die Concertación Democrática Cubana, eine Art föderativen Apparat, der verschiedene Grüppchen an sich band.

Die Plataforma präsentierte sich in Cuba und auf internationaler Ebene als Vertreterin der gemäßigten Opposition und unterschlug, daß sich dahinter Personen wie Hubert Matos verbargen. Auf internationaler Ebene hat die Plattform Lobbyarbeit durchgeführt, indem sie versucht hat, die Regierungen dazu zu bringen, den politischen und wirtschaftlichen Druck zu verstärken und zur Isolierung Cubas beizutragen. In Spanien, Rußland, Polen und seit kurzem auch in Holland ist es ihr gelungen, bis zu einem gewissen Grad Einfluß auf Regierung und Politik auszuüben. In der Praxis ist die Plataforma heute ein Apparat, den Carlos Alberto Montaner führt und der weniger Mitglieder zählt als bei seiner Entstehung. Der autoritäre Führungsstil Montaners, der Entscheidungen trifft, ohne sich zu beraten, und die Tatsache, daß die Mitglieder der Plataforma sich nicht auf einen Standpunkt zur US-Blockade einigen konnten, haben zu den Verlusten geführt. Montaner ist glühender Verteidiger der Blockade, aber die Christlich-Demokratische Partei steht in Opposition dazu.

Posada Carriles, Luis: 1960 in Havanna von der CIA rekrutiert. Veteran der Schweinebucht. Erhielt seine Ausbildung zusammen mit Mas Canosa und Félix Rodríguez in Fort Benning. Dort erreichte er den Rang eines Hauptmanns. Im Jahre 1964 trat er der »Representación Cubana en el Exilio« RECE bei und wurde 1969 Mitarbeiter des venezolanischen Geheimdienstes DISIP, dem er als Verbindungsmann zur CIA diente. Er und Orlando Bosch planten 1976 die Sprengung eines Flugzeugs der Cubana de Aviación, weswegen er in Venezuela inhaftiert wurde. Die FNCA organisierte seine Flucht und ermöglichte seine Eingliederung in die CIA in Mittelamerika während des Kriegs gegen die Sandinisten. Er organisierte die Attentate, die zwischen April und September 1997 gegen touristische Zentren in Cuba durchgeführt wurden, und kümmerte sich um deren Finanzierung.

Rasco, José Ignacio: Gründete 1959 zusammen mit konservativen Sektoren der katholischen Kirche das Movimiento Demócrata Cristiano. Kurze Zeit später flieht er aus Cuba und wird von der CIA rekrutiert. Er war Teil des Consejo Revolucionario Cubano – ein Apparat, der gebildet wurde, um der Invasion in der Schweinebucht den Anschein von Legalität zu verleihen. Später verschwand er von der politischen Bühne, obwohl er enge Beziehungen zur terroristischen Gruppe Alpha 66 unterhielt. In den 70er Jahren taucht er wieder auf, um den Dialog mit der cubanischen Regierung als taktisches Mittel zur Beschleunigung ihres Untergangs zu verteidigen. Ermutigt von der Internationalen der Christdemokraten, vertrieb er zu Beginn der Achtziger diejenigen, die bis dahin das kleine Movimiento Demócrata Cristiano geführt hatten, und widmete sich der Lobbyarbeit in den internationalen Menschenrechtsorganisationen. Er machte es sich zur Aufgabe, die Bewegung in eine Partei umzuformen und führte 1991 einen Kongreß durch. Trotz einer extrem geschrumpften Mitgliederzahl wurde der Partido Demócrata Cristiano von der Internationalen der Christdemokraten anerkannt. Zusammen mit Carlos Alberto Montaner und angefeuert durch den geräuschvollen Untergang des sogenannten sozialistischen Lagers, gründete er in Spanien die Plataforma Democrática Cubana. Rasco ist Vizepräsident der Christlich-Demokratischen Internationalen.

Reagan, Ronald: Präsident der Vereinigten Staaten von 1981 bis 1989. Er bezeichnete die Mitglieder der Contra als »Freiheitskämpfer«. Obwohl von ihm in den Untersuchungen der Kerry-Kommission nicht die Rede ist, ergaben sie genügend Beweise, die belegten, daß Reagan von dem geheimen Netz wußte, das diese Söldnertruppe finanzierte. Im Rahmen seiner Pläne zur Destabilisierung der cubanischen Regierung gab er grünes Licht zur Schaffung der Fundación Nacional Cubano Americana, von Radio Martí und Tele Martí und für die systematische Unterstützung der sogenannten Dissidentengruppen im Innern Cubas. Er, der eine der reaktionärsten und korruptesten Regierungen installierte, die die Vereinigten Staaten je in ihrer Geschichte hatten, machte sich paradoxerweise zum Fürsprecher der Menschenrechte, um die cubanische Regierung und die sandinistische Regierung anzugreifen.

Representación Cubana en el Exilio, RECE (Cubanische Vertretung im Exil): Konterrevolutionäre Gruppe, organisiert im Auftrag der CIA. Die Finanzierung der Representación Cubano en el Exilio wurde, wie aus einem Memorandum des FBI hervorgeht, von der CIA geleistet. Aber auch das Unternehmen Bacardi steuerte einige Millionen Dollar bei, wie seine Eigentümer zugegeben haben. RECE war die erste Organisation, die Geld für eine neue Invasion in Cuba forderte und einige Millionen sammelte. Damit führte man aber nur ein paar kleine Kommando-Operationen durch, die alle von der Armee und den cubanischen Milizen neutralisiert wurden. Das Gros des Geldes löste sich jedoch in Luft auf. Jorge Mas Canosa und José *Pepe* Hernández gehörten zu ihren Führern. Noch heute kann man an der Rezeption der Fundación Nacional Cubano Americana ihre monatlichen Informationsschriften bekommen.

Rodríguez, Félix: Einer der ersten, die von der CIA in Miami rekrutiert wurden. Noch bevor die Brigade 2506 die cubanischen Strände betrat, hatte Rodríguez Cuba bereits infiltriert. Nach der Niederlage des Söldnerheeres bat er in der Botschaft Venezuelas um Asyl. Später erhielt er eine Ausbildung in Fort Benning. Die CIA schickte ihn nach Bolivien, damit er bei der Gefangennahme Che Guevaras helfe. Er brüstet sich damit, der letzte Cubaner und der letzte US-Amerikaner gewesen zu sein, der den Che lebend gesehen hat. Später ging er nach Südostasien als Teil von Sonderkommandos, die in der Regel durch Opiumhandel finanziert wurden. Bei seiner Rückkehr wurde er mit der höchsten Auszeichnung der CIA geehrt, die ihm von ihrem Direktor George Bush angeheftet wurde. In den Achtzigern war er in El Salvador zu finden, wo er die Contra beriet und ihr logistische Unterstützung gewährte. Er wurde zu einer der Schlüsselfiguren in diesem Söldnerkrieg.

Roque, Juan Pablo: Im Morgengrauen des 23. Februar 1992 erreichte er schwimmend die Marinebasis Guantánamo und bat um politisches Asyl. Voller Bewunderung und mit der entsprechenden Publicity wurde er von der extremen Rechten in Miami empfangen. Er nahm an Aktivitäten der Fundación Nacional Cubano Americana teil, widmete sich aber vor allem der Arbeit bei den Hermanos al Rescate. Am 20. Februar 1996 reiste er wieder in Cuba ein: Er war Geheimagent seines Landes. Bevor er nach Cuba zurückging, gab er umfangreiche Informationen an das FBI weiter, das er auch infiltriert hatte. Darin bewies er, daß die Hermanos al Rescate, die Fundación Nacional Cubano Americana und andere konterrevolutionäre Organisationen terroristische Aktionen gegen Cuba vorbereiteten.

Ros-Lethinen, Ileana: Republikanische US-Kongreßabgeordnete cubanischer Herkunft. Sie engagierte sich in der Verteidigung des Terroristen Orlando Bosch. Als Pro-Annexionistin arbeitete sie hingebungsvoll für die Anwendung des Helms-Burton-Gesetzes.

Savimbi, Jonas: Chef der UNITA in Angola. In Erfüllung der Ziele, die von den Vereinigten Staaten und Südafrika vorgegeben wurden, diente seine militärische Fraktion dazu, die angolische Befreiungsfront MPLA zu spalten. Da die cubanische Regierung letztere unterstützte, machte die Fundación Nacional Cubano Americana Lobbyarbeit im US-Kongreß, damit er der UNITA einige Millionen Dollar zusätzlich zur Verfügung stellte. Aus Dankbarkeit schenkte Savimbi Mas Canosa ein aus Elfenbein geschnitztes Gewehr.

SINA (Interessenvertretung der USA in Havanna): Sie war Ergebnis eines Übereinkommens zwischen den Regierungen von Fidel Castro und Jimmy Carter mit dem Ziel, einen direkten und dauerhaften Kommunikationsweg einzurichten. Sie sollte auch die Lösung von Problemen sowie den kommerziellen, wissenschaftlichen, kulturellen und sportlichen Austausch ermöglichen. Zu Beginn arbeitete sie in der Schweizer Botschaft. Jetzt hat sie ein riesiges eigenes Gebäude, steht aber weiterhin unter dem »Schutz« der Schweiz. Offiziell ist ihre Arbeit hauptsächlich konsularischer Art, obwohl sie von 1977 an begann, eine ganze Anzahl von Geheimagenten zu beherbergen. Wegen der Spionagetätigkeit, die sie in Cuba durchführen, hat die cubanische Regierung schon bis zu zwanzig Funktionäre dieser Interessenvertretung gleichzeitig ausgewiesen. Die SINA dient auch dazu, den sogenannten Dissidenten Zahlungen und Dokumente zukommen zu lassen.

Shackley, Theodore: Ehemaliger Sub-Direktor der CIA. Schlüsselfigur in den geheimen Kriegen der CIA auf strategisch wichtigen Plätzen wie Berlin, Vietnam und Laos. Shackley war Chef der geheimen Niederlassung der CIA in Miami, bekannt unter dem Namen JM/WAVE, die eine zweite Invasion in Cuba nach dem Fiasko in der Schweinebucht vorbereitete.

Sonderperiode (Período Especial): Von 1990 an hat man so eine außerordentlich kritische Etappe des revolutionären Prozesses in Cuba genannt. Ihren Ursprung hat die Sonderperiode im Fall des sogenannten sozialistischen Lagers, als Cuba seine wichtigsten Handelspartner verlor. Hinzu kommt noch die Verschärfung des Handelsembargos seitens der USA. In diesem Zeitraum wandte die Regierung eine Strategie der Konzentration der Ressourcen, der Einschränkung des Konsumniveaus der Bevölkerung und der wirtschaftlichen Aktivitäten an. Jedoch wurde trotz der ökonomischen Krise keine einzige Schule, kein Altenheim und kein Krankenhaus geschlossen. Die soziale Sicherheit wurde fortgeführt, wenn auch, logischerweise, mit Einschränkungen.

Sorzano, José: Cubano-US-Amerikaner. Einer der ersten Direktoren der Fundación Nacional Cubano Americana. Ehemaliges Mitglied des Nationalen Sicherheitsrates der USA und ehemaliger Diplomat dieser Nation. Er fiel durch seine konservativen und pro-annexionistischen Positionen auf.

Torricelli, Robert: Kongreßabgeordneter der Demokratischen Partei. Anfänglich in Opposition zur Cuba-Politik Washingtons. Von dem Augenblick an, als die extreme Rechte des Exils ihm finanzielle Unterstützung zukommen läßt, wird er zu einem der großen Feinde der Inselnation. Er war Drahtzieher des Cuban Democracy Act, besser bekannt als Torricelli-Gesetz, das das Handelsembargo noch verschärfte, indem es dieses auf Tochtergesellschaften von US-Unternehmen in Europa und anderen Teilen der Welt ausdehnte und der offenen und verdeckten Unterstützung der sogenannten inneren Dissidenz freien Raum gewährte.

Unión Liberal Cubana, ULC: Obwohl die Zahl ihrer Anhänger nicht die Hundert erreicht und sie weder eine organische Struktur noch ein politisches Programm aufweist, erklärte Carlos Alberto Montaner sie 1990 zur Partei. In der Folgezeit erreichte Montaner nicht nur ihre Anerkennung durch die Internationale der Liberalen, mehr noch, diese ernannte ihn zu ihrem Vizepräsidenten. Die Unión Liberal Cubana ist Teil der Plataforma Democrática Cubana.

USIA (United States Information Agency): Sie ist der mächtigste Apparat der ideologischen Propaganda der USA. Sie untersteht direkt dem Außenministerium. Eine der ersten großen Unternehmungen, die sie gegen die cubanische Revolution durchführte, war die Operation Peter Pan. Sie hat eine beträchtliche Anzahl konterrevolutionärer Publikationen finanziert und dazu beigetragen sie weltweit zu verteilen. Radio Martí und Tele Martí unterstehen ihrer Leitung.

USIS (United States Information Service): Bietet der USIA ihre Dienste auf internationaler Ebene an. Untersteht ebenfalls dem Außenministerium.

Vargas Llosa, Mario: Schriftsteller. Gebürtiger Peruaner und spanischer Staatsbürger. Vom radikalen Linken wurde er zum konservativen Rechten. Als Verantwortlicher für eine diesbezügliche Sonderuntersuchung des peruanischen Parlaments verheimlichte er die Verantwortung der Militärführer für ein Massaker an Journalisten. Er ist persönlicher Freund von verschiedenen Führern der extremen Rechten des cubanischen Exils. Mitglied des Patronats der Fundación Hispano Cubana.

Zivilgesellschaft: Verschiedene Dokumente der US-Regierung über Cuba, die von diversen Studien übernommen und wiederholt werden, sprechen von »der Notwendigkeit, eine Politik zu stimulieren, die die Zivilgesellschaft in Cuba stärkt«. Diese wird innerhalb der US-Strategie als natürlicher Gegenpart zum cubanischen Staat betrachtet und soll durch ein breites Spektrum von Nichtregierungsorganisationen und verschiedenen Arten sonstiger Zusammenschlüsse getragen werden. Sie fördert den Antagonismus und die Auflehnung dem Staat gegenüber genauso wie die vollständige Trennung von Staat und Gesellschaft. Im Falle Cubas bedeutet diese Version von Zivilgesellschaft schlicht und einfach Konterrevolution, besser bekannt als Dissidenz – anfällig für die Finanzierung von außen. Darauf gründen die USA und ihre Verbündeten ihre Forderungen, um das politische System Cubas, wo tatsächlich bereits eine breite und vielfältige wirkliche Zivilgesellschaft existiert, zu zerbrechen.